Inhaltsverzeichnis

Anhang

Danksagung

Ganz besonders danken möchte ich meinem Sohn Stuart, der die Idee zu diesem Buch hatte und mir eine Menge dummer Fragen über Minecraft beantwortete, sowie allen anderen Mitgliedern meiner Familie, die es akzeptierten, dass ich mich hinter meinen Kopfhörern verbarrikadierte und in einer Fantasiewelt vor mich hintippte.

Ein Dankeschön geht auch an meinen Lektor Brian Hogan, die leitende Redakteurin Susannah Pfalzer, die Herstellungsleiterin Janet Furlow und alle anderen bei Pragmatic Bookshelf, die mir dabei halfen, diese zweite Ausgabe in Rekordzeit fertigzustellen.

Ich danke auch den Fachgutachtern der zweiten Ausgabe, Said Eloudrhiri, Ingo Haumann, Jack H., Dan Kacenjar, Andrés N. Robalino und Zachary Thomas. Ein ganz besonderer Dank geht an Joshua McKinnon für seine genaue und aufmerksame Durchsicht.

Besonders danken möchte ich auch den Leuten bei CanaryMod für ihre Unterstützung, vor allem Jason Jones.

Hier geht es los!

Willkommen!

Danke, dass du dich für dieses Buch entschieden hast. Ich hoffe, es bietet dir abwechslungsreiche Lektüre und Spaß. Wenn du vorher noch nie programmiert hast – keine Sorge! Wir lassen es langsam angehen und beginnen ganz von vorn. Keine Expertenkenntnisse notwendig!

Alle lieben Minecraft. Ein wichtiger Grund dafür ist meiner Meinung nach, dass man an der Erstellung des Spiels teilnimmt. Du kannst Dinge erschaffen und bauen. Ob es ein kleiner Unterstand im Überlebensmodus ist oder eine umfangreiche Ziegel-Simulation deines eigenen Schlosses – du bekommst, was du erschaffst.

Manchmal reichen die in Minecraft vorhandenen Möglichkeiten aber nicht aus. Vielleicht willst du mehr tun, z. B. mit brennenden Kühen schießen oder einen Gegner in einer Kapsel aus massivem Fels einsperren. Für diese und weitere Ideen musst du das Spiel um Funktionen erweitern.

Anwendungen für deinen Computer oder dein Telefon werden in einer Textform geschrieben, die man als *Programmiersprache* bezeichnet. Programmiersprachen sind nicht so umfangreich oder schwer zu erlernen wie menschliche Sprachen, also Spanisch oder Chinesisch. Sie unterscheiden sich aber von der Sprache, die du im Alltag verwendest.

Heute werden viele verschiedene Programmiersprachen verwendet. Manche sind sehr beliebt, aber nicht sehr leistungsfähig. Andere werden nur von einer Handvoll Menschen eingesetzt und sind schwer zu meistern, leisten aber Außergewöhnliches.

Minecraft ist in der Programmiersprache Java geschrieben. Java ist verhältnismäßig leistungsfähig, besitzt jedoch auch komplexe und schwer verständliche Abschnitte. Wir konzentrieren uns auf die Grundlagen und vermeiden die schwierigen Abschnitte.

Mit diesem Buch lernst du Java schnell und einfach. Deine Kenntnisse werden ausreichen, um deine eigenen Minecraft-Plugins zu schreiben und allgemeine Aufgaben in Java zu erledigen.

Wir sehen uns an, wie du deinen eigenen Minecraft-Server und Sharing aufsetzt und cloudbasierte Backups deines Codes erstellst. Dann werfen wir einen Blick auf einige fortgeschrittene Codierungstechniken.

Für wen ist dieses Buch gedacht?

Dieses Buch wendet sich an Leser ohne Programmiererfahrung, die jedoch schon ein wenig Minecraft gespielt haben. Wenn du nicht mit Minecraft vertraut bist, findest du im Internet zahlreiche Videos und Bücher für den Einstieg. Ich vermute allerdings, dass du dich recht gut mit Minecraft auskennst und so begeistert bist, dass du jetzt die Programmierung lernen möchtest.

Leser unter 8 oder 9 Jahren oder solche, die Schwierigkeiten haben, das Programmieren in Java zu verstehen, möchten vielleicht mit einer einfacheren Sprache beginnen. Scratch und Snap![1] sind hervorragende kleine Sprachen, mit denen du die Grundlagen der Programmierung erlernen kannst. Sie zeigen dir auf optische Weise, wie die Programmierelemente zusammengehören. Wenn du den Dreh dann raus hast, kannst du wieder zur Java-Programmierung zurückkehren.

Auf jeden Fall brauchst du einen modernen Computer, der unter Windows, OS X oder Linux läuft – dann geht es los.

Erste Schritte

Minecraft ist als Client/Server-Anwendung entwickelt worden. Das heißt, es besteht aus zwei Teilen.

Zuerst ist da der Client, also die Anwendung, die auf deinem Desktop- oder Laptop-Computer läuft. Der Client berechnet (rendert) die Bilder aus der Minecraft-Welt und nimmt deine Befehle für Bewegungen und Handlungen im Spiel entgegen.

Dann gibt es den Server, der das Geschehen im Spiel überwacht, z. B. die verbundenen Spieler, ihre Inventare, was sie gebaut haben, wo sie sich befinden usw. Meist läuft der Server auf einem weit entfernten Rechner irgendwo in deinem Land. Er kann aber auch auf deinem Desktop oder Laptop laufen.

---

1 *http://scratch.mit.edu, http://snap.berkeley.edu*

Client und Server kommunizieren über das Netzwerk miteinander, so wie du mit deinem Browser Server besuchst und Spiele spielst oder dir Katzenbilder ansiehst.

Um die Funktionen von Minecraft zu verändern, musst du das Java-Programm auf dem Server ändern oder erweitern. Wie das geht, lernst du in diesem kleinen Buch. Du erfährst hier, wie du Java-Programme mithilfe von Java-Anweisungen schreibst (was wir *Quellcode* oder einfach *Code* oder *Programm* nennen), um Plugins für den Minecraft-Server zu entwickeln. Ein Plugin ist einfach ein kleiner Code, den du einem bestehenden Programm hinzufügst.[2]

Bevor wir mit Plugins beginnen, musst du zum Testen einen lokalen Minecraft-Server einrichten und die Sprache Java und einige andere Anwendungen installieren. Das machen wir in den ersten beiden Kapiteln. Das Installieren ist nicht besonders aufregend. Es kann sogar sehr langweilig sein. Ich versuche daher, diese langweilige Phase so kurz wie möglich zu halten.

Damit du einen besseren Überblick über deine Fortschritte bekommst, zeigt ein Infokasten am Ende jedes Kapitels an, wie weit du vorangekommen bist. Du beginnst sozusagen mit einem leeren Acker ...

... und hast am Ende eine grüne Wiese:

Einige Kapitel lassen sich schneller als andere durcharbeiten, und einige bringen dich auch weiter als andere. Letztendlich machst du aber immer Fortschritte.

Ein Sprung ins kalte Wasser

Da ich auf so wenigen Seiten so viele Sachen unterbringen muss, zeige ich dir zuerst einige Dinge, die du manchmal einfach umsetzen musst, und erläutere die Details ein wenig später. Das kann sich wie ein Sprung ins kalte Wasser anfühlen. Wenn du etwas als unlogisch empfindest, mach dir keine allzu großen Sorgen. Spring einfach hinein. Die Erklärung folgt danach.

2 Manche Anwender schreiben Minecraft-Mods, die im Grafik-Client laufen, aber wir behandeln die hier nicht. Mods stehen meist mit dem Laden neuer Skins in Verbindung. Unsere Entwicklung von Plugins ist näher an dem, was Profi-Programmierer tun, und ändert das Spiel an sich und nicht nur das Aussehen.

In vielen Fällen kannst du etwas erfolgreich einsetzen, ohne genau zu wissen, wie die Sache funktioniert. Ich kann die Schreibtischlampe einschalten und nutzen, ohne zu verstehen, wie Strom erzeugt wird. Ich kann sogar eine eigene Schreibtischlampe bauen, ohne zu wissen, wie ein Kraftwerk funktioniert. Ich muss nur wissen, wie die Teile zusammengesetzt werden.

Wir konzentrieren uns hier so weit wie möglich auf dieses Zusammenbauen der Teile.

Wo bekommst du Hilfe?

Für Fragen, Updates und Tipps zu diesem Buch gibt es eine englischsprachige Website (das ist die Website zum US-amerikanischen Original, von dem dieses Buch eine Übersetzung ist). Gehe einfach zu *http://pragprog.com/book/ahmine2* und klicke auf *Discuss*.

Auf eben dieser Seite findest du einen Link zum Quellcode. Von dort kannst du alle Listings dieses Buchs herunterladen.[3]

Bitte lade den Quellcode jetzt auf deinen Desktop herunter. Den Desktop wirst du für die meisten Arbeiten verwenden, dazu aber später mehr. Beginne einfach mit dem Download.

Ich warte auf dich.

Der Download besteht aus einem Archiv, das mit *zip* erstellt wurde. Du musst es auf deinem Desktop auspacken. Dazu kannst du an der Befehlszeile `unzip` eingeben (bei OS X oder Linux). Unter Windows verwendest du *WinZip* oder das kostenlose *7-Zip*.[4]

Alles installiert und ausgepackt? Prima!

Wenn wir weitermachen, lernst du neue Tools und ihre Verwendung kennen. Den Überblick über das Gelernte erhältst du durch den Infokasten am Ende jedes Kapitels. Am Ende des Buchs kannst du dann eigenen Code erstellen und deine eigenen Plugins von Grund auf schreiben.

---

3 Der genaue Link ist: *https://pragprog.com/titles/ahmine2/source_code?*

4 Verfügbar unter *http://www.winzip.com* oder *http://7-zip.org*

Schreibweisen

Code oder Befehle werden in diesem Buch wie folgt dargestellt:

```
$ I've typed all of this as an example for you.
```

Code-Elemente oder Befehle, die du direkt eintippen musst, formatiere ich fett:

```
$ you type this part here (but not the dollar-sign prompt)
```

Alles, was folgt und nicht mehr fett formatiert ist, gehört dann zur Ausgabe, die der Befehl auslöst.

Text in *kursiv* dient als Platzhalter. Du gibst ihn nicht direkt ein. Etwas wie

```
me.sendMessage( string msg );
```

bedeutet, dass du den kursiven Teil ersetzt, wie hier:

```
me.sendMessage("Creepers are coming.");
```

Sehen wir uns an, wie das funktioniert.

Kapitel 1

Erteile deinem Computer Befehle

Dein Werkzeugkasten

In diesem Kapitel lernst du die Shell kennen, an der du deinem Computer Befehle gibst. Deinem mentalen Werkzeugkasten fügst du dabei die folgenden Themen hinzu:

- die Shell öffnen und Befehle eingeben
- wie sich das Dateisystem aus Verzeichnissen und Dateien zusammensetzt
- wie du dich im Dateisystem durch Verzeichnisse bewegst

Eines der ersten und tollsten Computerspiele, das zur Erkundung einer Welt einlud, war das Adventure »Colossal Cave« aus dem Jahr 1976.[1] Es war ein rein textbasiertes Abenteuerspiel ohne Bilder oder Grafiken. Man gab dem Spiel Anweisungen in Form einfacher Sätze wie »Gehe Nord« oder »Nimm Axt« oder »Töte Troll«. Und das Spiel tat, wie ihm geheißen, auch wenn man es anwies, den Troll mit bloßen Händen zu töten.

Noch heute gibt es in Spielen Textbefehle – sogar Minecraft hat Textbefehle. Du hast sicher schon Befehle mit »/« in das Minecraft-Chat-Fenster eingegeben.

Deinem Computer gibst du auf vergleichbare Weise Befehle, um Plugins zu erstellen und mit Dateien umzugehen, und zwar auf der Kommandozeile.

Die Kommandozeile ist ein leistungsfähiges Werkzeug, mit dem du ebenso auf einem lokalen Computer wie auf entfernten Rechnern in der Cloud arbeiten kannst. Wie das genau funktioniert, beschreibe ich in Anhang 4, »Einen Cloud-Server installieren«, weiter hinten in diesem Buch.

Du kannst auf der Kommandozeile sogar Programme schreiben, denn sie enthält eine komplette eigene Programmiersprache, unabhängig von Java. Ich habe dir ein

1 *http://en.wikipedia.org/wiki/Colossal_Cave_Adventure*

bisschen was dazu vorbereitet, mit ein paar Skripten, die dir helfen sollen, Plugins zu erstellen und zu installieren.

Wenn du mit der Kommandozeile bereits vertraut bist, überspringe den Rest des Kapitels einfach und gehe zu Seite 11.

Die Kommandozeile einsetzen

In der folgenden Abbildung siehst du, wie die Kommandozeile auf meinem Computer aussieht. Schrift und Farbe können bei dir abweichen, du kannst aber beides deiner Vorliebe entsprechend einstellen. Wie du siehst, bevorzuge ich schwarze Buchstaben auf braunem Hintergrund:

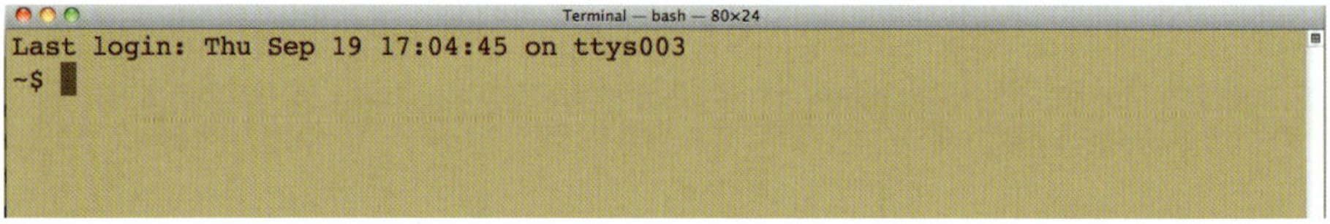

Auf die Kommandozeile gelangst du auf unterschiedliche Weise, je nachdem, mit welchem Betriebssystem du arbeitest:

Windows

Windows wird mit einer sehr einfachen Kommandozeile ausgeliefert. Du startest sie, indem du `cmd.exe` ausführst. Wenn dein Windows eine Start-Schaltfläche hat, kannst du möglicherweise auch *Start → Ausführen* wählen und `cmd.exe` eingeben oder einfach das Suchfeld verwenden, um `cmd.exe` zu finden und auszuführen. Allerdings empfehle ich nicht, `cmd.exe` allein auszuführen. Wirf einen Blick auf die Hinweise auf Seite 9.

OS X

Öffne die Anwendung über *Programme → Dienstprogramme → Terminal.*

Linux

Wenn du Linux einsetzt, muss ich dir vermutlich nicht groß erklären, wie du zur Shell gelangst. Der Vollständigkeit halber und weil die Bezeichnungen unterschiedliche sind: Versuche entweder die Shell zu öffnen und eine Konsole zu starten oder führe einen Rechtsklick auf dem Desktop aus und öffne ein Terminal.

(Diese kleinen Unterschiede zwischen Windows, OS X und Linux verschwinden erfreulicherweise, wenn du Java-Code schreibst: Java wird auf jeder Plattform gleich ausgeführt.)

Wenn deine Kommandozeile läuft, kannst du in den Kommandozeilen-Prozessor, die sogenannte *Shell*, Befehle eingeben. Im Verlauf dieses Kapitels zeige ich dir einige Beispiele dafür.

BusyBox auf Windows installieren

Die OS X- und die Linux-Umgebung basieren auf Unix, das eine sehr umfangreiche Kommandozeilenumgebung einschließlich einer voll ausgestatteten Shell mitbringt. Für diese Umgebung wurde der Standard POSIX veröffentlicht, der die Befehle und Sprachmerkmale beschreibt. Die POSIX-Standardshell ist im Grunde genommen eine eigene Programmiersprache, in der du Shellskripts schreiben kannst, um den Computer einfache Aufgaben ausführen zu lassen.

Windows ist jedoch nicht so ausgefeilt. Der Standardbefehlsprozessor kann nicht sehr viel leisten, die Befehle haben andere Namen, und die Verzeichnis- und Dateinamen werden anders angegeben.

Um genauso arbeiten zu können wie alle anderen, empfehle ich Windows-Benutzern, BusyBox herunterzuladen. BusyBox ist eine professionellere POSIX-konforme Standardshell mit denselben Befehlen, die auch OS X, Linux und der Rest der Welt verwenden.

Um BusyBox und noch ein paar andere grundlegende Kommandos für Windows zu installieren, lade bitte die Datei *ftp://ftp.tigress.co.uk/public/gpl/6.0.0/busybox/busybox.exe* auf deinen Desktop.

Nachdem du die Datei `busybox.exe` auf den Desktop heruntergeladen hast, benenne sie in `sh.exe` um. Öffne dann ein Fenster mit einer Eingabeaufforderung, und gib Folgendes ein:

```
C:\> cd Desktop
C:\> C:\Windows\system32\cmd.exe /c sh.exe -l
```

Jetzt wird dir eine neue Shell mit einem Dollarzeichen als Eingabeaufforderung angezeigt, an der du deine Befehle eingibst. Beachte das folgende wichtige Detail: Hier wird `sh.exe` mit dem Flag `-l` ausgeführt, was bedeutet, dass dieses Programm als Anmeldeshell ausgeführt werden soll, an der du Befehle eingeben kannst.

Der Bequemlichkeit halber kannst du auf dem Desktop eine Batchdatei anlegen, die die Befehlsshell für dich startet. Erstelle dazu eine Textdatei und speichere sie auf dem Desktop. Nenne die Datei `shell.bat` und gib folgende Zeile darin ein:

```
C:\Windows\system32\cmd.exe /c sh.exe -l
```

→

Speichere die Datei. Wenn du jetzt auf `shell.bat` doppelklickst, wird eine POSIX-kompatible Shell geöffnet. Darin kannst du alle in diesem Buch verwendeten Befehle nutzen (wie `is`, `mv`, `cp` und `pwd`) und Verzeichnisnamen mit »/« statt wie sonst in Windows mit »\« angeben. Damit funktioniert nun auf Windows alles genauso wie auf OS X oder auf Linux.

Du kannst nun auch die Befehlsskripts verwenden, die wir zum Erstellen und Installieren von Plugins einsetzen.

Weitere Informationen über BusyBox für Windows findest du auf der zugehörigen Webseite.[2]

Eine Shell gibt immer eine kurze Meldung aus, um anzuzeigen, dass du etwas eingeben kannst. Das ist jedoch keine klare Aussage wie »Bereit zur Eingabe, mein Meister!«, sondern gewöhnlich eine etwas kryptischere Eingabeaufforderung.

Eine Shell unter Windows zeigt so etwas wie `C:\>` an, eine Shell auf Linux- oder OS-X-Systemen meistens $ oder `%`. All diese Eingabeaufforderungen können aber auch noch andere Angaben einschließen, z. B. deinen Nutzernamen, den Namen des Computers oder des Verzeichnisses, in dem du dich gerade befindest. Da diese Zusatzangaben bei jedem Benutzer anders aussehen, verwende ich in diesem Buch die einfachste Variante und gebe die Eingabeaufforderung durch $ wieder. Gib einfach die danach genannten Befehle an deiner Eingabeaufforderung ein, wie auch immer diese aussehen mag.

Tippe das Dollarzeichen ($) nicht mit ab! Ich gebe es mit an, um dir zu zeigen, wo du etwas eingeben musst, aber das $ selbst darfst du nicht mit eingeben:

```
$ Gib diesen Teil ein, aber nicht das Dollarzeichen
```

Wenn du einen Befehl fertig eingegeben hast und der Computer ihn ausführen soll, drücke die Taste **Enter** (oder **Return**). Das war der einfache Teil. Als Nächstes musst du einige grundlegende Befehle lernen, die du eingeben kannst.

Um Dateien und Verzeichnisse aufzulisten, verwende folgenden Befehl:

```
$ ls
```

Willst du das aktuelle Verzeichnis wechseln, gib den Befehl `cd` (für *change directory*) ein. Um beispielsweise zum Desktop-Verzeichnis zu wechseln, verwende folgenden Befehl:

```
$ cd Desktop
```

Und schon landest du auf dem Desktop (oder in dem Verzeichnis, das du anstelle von `Desktop` angegeben hast).

2 *http://intgat.tigress.co.uk/rmy/busybox/index.html*

Wenn die Shell geöffnet wird, befindest du dich in deinem Standardverzeichnis oder -ordner (der manchmal auch als *Benutzerordner* bezeichnet wird). Welche Dateien und Verzeichnisse sich darin befinden, kannst du erkennen, indem du den Befehl `ls` (für *list files*) eingibst und dann **Return** drückst.[3]

Nun siehst du eine Liste von Dateien und Verzeichnissen. Wenn du jetzt `cd Desktop` eingibst, wechselst du zum Desktop-Verzeichnis. Gib hier erneut den Befehl `ls` ein. Jetzt wird dir eine Liste aller Dateien und Verzeichnisse auf dem Desktop angezeigt. Und schon arbeitest du auf der Kommandozeile! Sehen wir uns etwas genauer an, was du dort tun kannst.

Orientierung in Dateiverzeichnissen

Um dir die Dateien auf der Festplatte deines Computers anzusehen, verwendest du gewöhnlich ein Programm mit einer grafischen Oberfläche, wie den Windows Explorer oder den Finder auf dem Mac. Dabei werden dir die Dateien, Ordner/Verzeichnisse und Anwendungen/Programme angezeigt, die es auf dem Computer gibt, sodass du dich zwischen ihnen bewegen und sie öffnen kannst.

Das Gleiche machen wir hier auf der Kommandozeile auch, aber ohne grafische Oberfläche und auf eine Weise, die viel mehr Möglichkeiten bietet. Wenn du mit dieser Vorgehensweise vertraut bist, kannst du gleich zum Ende dieses Kapitels vorblättern, wo du noch einen kleinen Leckerbissen findest.

Die Sammlung der Dateien und Ordner auf deinem Computer bildet das *Dateisystem*. Ein Finder- oder Explorer-Fenster oder die Befehlsshell zeigen immer den Inhalt irgendeines Verzeichnisses, das dann das *aktuelle* Verzeichnis ist. Natürlich kannst du gleichzeitig mehrere Fenster mit den Inhalten verschiedener Verzeichnisse geöffnet haben.

Das gilt auch für die Fenster mit einer Kommandozeilenshell: Jedes Fenster zeigt ein *aktuelles* Verzeichnis an (man bezeichnet es dann auch als das *Arbeitsverzeichnis*). Bei manchen Systemen ist der Name dieses Verzeichnisses Bestandteil der Eingabeaufforderung. Falls das bei deinem Computer nicht funktioniert, kannst du mit dem Befehl `pwd` (für *print working directory*, also »Arbeitsverzeichnis ausgeben«) immer herausfinden, wo du dich gerade befindest:

```
$ pwd
/Users/andy/Desktop
```

---

3 In der Standardeingabeaufforderung von Windows musst du stattdessen `dir` eingeben. Der Rest der Welt verwendet als Trennzeichen in Verzeichnispfaden zwar ein »/«, aber in Windows musst du »\« eingeben. Aufgrund dieser und anderer mühseliger Unterschiede empfehle ich dir, die auf Seite 9 beschriebene POSIX-konforme Bash-Shell für Windows zu verwenden.

Probiere es aus: Öffne eine neue Shell und gib als Erstes pwd an der Eingabeaufforderung an (die hier als $ angezeigt wird, bei dir aber wie gesagt anders aussehen kann):

```
$ pwd
```

Dadurch wird der Pfad deines *Benutzerverzeichnisses* ausgegeben, das per Voreinstellung das aktuelle Verzeichnis jeder neu von dir aufgerufenen Shell ist.

In allen Shells werden die Befehle immer im Arbeitsverzeichnis ausgeführt. Viele Programme suchen dort auch nach den Dateien, die sie ausführen, öffnen oder speichern sollen.

Lade dir die Dateien zu diesem Buch[4] auf deinen Desktop herunter (falls du das noch nicht getan hast) und entpacke das Archiv[5] dort. Dadurch werden alle Beispiele zu diesem Buch in das Verzeichnis code gestellt.

In code findest du eine Reihe von Plugin-Verzeichnissen, jeweils eines für jedes der in diesem Buch erwähnten Plugins. Als Erstes sehen wir uns die Dateien des Plugins *HelloWorld* an. In diesem Verzeichnis findest du verschiedene Dateien und Unterverzeichnisse.

Beginne mit dem folgenden Befehl:

```
$ cd Desktop
```

Du befindest dich jetzt hier:

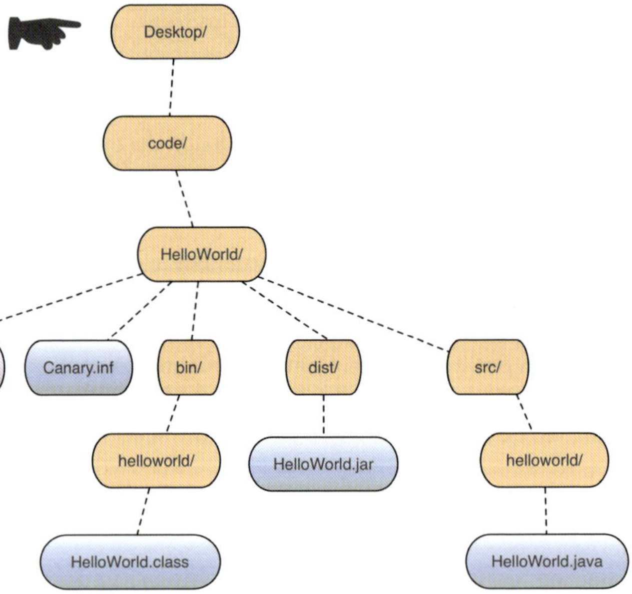

4 *http://media.pragprog.com/titles/ahmine2/code/ahmine2-code.zip*

5 Verwende den Befehl unzip auf der Kommandozeile. In Windows kannst du auch WinZip oder 7-Zip verwenden.

Wenn das nicht funktioniert, probiere es mit `cd ~/Desktop`. Weitere Tipps findest du am Ende dieses Kapitels.

Wechsle nun mit dem folgenden Befehl ins Codeverzeichnis:

```
$ cd code
```

Jetzt bist du hier:

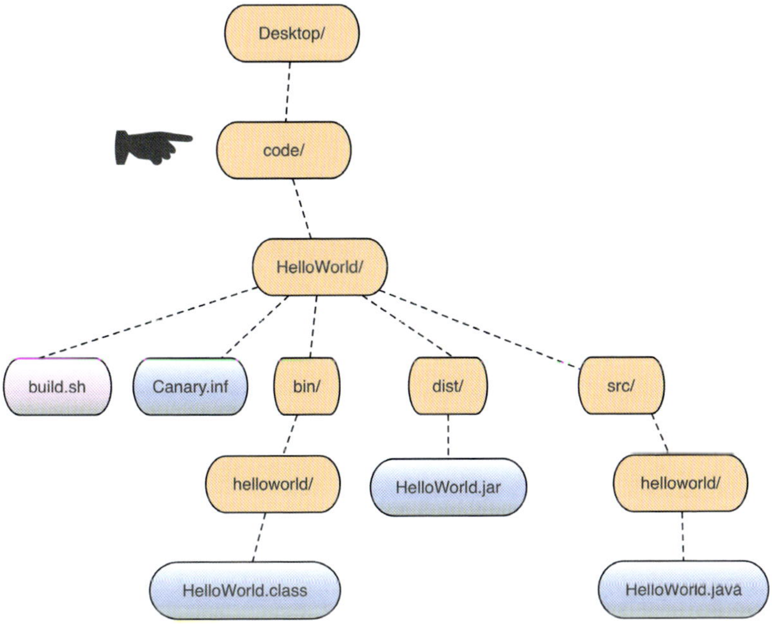

Wechsele zu `HelloWorld`:

```
$ cd HelloWorld
```

Nun befindest du dich hier:

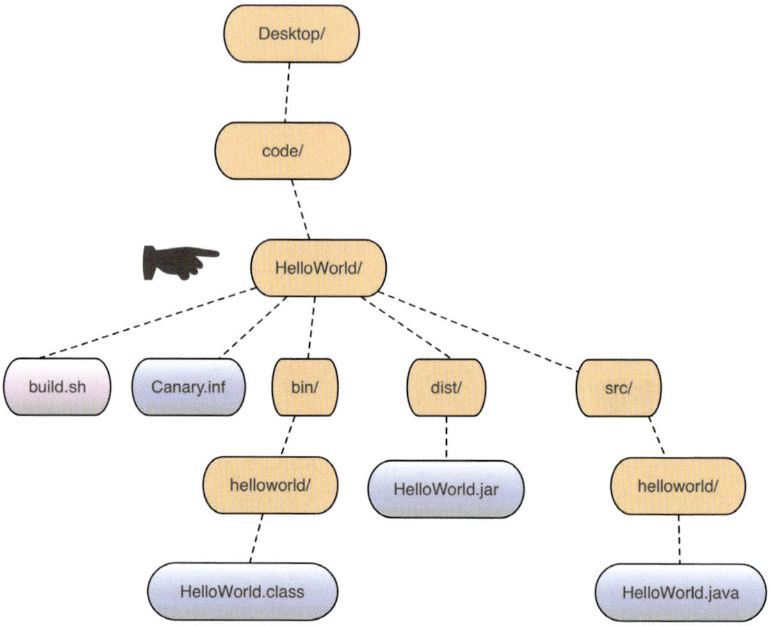

Liste nun die dort vorhandenen Dateien auf. Folgendes wird angezeigt:

```
$ ls
Canary.inf   bin/   build.sh   dist/   src/
```

Mein System (OS X) ist so eingerichtet, dass es Verzeichnisse mit einem Schrägstrich am Ende anzeigt. (Wenn das bei dir nicht der Fall ist, kannst du versuchen, `ls -F` einzugeben.) Im aktuellen Verzeichnis befinden sich also zwei Dateien und drei Verzeichnisse. Der Typ einer Datei wird meistens durch den letzten Teil ihres Namens angegeben: die Dateiendung. Hier siehst du ein Shellskript mit der Endung `.sh` und eine Konfigurationsdatei mit der Endung `.inf`. Im Verzeichnis `src/` gibt es noch ein weiteres Unterverzeichnis namens `helloworld`, in dem sich eine Java-Quelldatei mit der Endung `.java` befindet. (Mehr über diese Art von Dateien erfährst du später.)

Um in das Verzeichnis `src` zu wechseln, gib `cd src` ein:

```
$ cd src
$ ls
helloworld/
```

Gehe jetzt noch einen Schritt tiefer ins Verzeichnis `helloworld`:

```
$ cd helloworld
$ ls
HelloWorld.java
```

Im Verzeichnis src/helloworld befindet sich die Datei HelloWorld.java, das Herz unseres ersten Plugins.

Wie kommst du jetzt aber wieder aus HelloWorld/src/helloworld heraus und zurück nach HelloWorld? Um eine Ebene nach oben zu steigen, gib folgenden Befehl ein:

```
$ cd ..
```

Du kannst auch wie folgt zwei Schritte nach oben gehen:

```
$ cd ../..
```

Zwei Punkte bedeuten also »eine Ebene nach oben«. Ein Punkt allein steht für das aktuelle Verzeichnis. Beim Befehl cd ist diese Abkürzung nicht sehr sinnvoll, wir werden ».« jedoch bei anderen Befehlen einsetzen, vor allem beim Kopieren von Dateien.

Stell dir aber vor, dass du ein Verzeichnis aufsuchen möchtest, das sich nicht im aktuellen Verzeichnis oder in der Ebene darüber befindet. Beispielsweise willst du von /home/minecraft nach /Users/andy/Desktop/code/HelloWorld wechseln, also an eine völlig andere Stelle. Wie kommst du dorthin?

Ich verwende dazu folgenden Befehl:

```
$ cd /Users/andy/Desktop/code/HelloWorld
```

Hier kommt es auf den führenden Schrägstrich an. Als du bei den vorigen Beispielen cd src eingegeben hast, wurde im aktuellen Verzeichnis nach src gesucht. Wenn du dagegen cd /src schreibst, wird im Verzeichnis »/« gesucht – dem *Wurzelverzeichnis* (manchmal auch *Root* und unter Windows *Stammverzeichnis* genannt).

Das Wurzelverzeichnis ist das oberste Verzeichnis des Systems. Es befindet sich oberhalb deines code-Verzeichnisses, oberhalb des Desktops, oberhalb von allem. Irgendwo unterhalb dieses Verzeichnisses liegen dein Benutzerverzeichnis und der Desktop (in meinem Fall unter /Users/andy/Desktop). Ich könnte mich auf langsame Art und Weise dorthin bewegen, indem ich nacheinander die folgenden Befehle gebe:

```
$ cd /
$ cd Users
$ cd andy
$ cd Desktop
```

Ich werde dir gleich eine viel einfachere Methode zeigen. Apropos Abkürzungen: Du musst nicht einmal die Verzeichnisnamen komplett ausschreiben!

Auf den meisten Systemen gibt es eine praktische Einrichtung, die es dir erspart, lange Namen einzugeben. Wenn du die ersten Buchstaben eines langen Namens geschrieben hast und **Tab** drückst, wird der Name automatisch vervollständigt. Nehmen wir an, ich befinde mich in unserem code-Verzeichnis:

```
$ ls
Adventure            FlyingCreeper        PlayerStuff
ArrayAddMoreBlocks   HashPlay             PortingGuide.txt
ArrayOfBlocks        HashPlayClamp        Simple
BackCmd              HelloWorld           Simple2
BackCmdSave          HelloWorldEZ         SkyCmd
BuildAHouse          LavaVision           SquidBomb
CakeTower            ListPlay             SquidBombConfig
CanaryLinks.txt      LocationSnapshot     Stuck
CowShooter           MyPlayerStuff        install
CreeperCow           MySimple             mkplugin.sh
EZPlugin             NameCow              numbers
FireBow              NamedSigns           runtime
```

Wenn ich nun `cd He` eingebe (oder genügend Buchstaben, um den gewünschten Namen eindeutig festzulegen) und dann **Tab** drücke, wird der Befehl automatisch vervollständigt:

```
$ cd HelloWorld/
```

Nun kann ich einfach **Return** drücken.[6] Für kurze Dateinamen bringt das zwar nicht viel, aber wenn du lange Verzeichnisnamen wie `RumpelstilzchenReinkarnationsZauberPlugin` hast, ist es schon sehr angenehm, nur `Ru` eingeben und **Tab** drücken zu müssen.

Kopieren und Einfügen

Es kann vorkommen, dass du Text kopieren und an der Kommandozeile eingeben willst, z. B. eine Befehlszeile aus diesem Buch.

Das Kopieren und Einfügen an der Kommandozeile unterscheidet sich ein wenig von dem entsprechenden Vorgang in Anwendungen wie Mail oder in einem Webbrowser. Um den gewünschten Text auszuwählen, kannst du wie üblich klicken und mit der Maus ziehen.

Unter Linux verwendest du **Strg** + **C** zum Kopieren und **Strg** + **V** zum Einfügen.

→

6 Beachte, dass es hier auch ein Verzeichnis `HelloWorldEZ` gibt – um dessen Namen vervollständigen zu lassen, müsstest du nach dem **Tab** noch ein `E` eintippen.

Auf dem Mac verwendest du **cmd** + **C** zum Kopieren und **cmd** + **V** zum Einfügen.

Das Windows-Fenster mit der Eingabeaufforderung verhält sich jedoch etwas anders.

Als Erstes musst du QuickEdit aktivieren. Klicke mit der rechten Maustaste auf die Titelleiste des Befehlsfensters und wähle *Eigenschaften*. Aktiviere auf der Registerkarte *Optionen* im Bereich *Bearbeitungsoptionen* das Kontrollkästchen *QuickEdit-Modus*, um die Funktion einzuschalten.

Nachdem du nun Text ausgewählt hast, drücke **Enter**, um ihn zu kopieren. Zum Einfügen klicke mit der rechten Maustaste oder drücke **Strg** + **V**.

Das gilt aber nur für das Fenster mit der Eingabeaufforderung! Verwende überall sonst im System (in deinem Editor usw.) wie üblich **Strg** + **C** bzw. **Strg** + **V**.

Probiere es selbst aus!

Wir wollen nun mithilfe der Kommandozeile einige Verzeichnisse und Dateien anlegen. Dabei erstellst du eine eigene Kopie eines Plugins einschließlich aller Verzeichnisse und deren Inhalte.

Ausgangspunkt ist das Desktop-Verzeichnis (nutze `pwd`, um sicherzustellen, dass du dich dort befindest). Erstelle mithilfe des Befehls `mkdir` das neue Verzeichnis `myplugins`.

```
$ cd Desktop
$ pwd
/Users/andy/Desktop
$ mkdir myplugins
```

Wenn du dir die Dateien auf dem Desktop anzeigen lässt (mit `ls`), kannst du erkennen, dass neben den bisherigen Dateien jetzt auch das neue Verzeichnis `myplugins` vorliegt. Wechsele nun in dieses Verzeichnis, um dort einige Arbeiten zu verrichten.

```
$ cd myplugins
```

Prüfe mithilfe von `pwd`, ob du dich im Verzeichnis `myplugins` befindest.

Wenn du hier den Befehl `ls` ausführst, wird nichts angezeigt – schließlich haben wir hier noch keine Dateien angelegt. Das ändern wir nun, indem wir hier die gleiche Verzeichnisstruktur erstellen wie für das Plugin `HelloWorld`. Als Erstes legst du ein Verzeichnis mit dem Namen des Plugins an:

```
$ mkdir HelloWorld
```

Wie zu erwarten, wechseln wir nun mit `cd` zu `HelloWorld`:

```
$ cd HelloWorld
```

Jetzt kannst du die Verzeichnisse erstellen, die wir noch brauchen: `src`, `src/helloworld`, `bin` und `dist`:

```
$ mkdir src
$ mkdir src/helloworld
$ mkdir bin
$ mkdir dist
```

Vergewissere dich mithilfe von `ls`, dass die Verzeichnisse tatsächlich vorhanden sind:

```
$ ls
bin/ dist/ src/

$ ls src
helloworld/
```

Jetzt brauchst du drei Dateien, die du aus dem Beispielcode zum Buch kopieren kannst. Das kannst du in der normalen grafischen Oberfläche mit Drag & Drop tun, du kannst aber auch den Kopierbefehl `cp` einsetzen:

```
$ cp ~/Desktop/code/HelloWorld/build.sh .
```

Die Tilde (~) ist eine Abkürzung für das Benutzerverzeichnis. Hier siehst du auch zum ersten Mal den Einzelpunkt im Einsatz! Der Befehl bedeutet insgesamt: »Kopiere die angegebene Datei ins aktuelle Verzeichnis.«

Du brauchst auch noch die zweite Datei, die du ebenso kopierst:

```
$ cp ~/Desktop/code/HelloWorld/Canary.inf .
```

Damit hast du die Verzeichnisse und unterstützenden Dateien für das Plugin erstellt.

Wenn es nicht funktioniert

Probleme können auftreten, wenn der Name des Benutzerverzeichnisses Leerzeichen enthält. Nehmen wir an, du arbeitest auf Windows, hast den Benutzernamen »John Smith« und gibst folgenden Befehl mit Tilde ein:

```
$ cp ~/Desktop/code/HelloWorld/build.sh .
```

Das wird so verarbeitet, als hättest du Folgendes eingegeben:

```
$ cp C:/Users/John Smith/Desktop/code/HelloWorld/build.sh .
```

Der Computer deutet dies aber wie folgt: »Kopiere `C:/Users/John` nach `Smith/Desktop/code/HelloWorld/build.sh`.«, gefolgt von einem überflüssigen Punkt. Daher erhältst du eine Fehlermeldung, die besagt, dass es die angegebene Datei oder das Verzeichnis nicht gibt.

Für solche Fälle gibt es zwei Lösungsmöglichkeiten. Erstens kannst du einen relativen Pfad verwenden, indem du »..« für das Elternverzeichnis verwendest. Um ins Codeverzeichnis zu gelangen, musst du also zwei Ebenen nach oben und dann runter in code gehen:

```
$ cp ../../code/HelloWorld/build.sh .
```

Die zweite Möglichkeit besteht darin, den Pfad auszuschreiben, dabei aber um den gesamten Pfad Anführungszeichen zu setzen:

```
$ cp "C:/Users/John Smith/Desktop/code/HelloWorld/build.sh" .
```

Dateien auf dem Desktop

Wir erledigen alle Arbeiten auf dem Desktop, da sich Dateien hier am leichtesten finden lassen und die Umgebung auf Windows, OS X und Linux gleich ist.

In der Praxis solltest du deinen Desktop nicht mit deinen Projekten zustellen. Bevor du aber damit vertraut bist, Dateien und Verzeichnisse zu verschieben und einzurichten, solltest du auf dem Desktop bleiben.

Ein Problem kann auch dann auftreten, wenn du dich in einem anderen Verzeichnis befindest, als du denkst. Wenn du Zweifel hast, kannst du immer mit pwd das aktuelle Arbeitsverzeichnis ausgeben:

```
$ pwd
/Users/andy/Desktop
```

Hier befinde ich mich im Verzeichnis Desktop, das als Ausgangspunkt für die meisten unserer Aufgaben dient.

Auf dem Desktop beginnen

Auf den meisten Systemen ist es möglich, mit cd Desktop zum Desktop zu gelangen. Wenn das nicht funktioniert, musst du möglicherweise cd ~/Desktop eingeben. Statt der Abkürzung mit der Tilde (~) kannst du den Pfad auch ausschreiben, also z. B. cd /Users/andy/Desktop.

Wie auch immer du vorgehst, das ist es, was du tun solltest, wenn ich »beginne auf dem Desktop« oder einfach »cd Desktop« sage. Das kannst du von jeder beliebigen Stelle aus wie folgt tun:

```
$ cd Desktop
```

Du kannst auch erst ins Benutzerverzeichnis wechseln:

```
$ cd
$ cd Desktop
```

Dabei kannst du auch die Tilde als Abkürzung für das Benutzerverzeichnis verwenden:

```
$ cd ~/Desktop
```

Es ist auch möglich, den Namen des Benutzerverzeichnisses auszuschreiben:

```
$ cd /Users/andy/Desktop
```

Wenn der Name Leerzeichen enthält, musst du dazu Anführungszeichen verwenden:

```
$ cd "/Users/John Smith/Desktop"
```

Was auch immer du tust, in diesem Buch schreibe ich dafür einfach den folgenden Befehl:

```
$ cd Desktop
```

Und nun etwas Spaß!

Im Verzeichnis `Desktop/code` des Beispielcodes zu diesem Buch gibt es das besondere Unterverzeichnis `Adventure`. Wechsle an der Kommandozeile mit `cd` dort hinein und schaue dir die Dateien und Verzeichnisse an.

Wie gehabt, kannst du mit `ls` die Verzeichnisse auflisten lassen. Um dir die Textdateien (mit der Endung `.txt`) schnell anzusehen, verwendest du den Befehl `cat`.

Beginne auf dem Desktop (mit einer der zuvor beschriebenen Methoden):

```
$ cd Desktop
$ cd code
$ cd Adventure
$ cat README.txt
These are some files to make exploring the file system a little more fun.
```

Sieh dir mit `ls` an, was alles vorhanden ist, und stöbere ein bisschen in den Unterverzeichnissen herum. Forsche nach den verborgenen Schätzen – und Gefahren! –, die dort zu finden sind.

Gebräuchliche Befehle

In der Shell wirst du vor allem die folgenden gebräuchlichen Befehle verwenden:

`java`	Führt Java-Klassen und Java-Archive (jars) als Programme aus.
`javac`	Kompiliert Java-Quellcode zu Klassendateien.
`cd`	Wechselt das Verzeichnis.
`pwd`	Gibt das Arbeitsverzeichnis (das aktuelle Verzeichnis) aus.
`ls`	Listet die Dateien im aktuellen Verzeichnis auf.
`cat`	Zeigt den Inhalt einer Datei an.
`echo`	Zeigt Text an. Mit dem Präfix $ können auch Umgebungsvariablen angezeigt werden.
`mkdir`	Erstellt ein neues Verzeichnis.
`cp`	Kopiert eine Datei.
`mv`	Verschiebt eine Datei.
`rm`	Entfernt (löscht) eine Datei endgültig. (Wende diesen Befehl nur mit äußerster Vorsicht an! Die Dateien werden nicht in einen Papierkorb verschoben, und es gibt auch keine Rückgängig-Funktion!)
`chmod`	Ändert Dateiberechtigungen (Lese-, Schreib- und Ausführungsberechtigungen).
`.`	Bezeichnet das aktuelle Verzeichnis.
`..`	Bezeichnet das Elternverzeichnis.
`~`	Bezeichnet das Benutzerverzeichnis.

Weiter geht's!

Als Nächstes brauchst du eine Möglichkeit, um Java-Quellcode einzugeben. Du benötigst auch Java selbst und eine Anwendung, die alles für dich zusammenstellt. All dies installieren wir im nächsten Kapitel. Danach machen wir uns daran, Plugins zu schreiben.

Der Inhalt deines Werkzeugkastens

Dein Werkzeugkasten ist jetzt zu 2 % gefüllt. Du kannst nun Folgendes tun:

- die Kommandozeilenshell nutzen

Kapitel 2

Einen Editor und Java hinzufügen

Dein Werkzeugkasten

In diesem Kapitel installierst du neue Anwendungen auf deinem Computer und fügst deinem Werkzeugkasten folgende Werkzeuge hinzu:

- den Compiler `javac` der Sprache Java und die Laufzeitanwendung `java`
- den grafischen Minecraft-Client
- den Minecraft-Server, den wir ändern werden

Um Programme in Java schreiben zu können, brauchst du irgendeine Möglichkeit, um Java-Textdateien zu bearbeiten. Dazu könntest du zwar auch einen reinen Texteditor wie TextEdit oder den Windows-Editor verwenden, aber das wäre ziemlich umständlich.

Es ist auch nicht möglich, auf Microsoft Word oder ähnliche Textverarbeitungsprogramme zurückzugreifen, denn diese Anwendungen sind nicht zur Programmierung gedacht und speichern Dateien auch nicht in einem Format, das Java nutzen kann. Word-Dateien stecken voller Informationen über Schriftarten, Farben, Größen und Formatierungen.

Was du brauchst, ist ein Texteditor, der zur Programmierung vorgesehen ist. Dazu werde ich dir einen guten Vorschlag machen. Du musst aber auch Java installieren, um Plugins erstellen und ausführen zu können, und natürlich brauchst du auch Minecraft. Wenn all das installiert ist, kannst du im nächsten Kapitel mit dem Schreiben eines Plugins beginnen.

In diesem Kapitel kommen einige neue (und vielleicht auch unverständliche) Befehle und möglicherweise verwirrende Konzepte vor. Mach dir keine Sorgen, wenn sie dir erst mal noch nicht ganz klar sein sollten. Sie gehören nicht zu den täglichen Arbeiten beim Schreiben von Plugins, sondern sind nur notwendige Übel, mit denen wir uns beschäftigen müssen, um alles installiert zu bekommen.

Beginnen wir mit dem Editor.

Einen Editor zum Programmieren installieren

Um Plugins und Programme zu schreiben, gibst du englischsprachige Wörter und einige komische Interpunktionszeichen ein. Das meiste von dem, was du schreibst, ist länger als eine SMS, aber kürzer als ein Schulaufsatz. Um Programmcode schreiben zu können, brauchst du einen geeigneten Texteditor.

Meine Empfehlung ist der Editor *Sublime Text* (den du in Abbildung 2.1 siehst). Er steht als Download zur Verfügung und läuft unter Windows, OS X und Linux.[1]

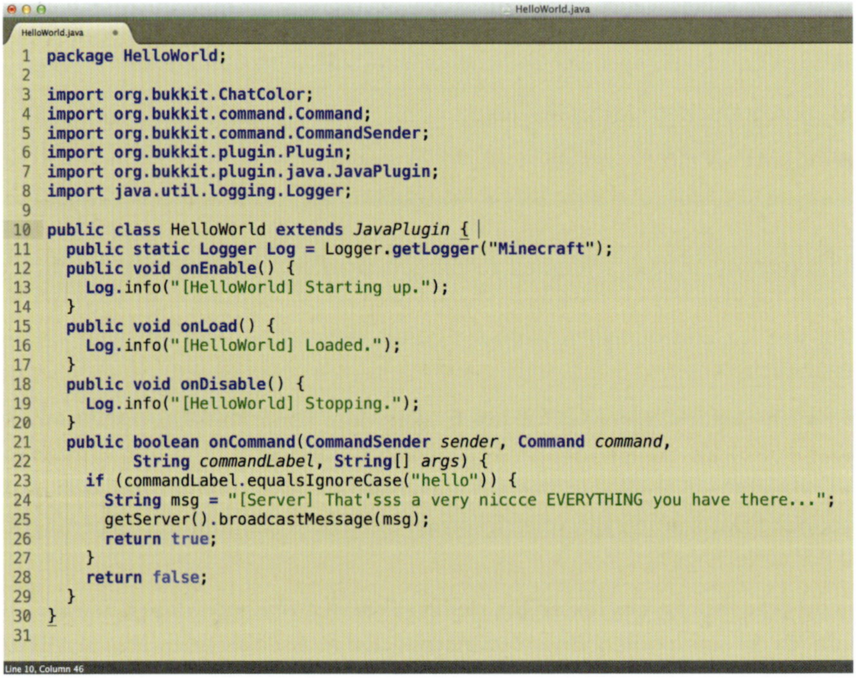

Abbildung 2.1: Texteditor mit Syntaxhervorhebung

Du kannst die kostenlose Testversion ausprobieren (der Testzeitraum ist nicht eingeschränkt, aber du wirst ständig mit Kaufhinweisen genervt) oder ein paar Euro locker machen und das Programm erwerben. Wenn du einen anderen Texteditor

1 *http://www.sublimetext.com*

bevorzugst, nimm ihn ruhig. Auf Windows beispielsweise ist der kostenlose Editor Notepad++ geeignet.[2] Die Auswahl des Editors ist eine persönliche Entscheidung. Es gibt kein »richtig« oder »falsch«, was Größe, Form und Farbe angeht. Allerdings muss der Editor über die erforderlichen Funktionen verfügen.

Ein großer Vorteil eines zum Programmieren vorgesehenen Editors ist die sogenannte *Syntaxhervorhebung*. Der Editor kennt die verschiedenen Teile der Sprache Java und zeigt Elemente wie Funktionen, Variablen, Strings und Schlüsselwörter in unterschiedlichen Farben und Schriftarten an (siehe die Beispiele in den Abbildungen). Diese optische Hilfestellung ist sehr praktisch, wenn du noch lernst, was die einzelnen Elemente zu bedeuten haben. Wir sehen uns all dies noch in ein oder zwei Kapiteln an, aber zunächst musst du deinen zukünftigen Lieblingseditor auswählen und installieren.[3]

Starte Sublime Text (oder einen anderen geeigneten Codeeditor) und probiere ihn aus. Wenn du Programme wie Word gewohnt bist, werden dir zumindest einige wenige Elemente vertraut vorkommen. So gibt es oben eine Menüleiste, und unter dem Menü *File* (*Datei/Ablage*) findest du Einträge wie *New* (*Neu*), *Open* (*Öffnen*) und *Save* (*Speichern/Sichern*).

Gib etwas Text ein, meinetwegen eine zweizeilige Horrorgeschichte oder irgendetwas anderes (»mein Spiegelbild zwinkerte mir zu«). Markiere den Text mit der Maus und lösche ihn über die Tastatur. Betrachte die Anwendung vorläufig als einen ganz einfachen, herkömmlichen Texteditor und versuche noch nicht, irgendetwas Besonderes auszuprobieren.

Probiere es selbst aus!

Du musst Dateien erstellen, bearbeiten und speichern können. Da wir noch kein komplettes Plugin schreiben können, beginnen wir mit einer einfachen Testdatei.

Klicke im Menü des Editors auf *File → New File*, um einen leeren Puffer zu erstellen, in den du etwas eingeben kannst.

Bevor du mit der Eingabe beginnst, speichere die Datei unter einem Namen. Wähle den Menüeintrag *File → Save As* aus und speichere die Datei unter dem Namen `CreeperTest.java` auf deinem Desktop. Schreibe den Dateinamen genau so, also mit großem `C` und `T` und sonst in Kleinbuchstaben. Jetzt weiß der Editor, dass du Java-Code eingeben willst.

2 *http://notepad-plus-plus.org/download/*

3 Du kannst auch einen Blick auf *IntelliJ IDEA* oder *Eclipse* werfen. Dabei handelt es sich um vollständige Entwicklungsumgebungen, die einen Editor und Build-Unterstützung enthalten. Allerdings können sie für Anfänger kompliziert und schwer zu handhaben sein.

Gib den folgenden Text genau wie hier ein:

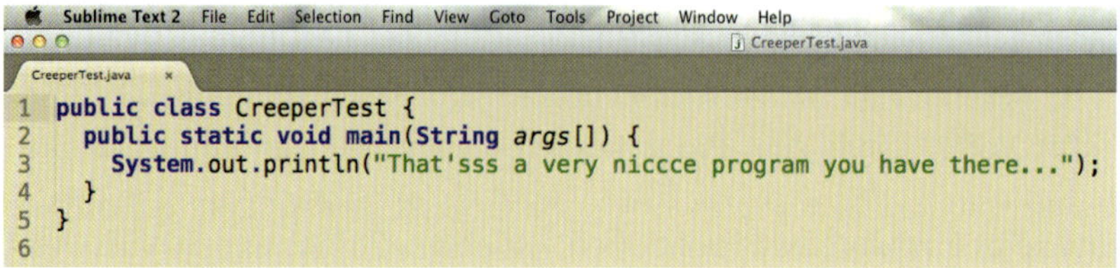

Achte darauf, den Text *genau* abzuschreiben, von `public class` bis zur letzten `}`, einschließlich aller Sonderzeichen und unter Beibehaltung der Schreibweise, Groß- und Kleinschreibung und Leerzeichen. Fehler kannst du mit der Löschen-Taste korrigieren.

Wähle jetzt *File* → *Save*, um die Datei mit dem Text zu speichern.

Tusch! Du verfügst jetzt über eine Datei mit Java-Quellcode!

Dein Computer aber hat keine Ahnung, was er damit anfangen soll. Für ihn ist es nur eine Textdatei. Für den Rechner könnte es auch ein Kochrezept, ein Aufsatz oder eine Schummelliste für Spiele sein. Darum kümmern wir uns als Nächstes.

Was wir jetzt brauchen, ist Java selbst.

Windows-Pfade

Zur Erinnerung: Wenn du die Bash-Shell von BusyBox verwendest, trenne die Verzeichnisse mit einem normalen Schrägstrich (/). Außerhalb der Shell wird auf Windows-Systemen jedoch überall der umgekehrte Schrägstrich (\) verwendet.

In Windows und den Installationsprogrammen sieht ein Pfad beispielsweise wie folgt aus:

```
C:\Users\DeinName\Desktop\server
```

Wir schreiben hier jedoch Folgendes:

```
C:/Users/DeinName/Desktop/server
```

Die Programmiersprache Java installieren

»Java« ist nicht nur eine Anwendung, sondern sogar mehrere. Es gibt den Java-Compiler `javac`, den Java-Programmausführer `java` und das Archivierungsprogramm `jar`. `javac` macht aus deiner Textdatei eine magische Ansammlung mysteriöser Elemente, die als *Klassendatei* bezeichnet wird. Mit dem Befehl `java` gibst du die Anweisung, diese Ansammlung auszuführen, und schon wird dein Programm lebendig. Diesen Vorgang sehen wir uns im weiteren Verlauf noch genauer an.

Möglicherweise ist Java bei dir schon installiert. Versuche, den Java-Compiler `javac` auszuführen, um herauszufinden, ob er vorhanden ist:

```
$ javac -version
javac 1.7.0
```

Diese Meldung auf meinem Computer zeigt an, dass der Compiler in Version 1.7 vorhanden ist. Ist er nicht vorhanden, erhältst du folgende Meldung:

```
$ javac -version
bash: javac: command not found
```

Du solltest auch prüfen, ob `java` und `javac` bei dir dieselbe Versionsnummer aufweisen (das sollte zwar eigentlich der Fall sein, aber es passieren manchmal seltsame Dinge):

```
$ java -version
java version "1.7.0_67"
Java(TM) SE Runtime Environment (build 1.7.0_67-b01)
Java HotSpot(TM) 64-Bit Server VM (build 24.65-b04, mixed mode)
```

Wenn du Java noch installieren musst, solltest du das *Java Development Kit Standard Edition (JDK SE) Version 7* oder höher verwenden, das du für verschiedene Betriebssysteme herunterladen kannst.[4] Je nach Betriebssystem und Hersteller ist Java möglicherweise vorinstalliert. Es kann aber auch sein, dass Java ganz fehlt, dass du nur `java`, aber nicht `javac` hast oder dass eine andere Version vorhanden ist. Um mit den Beispielen in diesem Buch arbeiten zu können, brauchst du Java JDK 1.7 oder höher.

Egal welches Betriebssystem du verwendest, du solltest auf alle Fragen des Installers die Standardantworten geben, vor allem auf die Frage nach dem Installationsort. Java und die zugehörigen Programme können sich ziemlich merkwürdig verhalten und es können sonderbare Dinge geschehen, wenn nicht alles so ist wie erwartet.

Lade also den JDK-Installer (Java Development Kit) herunter und befolge seine Anweisungen.

Je nachdem, auf welcher Plattform du arbeitest, kann es sein, dass du das JDK-Verzeichnis `bin` zu deinem »Pfad« hinzufügen musst. Was das bedeutet und wie du das machst, sehen wir uns im nächsten Abschnitt an.

Zunächst aber versuche dich an der folgenden kleinen Übung.

4 *http://www.oracle.com/technetwork/java/javase/downloads/index.html*

Probiere es selbst aus!

Nachdem das JDK installiert ist, kannst du das Testprogramm ausführen, das du zuvor eingegeben hast.

Dies ist nur ein einfaches Programm, mit dem du dich vergewissern kannst, dass mit Java alles in Ordnung ist. Es handelt sich dabei noch nicht um ein Minecraft-Plugin, aber es ist schon einmal ein erster Versuch. Wenn du dieses Programm zum Laufen bringst, dann kannst du auch mit dem Schreiben von Minecraft-Plugins beginnen.

Wechsele mit `cd` auf deinen Desktop, und vergewissere dich, dass sich die Datei `CreeperTest.java` dort befindet:

```
$ cd Desktop
$ ls
CreeperTest.java
```

Führe jetzt den Java-Compiler für `CreeperTest.java` mithilfe des Befehls `javac` (Java-Compiler) aus:

```
$ javac CreeperTest.java
$ ls
CreeperTest.class CreeperTest.java
```

Das Programm `javac` prüft als Erstes, ob es alles versteht, was du in die Datei `CreeperTest.java` eingegeben hast. Wenn es keine Fehler findet, erstellt es die binäre Klassendatei.

Es ist aber wahrscheinlich, dass es irgendwelche Fehler gibt. Mache dir keine Sorgen, wenn du Fehlermeldungen in rauen Mengen erhältst – das heißt nicht, dass du irgendwas kaputt gemacht hättest. Programmiersprachen wie Java sind berüchtigte Erbsenzähler, was Groß- und Kleinschreibung, die Verwendung von Satzzeichen und aller anderen Elemente angeht, aus denen Programmcode besteht.

Also: Ruhe bewahren. (Das ist ohnehin eine gute Haltung für die Arbeit mit Computern.)

Versuche, alle Meldungen des Computers zu verstehen, und vergleiche deinen Code sorgfältig mit dem angegebenen Beispiel. Einige der häufigsten Probleme sehen wir uns im Folgenden an. Weitere Ratschläge findest du in Anhang 1, »Fehlermeldungen lesen«. Denke auch daran, dass es zu diesem Buch eine Website gibt, auf der sich auch andere Personen äußern, die vielleicht mit den gleichen Problemen zu kämpfen haben![5]

Wenn `javac` seine Arbeit fehlerlos beendet hat, kannst du das Programm ausführen.

---

5 Das Diskussionsforum zu diesem Buch findest du unter *https://forums.pragprog.com/forums/382*.

Rufe dazu Java auf, gib aber nur den Programmnamen an (nicht die Dateiendung `.class`):

```
$ java CreeperTest
That'sss a very niccce program you have there...
```

Es hat funktioniert! Herzlichen Glückwunsch! Damit hast du dein erstes kleines Programm kompiliert und ausgeführt! Du kannst jetzt zum Abschnitt über die Installation von Minecraft auf Seite 32 vorblättern.

Wenn etwas schiefgegangen ist, kannst du in den folgenden Abschnitten mehr über die möglichen Ursachen erfahren.

Wenn der Befehl »java« nicht gefunden wird

Die wahrscheinlichste Fehlermeldung ist »javac not found« oder »java not found«. Das bedeutet, dass die Shell die Anwendung `javac.exe` bzw. `java.exe` nicht finden konnte, auch wenn du Java installiert hast. Was dabei geschieht, ist Folgendes:

Die Befehle, die du bis jetzt verwendet hast, sind entweder im Lieferumfang enthalten oder wurden vom BusyBox-Installer hinzufügt. Wenn du Java installierst, weiß der Computer aber möglicherweise nicht, wohin er es stellen soll.

Wenn du den Befehl `javac` eingibst, muss der Computer eine ausführbare Datei dieses Namens finden (unter Windows `javac.exe`, auf dem Mac und unter Linux nur `javac`). Es gibt einige Standardverzeichnisse, in denen der Computer nachsieht, bei Windows z. B. das Verzeichnis `C:\Windows\System32`, bei Mac/Linux `/usr/bin`, `usr/local/bin` usw.

Da das System seine eigenen Befehle mitbringt – an denen du auch nicht herumpfuschen solltest – und du deine eigenen Befehle hinzufügen möchtest, muss der Computer an einer ganzen Menge verschiedener Stellen suchen. Mit einer Liste von Verzeichnisnamen kannst du ihm genau sagen, wo er nachzuforschen hat. Dies ist der sogenannte *Suchpfad* oder kurz *Pfad*.

Um den Pfad zum Shellfenster herauszufinden, gibst du Folgendes ein:

```
$ echo $PATH
```

Damit die Shell bzw. der Kommandozeilenprozessor einen auszuführenden Befehl finden kann, muss sich dieser Befehl im Suchpfad befinden. Daher musst du das Java-Verzeichnis `bin` zum Suchpfad hinzufügen.

Der Speicherort dieses Verzeichnisses hängt von deinem Betriebssystem und dem verwendeten Installer ab. Ein typischer Speicherort für Windows ist `C:\Program`

Files\Java\jdk1.7.0_67\bin (wobei bei dir andere Versionsnummern vorkommen können).

Auf dem Mac ist Java wahrscheinlich in /usr/bin oder /usr/local/bin installiert, die beide bereits in deinem Pfad liegen. Es kann aber sein, dass die Installation an einem ganz anderen Ort erfolgt ist, etwa in /opt/local/java.

Wenn du das Installationsverzeichnis von Java gefunden hast, siehst du darin auf jeden Fall das Verzeichnis bin, und darin befinden sich java, javac, jar und viele andere Dinge. Du musst den vollständigen Pfad zu diesem bin-Verzeichnis zur Umgebungsvariable PATH der Shell hinzufügen.

PATH ist eine Liste von Verzeichnissen, die durch Doppelpunkte getrennt sind (unter Windows durch Semikolons). Um PATH für die von uns verwendete Bash-Shell zu ändern, gehst du wie folgt vor:[6]

1. Wechsle in der Shell mit cd zum Benutzerverzeichnis. Prüfe den vollständigen Pfad zu deinem Benutzerverzeichnis, indem du pwd eingibst.
2. Erstelle oder bearbeite die Bash-Startdatei in deinem Benutzerverzeichnis mit deinem Texteditor. Normalerweise befindet sich diese Datei unter dem Namen .profile oder .bash_profile (beachte den führenden Punkt!) in deinem Benutzerverzeichnis. Wenn du BusyBox auf Windows verwendest, musst du .profile verwenden, anderenfalls .bash_profile. Dateien, deren Namen mit einem Punkt beginnen, werden von ls normalerweise nicht angezeigt. Um sie zu sehen, verwende ls -a. Es kann aber sein, dass diese Datei nicht vorhanden ist und du sie selbst anlegen musst. Das ist aber nicht weiter schwierig.
3. Füge der Datei eine Zeile hinzu, um der PATH-Einstellung das bin-Verzeichnis von Java hinzuzufügen. Dessen Name muss durch Doppelpunkte abgetrennt sein, bei Windows durch Semikolons.

Wenn das JDK beispielsweise in /opt/local/java installiert ist, musst du unter Linux und auf dem Mac folgende Zeile zu .bash_profile hinzufügen:

```
export PATH="$PATH:/opt/local/java/bin:"
```

Unter Windows verwendest du statt der umgekehrten Schrägstriche normale und statt der Doppelpunkte Semikolons. Ist Java also beispielsweise in C:\Program Files\Java\jdk1.7.0_67\bin installiert, füge folgende Zeile zu .profile hinzu:

```
export PATH="$PATH;C:/Program Files/Java/jdk1.7.0_67/bin;"
```

Speichere und schließe die Datei, schließe das Kommandozeilenfenster und öffne es erneut, damit die neuen Einstellungen in Kraft treten.

6 Wenn du bei dieser Vorgehensweise auf Schwierigkeiten stoßen solltest (insbesondere unter Windows), wirf einen Blick auf *http://www.java.com/de/download/help/path.xml*.

Du musst tatsächlich alle offenen Kommandozeilenfenster schließen und erneut öffnen, damit die Änderungen übernommen werden.

Um dir den Pfad anzusehen und zu prüfen, ob die neuen Einstellungen angewendet werden, gibst du Folgendes ein:

```
$ echo $PATH
```

Jetzt sollte ein neuer Eintrag angezeigt werden, der das Java-Verzeichnis `bin` einschließt.

Andere Ursachen für Fehler

Wenn du `PATH` richtig eingerichtet hast und trotzdem Fehlermeldungen erhältst, solltest du Folgendes tun:

Stelle sicher, dass du dich im richtigen Verzeichnis befindest. Gib `ls` ein und schaue nach, ob die Datei `CreeperTest.java` vorhanden ist.

Achte darauf, dass du auch wirklich `javac CreeperTest.java` (einschließlich der Endung `.java`!) eingibst, da du sonst äußerst verwirrende Fehlermeldungen wie die folgende erhalten könntest:

```
error: Class names, 'CreeperTest', are only accepted if annotation processing is
explicitly requested
```

Wenn beim Befehl `javac` etwas wie `syntax error`, `not found` oder `not defined` zurückgegeben wird, heißt das, dass der Compiler den Text in der Datei `CreeperTest.java` nicht versteht. Wahrscheinlich hast du also irgendetwas falsch geschrieben. Diese Fehlermeldungen können beispielsweise wie folgt aussehen:

```
CreeperTest.java:1: class, interface, or enum expected
```

Es kann noch andere Fehlermeldungen geben. Die Zahl zwischen den Doppelpunkten (hier `:1:`) gibt an, in welcher Zeile der Fehler steckt.

Wenn du keinen Tippfehler findest, solltest du eine Kopie der Datei aus dem heruntergeladenen Quellcode zu diesem Buch unter `code/install/CreeperTest.java` ausprobieren.

Wenn der Befehl `java` die Datei `CreeperTest.class` nicht finden kann, musst du prüfen, ob der Befehl `javac` einwandfrei ausgeführt wurde und die `.class`-Datei erstellt hat. Bei der Ausführung von `java` musst du dich in demselben Verzeichnis befinden.

Auch der folgende Fehler kann angezeigt werden:

```
Exception in thread "main" java.lang.NoClassDefFoundError: CreeperTest/class
```

In diesem Fall hast du wahrscheinlich versehentlich `java CreeperTest.class` (mit der Endung `.class`) statt `java CreeperTest` (ohne Endung) eingegeben. Zusammenfassend gesagt, musst du zum Kompilieren und anschließenden Ausführen die folgenden Befehle verwenden:

```
$ javac CreeperTest.java
$ java CreeperTest
```

Beim Kompilieren musst du also die Endung `.java` angeben, bei der Ausführung mit `java` hingegen darfst du es nicht.

Prüfe auch, ob es eine Einstellung für `CLASSPATH`[7] gibt:

```
$ echo $CLASSPATH

$
```

Die Variable sollte leer sein. Wenn nicht, solltest du zumindest dafür sorgen, dass sie einen einzelnen Punkt für das aktuelle Verzeichnis enthält.

Wenn alle Stricke reißen, solltest du dich nicht scheuen, andere um Hilfe zu bitten. Programmierung ist meistens Teamwork.

Puh! Das war der schwierige Teil!

Wenn Java läuft, musst du die Komponenten von Minecraft installieren.

Den Minecraft-Client und -Server installieren

Da es sich bei Minecraft um ein Client/Server-System handelt, musst du beide Teile installieren, den grafischen Desktop-Client, mit dem du das Spiel spielst, und den Serverprozess, mit dem du Verbindung aufnimmst und in dem du die Plugins hinzufügst.

Den grafischen Minecraft-Client installieren

Wahrscheinlich hast du diesen Teil bereits geschafft. Wenn nicht, lade den Minecraft-Installer für deinen Computer von *http://minecraft.net* herunter. Folge den Anweisungen des Installers, um ihn zu installieren, führe ihn aber noch nicht aus.

Der »Client« ist die Anwendung, die du ausführst, wenn du Minecraft spielst. Du verbindest dein bezahltes Konto mit *http://minecraft.net*.

Es gibt auch Clients für iOS- und Android-Geräte wie Smartphones, aber damit kommst du hier nicht weiter. Zurzeit kannst du damit keine Verbindung zu den

7 `CLASSPATH` ist eine ähnliche Einstellung wie `PATH`, gilt aber für Java-Klassen.

normalen Minecraft-Servern aufnehmen, weshalb diese Clients auch unsere selbst geschriebenen Plugins nicht nutzen können.

Der Client kümmert sich um Grafik und Ton und lässt dich Chat-Befehle eingeben. Vorläufig aber steht noch kein lokales Spiel zur Verfügung, mit dem sich der Client verbinden könnte. Daher sollten wir nun den Servercode herunterladen.

Den CanaryMod-Server installieren

Und nun zum angenehmen Teil. Da du Plugins zu deinem eigenen Server hinzufügst, brauchst du `CanaryMod`, einen besonderen Minecraft-Server von *CanaryMod.net*, der zur Verwendung von Plugins geeignet ist.

Erstelle auf dem Desktop das Verzeichnis `server`. (Es wird sich dann in einem Verzeichnis mit einem Namen wie `/Users/`*`DeinName`*`/Desktop/server` befinden):

```
$ cd Desktop
$ mkdir server
```

Dies ist dein Serververzeichnis, in dem du die Bestandteile des Servers installierst.

Das CanaryMod-Projekt wird in einer einzigen `jar`-Datei namens `CanaryMod.jar` geliefert. Sie wird verwendet, um den Spielserver und die von uns entwickelten neuen Plugins auszuführen.

Gehe ins Web und besuche die Release-Seite des CanaryMod-Projekts auf *http://canarymod.net/releases*. Dort siehst du eine Liste der Releases, gruppiert nach der Minecraft Versionsnummer. Ich verwende das neueste Release, das es zurzeit für Minecraft 1.7.10 gilt. Lade die neueste `jar`-Datei herunter. Der Bequemlichkeit halber habe ich den Downloads zu diesem Buch eine Kopie davon hinzugefügt.

Die Namen der `jar`-Dateien können noch zusätzliche Versionsnummern enthalten (z. B. `CanaryMod-1.7.10-1.1.0.jar`, aber wahrscheinlich sind die Versionsnummern schon höher, wenn du dies ausprobierst). Lade die Datei ins Verzeichnis `Desktop/server` herunter und benenne sie in `CanaryMod.jar` um.

Das kannst du in der Shell mit dem Befehl `mv` (*move*, also »verschieben«) und dem Jokerzeichen * erledigen. Es steht hier für alle Zahlen, sodass du sie nicht ausschreiben musst:

```
$ cd server
$ pwd
/Users/andy/Desktop/server
$ ls
CanaryMod-1.7.10-1.1.0.jar
$ mv CanaryMod*.jar CanaryMod.jar
$ ls
CanaryMod.jar
```

Der Beispielcode zu diesem Buch enthält das Unterverzeichnis `runtime`, in dem du das Startskript `start_minecraft` findest. Kopiere es mit dem Befehl `cp` in dein Serververzeichnis. Da du dich immer noch in diesem Verzeichnis befindest, kannst du im Kopierbefehl einfach ».. « für den Desktop und ».« für das aktuelle Verzeichnis `server` angeben:

```
$ cp ../code/runtime/start_minecraft .
```

Mit dem Skript `start_minecraft` starten wir den Server und führen ihn aus. Das Skript führt den Befehl `java` aus und übergibt dabei eine Option, die für ausreichenden Arbeitsspeicher sorgt (das ist die kryptische Angabe `-Xmx1024M`), sowie die auszuführende Datei `CanaryMod.jar`:

```
java -Xmx1024M -jar CanaryMod.jar
```

Wenn der Minecraft-Server zum ersten Mal ausgeführt wird, erstellt er eine ganze Reihe von Dateien, darunter die Standardweltdatei `World`, und wird dann wieder beendet. Führe ihn aus (während du dich nach wie vor im Verzeichnis `server` befindest):

```
$ ./start_minecraft
```

Beachte, dass ich in den Befehlsnamen »./« eingeschlossen habe. Dadurch wird der Befehl aus dem aktuellen Verzeichnis heraus ausgeführt. Wenn sich das aktuelle Verzeichnis (».«) in deinem Pfad befindet, brauchst du die Zeichenfolge »./« nicht.

Solltest du die Fehlermeldung `./start_minecraft: Permission denied.` erhalten, musst du die folgende Zeile eingeben, um die Datei ausführbar zu machen:

```
$ chmod +x start_minecraft
```

Wenn der Server startet, gibt Minecraft eine Menge Text im Terminal aus. Auf meinem Computer sieht das so aus wie im folgenden Listing. Bei dir werden natürlich andere Verzeichnisnamen, Zeitstempel und Versionsnummern angegeben, aber im Grunde genommen solltest du die gleiche Ausgabe bekommen:

```
$ cd Desktop
$ cd server
$ ./start_minecraft
Please wait while the libraries initialize...
Starting: CanaryMod 1.7.10-1.1.0
Registered xml Database
Found 24 plugins; total: 24
[10:48:32] [CanaryMod] [INFO]: Starting: CanaryMod 1.7.10-1.1.0
[10:48:32] [CanaryMod] [INFO]: Registered xml Database
...
[INFO]: You need to agree to the EULA in order to run the server.
Go to eula.txt for more info.
...
[10:48:33] [net.minecraft.server.MinecraftServer] [INFO]: Preparing
```

```
start region for level default
[10:48:34] [net.minecraft.server.dedicated.DedicatedServer] [INFO]:
Done (1.013s)! For help, type "help" or "?"
>
```

Da ist noch eine ganze Menge mehr Text in der Mitte, den ich ausgelassen habe. Zumindest hast du jetzt aber eine Vorstellung.

Irgendwo in der Mitte der Ausgabe wird die Zustimmung zur Lizenzvereinbarung erwähnt (`You need to agree to the EULA`). Dazu musst du die Datei `eula.txt` ändern, die Minecraft gerade im Verzeichnis `server` angelegt hat. Wenn du der Endbenutzer-Lizenzvereinbarung (*End User Licence Agreement*, EULA) zustimmen möchtest, änderst du die folgende Zeile:

```
eula=false
```

Die Zeile muss danach wie folgt aussehen:

```
eula=true
```

Speichere die Datei. Jetzt kannst du den Server erneut mit `./start_minecraft` starten. Du erhältst wiederum eine ähnlich umfangreiche Ausgabe, aber diesmal wartet der Server darauf, dass du an der Eingabeaufforderung > etwas eingibst.

Eines noch, bevor du loslegst: Du musst dir selbst Operatorrechte (`op`) zuweisen. Dazu gibst du an der Eingabeaufforderung des Servers den Befehl `op`, gefolgt von deinem Minecraft-Benutzernamen ein:[8]

```
> op AndyHunt
[14:32:36] [CanaryMod] [INFO]: [SERVER] Opped AndyHunt
>
```

Startfehler

Bei einigen Versionen von CanaryMod kann es beim Start zu einem Fehler wie `Error on line 1: Premature end of file. net.canarymod.database.exceptions.DatabaseWriteException` kommen. Das sieht zwar fürchterlich kompliziert aus, heißt aber nur, dass der Server beim Einrichten durcheinandergekommen ist. Lösche in einem solchen Fall einfach die Dateien in `Desktop/server/db` und versuche es erneut.

Ohne Operatorrechte kannst du keine Blöcke aufteilen oder irgendetwas in dem Spiel platzieren. Lasse diesen Schritt also nicht aus!

8 Bei einigen früheren Versionen von Canary wurde beim Befehl `op` ein Fehler gemeldet, auch wenn der Befehl erfolgreich ausgeführt wurde. Ignoriere diese Fehlermeldung einfach.

Wenn du Freunde dazu einladen willst, auf deinem Server zu spielen, kannst du ihnen entweder einzeln mit op Operatorrechte einräumen oder allen Besuchern Rechte für den Build gewähren:

```
> groupmod permission add visitors canary.world.build
> [14:33:39] [CanaryMod] [INFO] [MESSAGE]: Permission added
```

Wenn du fertig bist, kannst du den Minecraft-Server jederzeit mit dem Befehl stop anhalten:

```
>stop
[10:50:10] [CanaryMod] [INFO] [NOTICE]: Console issued a manual shutdown
[10:50:10] [net.minecraft.server.MinecraftServer] [INFO]: Stopping server
[10:50:10] [net.minecraft.server.MinecraftServer] [INFO]: Saving players
[10:50:10] [net.minecraft.server.MinecraftServer] [INFO]: Saving worlds
...
[10:50:10] [CanaryMod] [INFO]: Disabling Plugins ...
$
```

Damit kehrst du zur Eingabeaufforderung der Kommandozeile zurück.

Starte den Server wieder und lass ihn laufen. Versuche dann, vom Client aus eine Verbindung zu ihm aufzubauen.

Dazu startest du deinen Minecraft-Client und meldest dich mit deinem Minecraft-Benutzernamen und dem zugehörigen Passwort an. Daraufhin wird ein Startbildschirm ähnlich wie der folgende angezeigt:

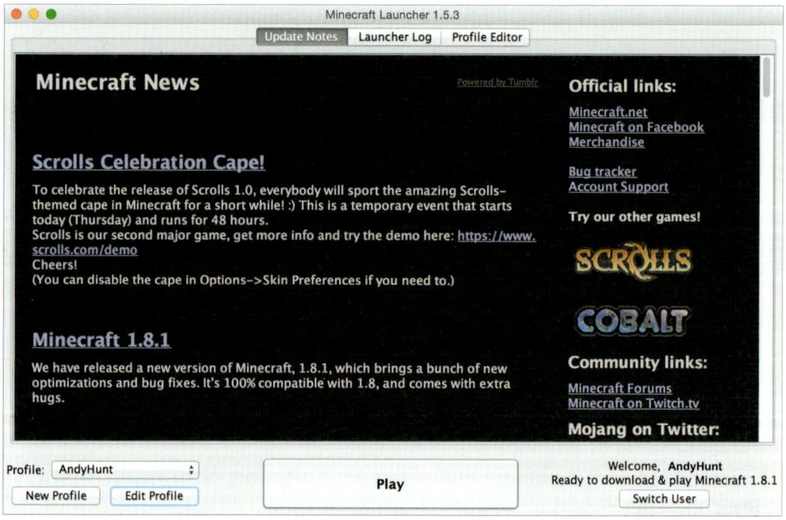

Die Versionsnummer in der unteren rechten Ecke besagt, dass der Client mit einem Server der Version 1.8 zusammenarbeiten kann.

Wenn du den Minecraft-Client startest, kannst du ihm mitteilen, welche Version er verwenden soll. Sie muss mit der heruntergeladenen Version von Canary übereinstimmen. Zurzeit ist die neueste Version des Canary-Servers die 1.7.10. Der gerade installierte Client jedoch verwendet standardmäßig Minecraft 1.8, was von CanaryMod noch nicht unterstützt wird. Das kann nicht funktionieren. Du musst den Minecraft-Client also anweisen, die richtige Version zu verwenden.

Klicke im Minecraft-Startproramm auf die Schaltfläche *Edit Profile* in der unteren linken Ecke.

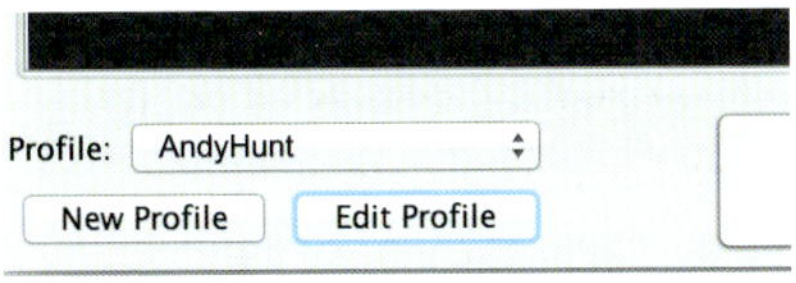

Suche in dem daraufhin eingeblendeten Dialogfeld nach der Einstellung *Use Version*. Ändere die Option so, dass die aktuelle Version deines Minecraft-Servers verwendet wird, und klicke auf *Save Profile*.

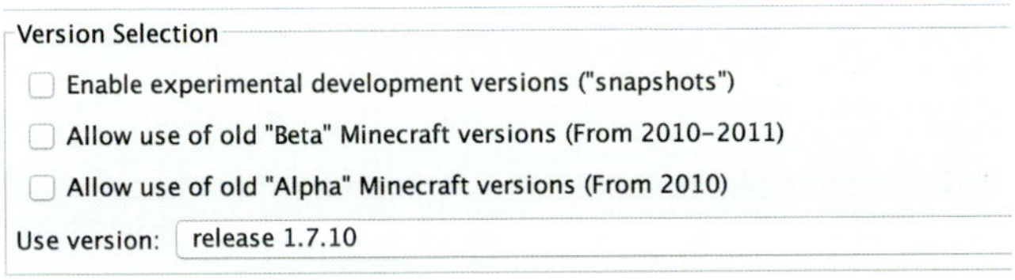

Wenn du diese Zeilen liest, gibt es wahrscheinlich schon ganz andere Versionsnummern. Egal wie sie lauten, du musst die Version im Client überprüfen und dafür sorgen, dass sie mit der Serverversion übereinstimmt. Um loszulegen, klickst du auf *Play*.

Klicke als Erstes auf *Mehrspieler*. Als Nächstes fügst du deinen lokalen Server hinzu. Klicke dazu auf *Server hinzufügen* und gib einen Namen für den neuen Server ein. Als Serveradresse verwende *localhost* (siehe unten).

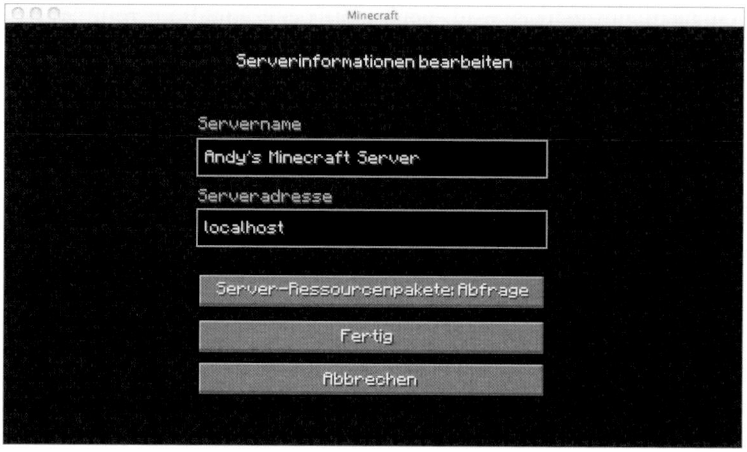

Wie du im nächsten Bild siehst, wird in der Auswahlliste dein Server angezeigt (zusammen mit anderen Servern, mit denen du regelmäßig Verbindung aufnimmst):

Wähle deinen Server aus der Liste aus und klicke auf *Server beitreten*. Willkommen in der Minecraft-Welt!

Wenn die Verbindung sofort wieder abgebrochen wird, stimmen möglicherweise die Versionen nicht überein. Prüfe genau, welche Version der Client verwendet.

Nachdem die Verbindung hergestellt ist, befindest du dich in der Minecraft-Welt auf deinem lokalen Minecraft-Server. Herzlichen Glückwunsch!

Du kannst dir jetzt ein bisschen Zeit lassen, um dich ein wenig in der Minecraft-Welt einzurichten. Vielleicht möchtest du dir ja ein hübsches Häuschen bauen, bevor die Monster angeschlichen kommen?

Weiter geht's!

Der Anfang ist gemacht, und auf deinem Computer läuft jetzt ein kompletter Minecraft-Server.

Im nächsten Kapitel spucken wir in die Hände, um unser erstes echtes Plugin zu kompilieren und zu installieren.

Der Inhalt deines Werkzeugkastens

Dein Werkzeugkasten ist jetzt zu 7 % gefüllt. Du kannst nun Folgendes tun:

- die Kommandozeilenshell nutzen
- Programme mit Java und `javac` erstellen
- einen Minecraft-Server ausführen

Kapitel 3

Plugins erstellen und installieren

Dein Werkzeugkasten

Nachdem du dieses Kapitel durchgearbeitet hast, kannst du Folgendes tun:

- Java-Quellcode zu `.class`-Dateien kompilieren, als `jar`-Archiv packen und auf einem Minecraft-Server installieren
- deinen lokalen Server mit einem neuen Plugin ausführen
- Verbindung mit deinem lokalen Server herstellen

Da wir nun alle erforderlichen Werkzeuge installiert haben, wollen wir ein einfaches Plugin erstellen. Es erfüllt zwar keine besonders sinnvolle Aufgabe, aber du kannst daran lernen, wie du deine eigenen Plugins erstellst und ausführst. Außerdem bildet dieses Plugin den Ausgangspunkt (das Grundgerüst) für all die Plugins, die wir in diesem Buch schreiben werden.

Wie schaffst du es, dass die von dir eingegebenen Anweisungen auf einem Minecraft-Server ausgeführt werden? Der Vorgang läuft wie folgt ab:

Du gibst Anweisungen in der Sprache Java ein (das ist der Quellcode) und speicherst sie in einer Textdatei. Der Java-Compiler `javac` liest deine Textdatei und wandelt sie in etwas um, das der Computer ausführen kann.

Diesen Vorgang hast du bereits mit dem einfachen Programm `CreeperTest.java` ausgeführt.

Aus dem Quellcode, den du in die Datei `CreeperTest.java` eingegeben hast, wird eine *Binärdatei* (keine Textdatei!) namens `CreeperTest.class` gemacht. Eine Binärdatei besteht ausschließlich aus Zahlen. Menschen können damit nichts anfangen, Computer aber schon.

Da ein typisches Programm aus einem Haufen von Klassendateien besteht, archivierst du diese für gewöhnlich in einer `jar`-Datei. Java führt dann den Code aus dem `.jar`-Archiv aus.

Java (das Programm `java` selbst) liest Klassen- und Archivdateien und erstellt einen laufenden Prozess auf dem Computer. Im Zusammenhang mit Minecraft handelt es sich dabei um den Serverprozess, mit dem die Minecraft-Clients Verbindung aufnehmen. Vorläufig wird das nur dein Client sein.

Die folgende Abbildung zeigt, wie die einzelnen Teile zusammenspielen. Der `javac`-Compiler produziert aus deinem Java-Quellcode und den Definitionen in `CanaryMod.jar` eine Klassendatei, die wiederum zusammen mit `Canary.inf` in ein `.jar`-Archiv gepackt wird – das ist nun dein Plugin. Zur Laufzeit startet Java den Server von `CanaryMod.jar` und lädt dein Plugin aus dem Archiv.

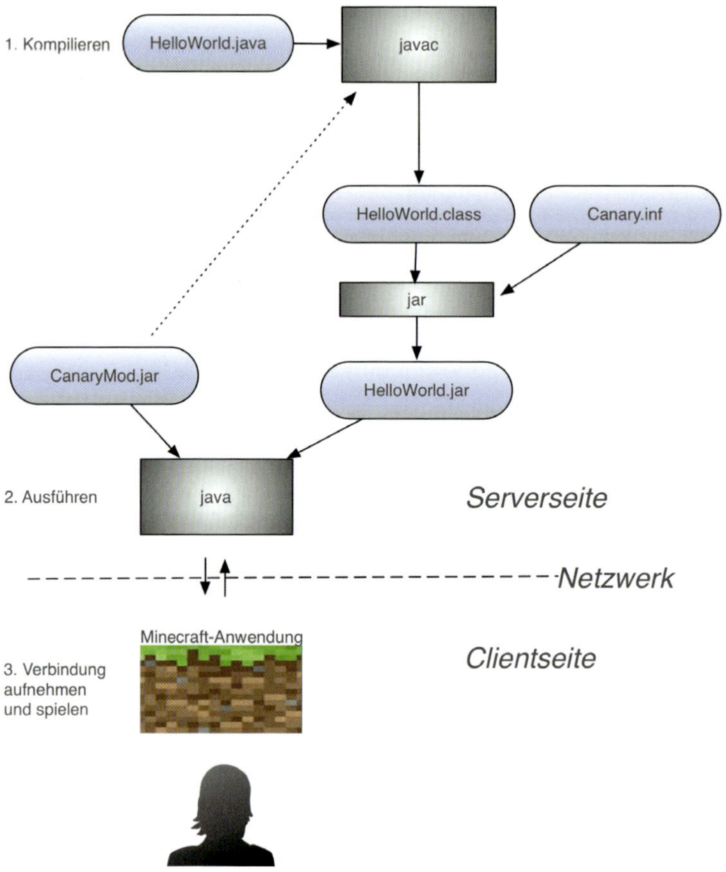

Abbildung 3.1: Plugins kompilieren und auf dem Server ausführen

Damit das funktioniert, musst du all diese Dateien an bestimmten Stellen platzieren. Eine entsprechende Verzeichnisstruktur hast du bereits für deine Version des Plugins `HelloWorld` eingerichtet. In dem Code zu diesem Buch, den du von `Desktop/code/HelloWorld` heruntergeladen hast, habe ich im Verzeichnis `HelloWorld` auch ein komplettes Plugin für dich eingerichtet.

In `Desktop/code/HelloWorld` findest du unter `src` einen Verzeichnisbaum für den Quellcode. Außerdem gibt es das Verzeichnis `bin`, in dem die kompilierten Klassendateien erstellt werden, und das Verzeichnis `dist`, wo die Klassen- und Konfigurationsdateien zu einer `jar`-Datei gepackt werden. Wenn du anderen deine Plugins zur Verfügung stellen willst, gibst du ihnen einfach die `jar`-Datei.

`HelloWorld` ist ein Entwicklungsverzeichnis. Für jedes Plugin, das du entwickelst, solltest du ein solches Verzeichnis anlegen, jeweils mit eigenen `src`-, `bin`- und `dist`-Verzeichnissen usw.

Im Serververzeichnis `Desktop/server` findest du die Minecraft-Serverdateien (unter anderem `CanaryMod.jar`), die alles enthalten, was zum Ausführen des Spiels erforderlich ist, sowie die Teile, die wir zur Entwicklung von Code in Minecraft brauchen. Ebenfalls in `server` befindet sich das Verzeichnis `plugins`, das der Minecraft-Server nutzt, und das Verzeichnis `lib` (für die Bibliothek `EZPlugin`, die du am Ende dieses Kapitels kennenlernen wirst).

Wenn du mit Code im Entwicklungsverzeichnis arbeitest und bereit bist, ihn auf dem Server zu testen, musst du als letzten Schritt die `jar`-Datei ins Serververzeichnis `plugins` kopieren (siehe die folgende Abbildung). Wie du diesen Vorgang automatisieren kannst, schauen wir uns gleich an.

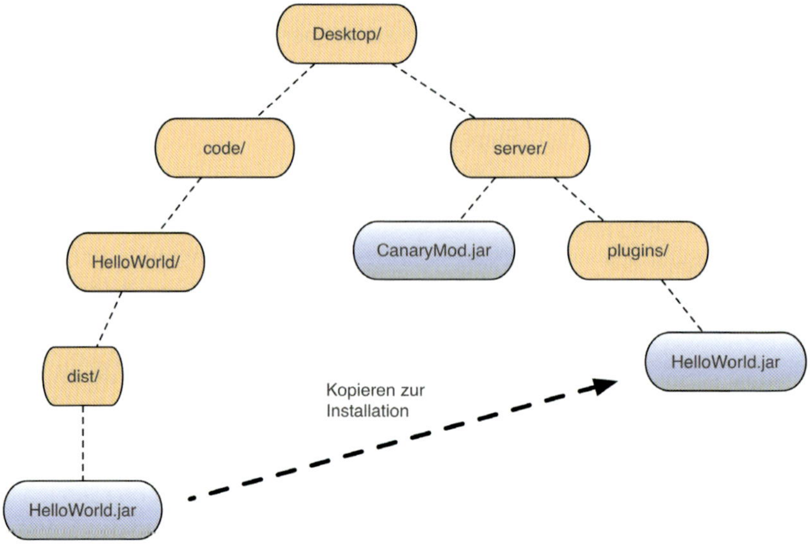

Abbildung 3.2: Plugins installieren

Um anzugeben, wo sich all diese Dateien und Verzeichnisse befinden, nutzt Java Pfade und Konfigurationsdateien. Wegen der vielen »beweglichen Teile« kann das manchmal etwas knifflig werden, und es ist ziemlich nervig, wenn Java eine wichtige Datei nicht findet, obwohl du sie genau vor Augen hast. Wenn *du* weißt, wo sich eine Datei befindet, heißt das aber noch lange nicht, dass Java es auch weiß.

Als Nächstes sehen wir uns den Quellcode an und beschäftigen uns anschließend damit, wie du ihn erstellst und installierst.

Plugin: HelloWorld

Es ist eine altehrwürdige Tradition in der Programmierung, mit einem einfachen Testprogramm zu beginnen, das die Meldung »Hello, World« ausgibt. Daher wollen auch wir damit beginnen, ein Plugin zu erstellen und auszuführen, das genau das in Minecraft erledigt, dabei allerdings eine etwas interessantere Meldung anzeigt.

Im Folgenden siehst du den Java-Quellcode für das Plugin `HelloWorld`, der sich bereits in der Datei `~/Desktop/code/HelloWorld/src/helloworld/HelloWorld.java` befindet.[1] In ihm steckt eine Menge komischer Kram:

1 Wenn du den Code zu diesem Buch noch nicht auf deinen Desktop heruntergeladen hast, hole das jetzt unter *http://media.pragprog.com/titles/ahmine2/code/ahmine2-code.zip* nach. Um das Archiv zu entpacken und alle Dateien zu erstellen, kannst du `unzip` auf der Kommandozeile verwenden.

```
package helloworld;    ❶
import net.canarymod.plugin.Plugin;    ❷
import net.canarymod.logger.Logman;
import net.canarymod.Canary;
import net.canarymod.commandsys.*;
import net.canarymod.chat.MessageReceiver;

public class HelloWorld extends Plugin implements CommandListener {    ❸

   public static Logman logger;

   public HelloWorld() {

      logger = getLogman();
   }
   @Override
   public boolean enable() {
      logger.info ("Starting up");
      try {
         Canary.commands().registerCommands(this, this, false);
      } catch (CommandDependencyException e) {
         logger.error("Duplicate command name");
      }
      return true;
   }

   @Override
   public void disable() {
   }

   @Command(aliases = { "hello" },    ❹
         description = "Displays the hello world message.",
         permissions = { "" },
         toolTip = "/hello")
   public void helloCommand(MessageReceiver caller, String[] parameters) {    ❺
     String msg = "That'sss a very niccce EVERYTHING you have there...";
      Canary.instance().getServer().broadcastMessage(msg);
   }
}
```

Listing 3.1: HelloWorld/src/helloworld/HelloWorld.java

Lass dich nicht entmutigen, wenn das für dich wie Elbisch oder eine außerirdische Sprache aussieht. In den nächsten Kapiteln wirst du lernen, was für einen Sinn das alles hat. Konzentriere dich zunächst auf das, was dir vertraut erscheint. Du kannst einige englische Wörter erkennen, z. B. »import«, »public« und »return«, und Strukturen, die Sätze oder Anweisungen sein könnten und alle mit einem Semikolon enden. Außerdem siehst du Sonderzeichen wie { und }, die irgendwie wichtig aussehen.

Was bedeutet all das? Dieses Plugin implementiert den Benutzerbefehl `/hello`, der die traditionelle Creeper-Begrüßung »That'sss a very niccce EVERYTHING you have there ...« an alle Spieler in Minecraft sendet.

Der Name dieses Plugins wird als `public class HelloWorld` deklariert (❸). Dies ist auch der Name der Datei, die den Code enthält, `HelloWorld.java`. Dieser Code wird außerdem in einem *Paket* verwendet, also in einer Gruppe miteinander verwandter Dateien, für das der gleiche Name verwendet wird (❶). Allerdings steht der Paketname ganz in Kleinbuchstaben und dient auch als Name für das Verzeichnis `helloworld` unter `src/`, in dem sich die Java-Quellcodedatei *HelloWorld.java* befindet. Es ist wichtig, dass all diese Namen übereinstimmen. Ein Tippfehler bei einer einzigen dieser Bezeichnungen kann die sonderbarsten Fehler hervorrufen.

Mit `import`-Anweisungen (❷) sorgst du für Zugang zu anderen Dingen, die in dem Plugin gebraucht werden, z. B. zu Teilen der Canary-Bibliothek und anderen Java-Bibliotheken. Wenn du eine `import`-Anweisung vergisst, erhältst du Fehlermeldungen wie »cannot find symbol ...« (»Symbol kann nicht gefunden werden«), da Java nicht weiß, was du meinst. Um dir die Arbeit zu erleichtern, habe ich eine Liste aller benötigten Importe in Anhang 7, »Gebräuchliche Importe«, zusammengestellt.

Der Code für das Plugin beginnt bei ❸. Bei ❹ siehst du die eigenartige Annotation `@Command` (die kein eigentlicher Code ist, sondern eine Markierung darstellt), die den Befehl beschreibt. Der Code für den Befehl beginnt schließlich bei ❺. All das und noch mehr sehen wir uns später noch genauer an. Zunächst aber müssen wir dem Server mitteilen, dass wir ein Plugin haben, das er laden soll.

Konfiguration mit Canary.inf

Der Quellcode allein reicht nicht aus. Du brauchst auch eine Konfigurationsdatei, damit Minecraft das Plugin finden und starten kann. Diese Konfigurationsdatei heißt `Canary.inf` und sieht wie folgt aus:

```
main-class = helloworld.HelloWorld
name = HelloWorld
author = AndyHunt, Learn to Program with Minecraft Plugins
version = 1.0
```

Listing 3.2: HelloWorld/Canary.inf

Die folgende Beschreibung sagt dir, was in dieser Datei enthalten sein muss. Zerbrich dir noch nicht den Kopf über die Einzelheiten. Je weiter wir in diesem Buch kommen, umso mehr Sinn wird dies alles für dich ergeben.

`main-class`

Name des Pakets und der Klasse, die Java ausführt, um das Plugin zu starten (*paket.klassenname*)

`name`

Name des Plugins, in diesem Fall `HelloWorld`

`author`

Name des Autors (das bist du!)

`version`

Versionsnummer des Plugins. Beginne mit einer niedrigen Zahl und erhöhe sie jedes Mal, wenn du eine neue Version veröffentlichst.

Build und Installation mit »build.sh«

Die Befehle, die du im Terminal-Window eingibst, kannst du auch in einer Datei speichern und dadurch immer wieder ausführen, ohne sie jedes Mal erneut eingeben zu müssen. Eine solche Datei wird als *Shellskript* bezeichnet und stellt eine weitere Möglichkeit dar, um den Computer zu programmieren.

Ein Plugin zu erstellen – einen Build davon anzulegen – ist kaum komplizierter als eine einzelne Java-Datei zu kompilieren, wie wir es im letzten Kapitel getan haben. Allerdings sind dazu viele Befehle erforderlich, die wir nicht jedes Mal eingeben wollen.

Zur Vereinfachung habe ich für dich das Shellskript `build.sh` angelegt, das die drei Hauptschritte für dich erledigt:[2]

1. Kompiliere die `.java`-Quelldateien mit `javac` in `.class`-Dateien.
2. Archiviere die Klassendateien, das Manifest und die Konfigurationsdatei mit `jar`.
3. Kopiere die `.jar`-Datei auf den Server.

Das Build-Skript muss wissen, wo sich das Serververzeichnis befindet. Ganz zu Anfang des Skripts heißt es:

```
MCSERVER=$HOME/Desktop/server
```

Das sollte in den meisten Fällen funktionieren, nämlich wenn sich das Serververzeichnis auf dem Desktop befindet. Wenn nicht, musst du die Verzeichnisangabe in

2 Bei größeren Projekten, bei denen der Build komplizierter wird und Abhängigkeiten zwischen vielen Teilen beachtet werden müssen, werden gern Programme wie *Ant*, *Maven* und *Gradle* verwendet. Für unsere Zwecke hier wären sie jedoch zu viel des Guten.

`build.sh` so ändern, dass `MCSERVER=` auf dein lokales Minecraft-Serververzeichnis verweist. Anhand dieser Einstellung ermittelt das Skript, wo es den Server findet.

Wechsele zum Verzeichnis `HelloWorld` und führe von dort das Skript `build.sh` aus. (Diesen Vorgang führen wir von nun an für jedes Plugin aus.)

```
$ cd
$ cd Desktop
$ cd code/HelloWorld
$ ./build.sh
```

(Wie gesagt, gebe ich hier unabhängig davon, mit welcher Methode du wirklich zum Desktop wechselst, nur `cd Desktop` an. Je nach System kann es auch sein, dass du `cd ~/Desktop` eingeben oder dich von deinem Benutzerverzeichnis aus abwärts bewegen musst.)

Es sollte jetzt eine ähnliche Ausgabe wie die folgende angezeigt werden:

```
Compiling with javac...
Creating jar file...
Deploying jar to /Users/andy/Desktop/server/plugins...
Completed Successfully.
```

Prüfe, ob die Datei tatsächlich im Serververzeichnis installiert wurde:

```
$ cd Desktop
$ cd server/plugins
$ ls
HelloWorld.jar
```

Ja, die `.jar`-Datei steht im Serververzeichnis! Du hast alles richtig gemacht!

Wenn du dagegen Fehlermeldungen erhältst, überprüfe Folgendes:

- Bei der Fehlermeldung `./build.sh: Permission denied` musst du `chmod +x build.sh` eingeben, um dem Skript Ausführungsberechtigungen zu gewähren.
- Werden Syntaxfehler gemeldet, verwende eine unveränderte Kopie der Dateien, die du von der Website zum Buch heruntergeladen hast.
- Wenn die Kompilierung erfolgreich verläuft, beim Kopieren der `.jar`-Datei aber Fehler auftreten, prüfe, ob das Serververzeichnis korrekt angegeben ist.
- Kann das Skript das Serververzeichnis nicht finden, ändere in `build.sh` den Verzeichnisnamen, der bei `MCSERVER=` angegeben ist, in den tatsächlichen Speicherort deines Minecraft-Servers.[3] (Wenn das notwendig ist, musst du diese Änderung wahrscheinlich auch bei den Build-Skripts aller anderen neuen Plugins vornehmen.)

---

3 Achte darauf, den Namen korrekt zu schreiben und mit dem Zeichen »/« einzuleiten, sodass du den vollständigen Pfad vom Wurzelverzeichnis zum Server angibst.

Nachdem das Plugin kompiliert und installiert worden ist, steht es für den Minecraft-Server zur Verwendung bereit. Wenn der Server weitergelaufen ist, weiß er aber noch nichts von diesem neuen Plugin. Du musst ihn anhalten und neu starten.

```
> stop
[14:36:24] [net.minecraft.server.MinecraftServer] [INFO]: Stopping server
[14:36:24] [net.minecraft.server.MinecraftServer] [INFO]: Saving players
[14:36:24] [net.minecraft.server.MinecraftServer] [INFO]: Saving worlds
[14:36:24] [net.minecraft.server.MinecraftServer] [INFO]: Saving chunks
for level 'default'/Overworld
[14:36:24] [CanaryMod] [INFO]: Disabling Plugins ...
$ ./start_minecraft
08:47:32 [INFO] [HelloWorld] Loading HelloWorld v0.1
08:47:32 [INFO] [HelloWorld] Loaded.
08:47:32 [INFO] [HelloWorld] Enabling HelloWorld v0.1
08:47:32 [INFO] [HelloWorld] Starting up.
08:47:32 [INFO] Server permissions file permissions.yml is empty, ignoring it
08:47:32 [INFO] CONSOLE: Reload complete.
>
```

So sieht die Startmeldung des neuen Plugins `HelloWorld` aus. Wenn sie nicht angezeigt wird, hat der Minecraft-Server nichts gefunden. Stelle sicher, dass sich die Datei `HelloWorld.jar` im `plugins`-Verzeichnis des Servers befindet, halte den Server an und starte ihn erneut.

Wenn die Verbindung hergestellt ist und du dich in der Minecraft-Welt befindest, kannst du deinen neuen Befehl vom Chat-Fenster des Clients aus testen. Gib im Minecraft-Spiel einfach `/hello` ein und beobachte, was geschieht. Sobald du das Zeichen »/« eingibst, schreibst du in einem Chat-Fenster, das am unteren Bildschirmrand erscheint. Drücke **Return**, und schon sollte die Meldung in der Protokollkonsole des Servers und im Spielfenster erscheinen. In der Serverkonsole sieht sie wie folgt aus:

```
14:47:58 [INFO]: Command used by AndyHunt: /hello
14:47:58 [INFO]: That'sss a very niccce EVERYTHING you have there...
```

Im Spielfenster erhältst du folgende Anzeige:

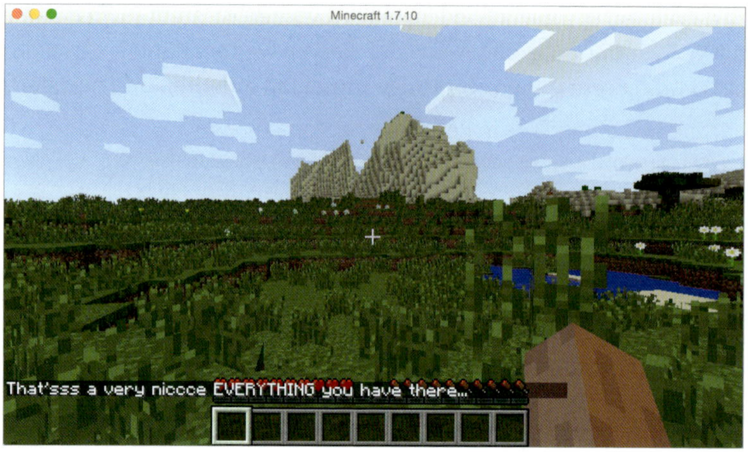

Orientierung in Minecraft

Für den Fall, dass du dich mit der grafischen Benutzeroberfläche von Minecraft nicht auskennst, findest du hier einige kleine Tipps. Um mehr zu erfahren, kannst du dir eines der zahlreichen YouTube-Videos, die offizielle Dokumentation ansehen – oder dir gleich „Das große Minecraft-Buch" schnappen, das ebenfalls im dpunkt.verlag erschienen ist.

Mit den Tasten **W**, **A**, **S** und **D** bewegst du dich vorwärts, rückwärts, nach links bzw. nach rechts. Zum Springen drückst du die **Leertaste**.

Die Blickrichtung steuerst du mithilfe der Maus.

Um etwas zu »schlagen«, also um beispielsweise einen Schwerthieb auszuführen oder mit einer Spitzhacke oder einer Schaufel zu graben, drückst du die linke Maustauste.

Um Gegenstände zu »verwenden«, also um etwas zu platzieren oder eine Tür zu öffnen, drückst du die rechte Maustaste.

Befehlen stellst du in Minecraft das Zeichen »/« voran. Um in den Kreativmodus zu wechseln, gibst du `/gamemode c` ein. Um in den Überlebensmodus zurückzukehren, verwendest du `/gamemode s`.

EZPlugin verwenden

Während wir uns im Verlauf dieses Buches mit der Sprache Java beschäftigen, erkläre ich dir, was die einzelnen Teile in `HelloWorld.java` machen. Die Hälfte des Codes ist für uns zurzeit aber noch nicht von Interesse. Vor allem aber sieht er bei jedem unserer Plugins gleich aus. Wir werden ihn daher aus dem Weg schieben, damit du ihn dir nicht bei jedem Plugin ansehen musst.

In dem heruntergeladenen Code findest du die Bibliothek `EZPlugin`. Sämtlichen Code, der in allen Plugins identisch ist, habe ich in `EZPlugin.java` verlagert. Dadurch werden alle nachfolgenden Plugins viel kleiner und leichter lesbar.

Alle kommenden Plugins hängen von dieser Bibliothek ab, sodass wir zunächst einen Build davon erstellen und im Serververzeichnis `lib` installieren müssen.

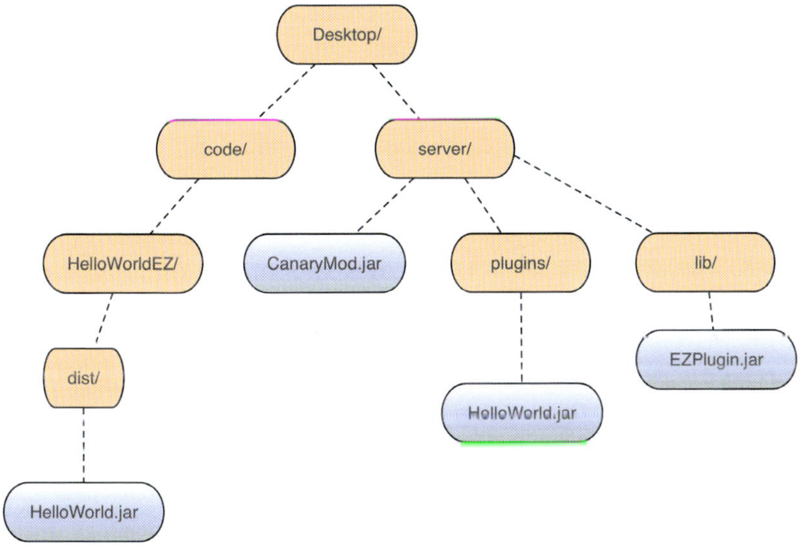

Wechsle an der Kommandozeile ins Verzeichnis `EZPlugin` und führe dort das Skript `build_lib.sh` aus. Ich kann dabei irgendwo beginnen, in mein Benutzerverzeichnis wechseln und mich dann mit `cd` zum Desktop und von dort aus nach `code` und dann zu `EZPlugin` bewegen:

```
$ cd
$ cd Desktop
$ cd code/EZPlugin
$ ./build_lib.sh
```

Das Ergebnis sieht etwa wie folgt aus:

```
Compiling with javac...
Creating jar file...
Deploying jar to /Users/andy/Desktop/server/lib...
Completed Successfully.
```

Prüfe, ob die Datei tatsächlich im Verzeichnis `lib` des Servers installiert wurde:

```
$ cd Desktop
$ cd server/lib
$ ls
EZPlugin.jar
```

Wenn `EZPlugin.jar` da ist, musst du `build_lib.sh` nicht erneut ausführen. Alle anderen Plugins können jetzt auf diese Bibliothek zugreifen.

Nun musst du erst einmal die erste Version von `HelloWorld.jar` loswerden, die sich noch im Verzeichnis `plugins` des Servers befindet:

```
$ cd ../plugins
$ ls
HelloWorld.jar
$ rm HelloWorld.jar
$ ls
$
```

Die folgende Version von `HelloWorld` nutzt `EZPlugin` und ist daher viel einfacher. Du findest sie in `code/HelloWorldEZ/src/helloworld/HelloWorld.java`:

```
package helloworld;
import net.canarymod.plugin.Plugin;
import net.canarymod.logger.Logman;
import net.canarymod.Canary;
import net.canarymod.commandsys.*;
import net.canarymod.chat.MessageReceiver;
import com.pragprog.ahmine.ez.EZPlugin;

public class HelloWorld extends EZPlugin {
   @Command(aliases = { "hello" },
         description = "Displays the hello world message.",
         permissions = { "" },
         toolTip = "/hello")
   public void helloCommand(MessageReceiver caller, String[] parameters) {
      String msg = "That'sss a very niccce EVERYTHING you have there...";
      Canary.instance().getServer().broadcastMessage(msg);
   }
}
```

Listing 3.3: HelloWorldEZ/src/helloworld/HelloWorld.java

Wie du siehst, folgen auf die `import`-Anweisungen am Anfang gleich die Befehle, also der Teil, an dem wir wirklich interessiert sind. Dies ist das Grundgerüst für alle kommenden Plugins.

Probiere aus, ob du das Plugin erstellen kannst und ob es die Bibliothek `EZPlugin` findet:

```
$ cd Desktop
$ cd code/HelloWorldEZ
$ ./build.sh
```

Daraufhin solltest du die folgende Erfolgsmeldung sehen:

```
Compiling with javac...
Creating jar file...
Deploying jar to /Users/andy/Desktop/server/plugins...
Completed Successfully.
```

Wenn nicht, überprüfe noch einmal, ob sich `EZPlugin.jar` in `Desktop/server/lib` befindet. Falls nötig, erstelle erneut einen Build von `EZPlugin.jar`.

Weiter geht's!

Herzlichen Glückwunsch! Du hast jetzt ein Plugin aus dem Quellcode kompiliert, auf deinem lokalen Server installiert, eine Verbindung dazu hergestellt und es getestet. Außerdem hast du die Bibliothek `EZPlugin` erstellt und installiert.

Nachdem wir das erledigt haben, werfen wir in den folgenden Kapiteln einen genaueren Blick auf den Quellcode, der ein Plugin ausmacht, und sehen uns an, was Java tut, sodass du damit deine eigenen Plugins erstellen kannst.

Der Inhalt deines Werkzeugkastens

Dein Werkzeugkasten ist jetzt zu 13 % gefüllt. Du kannst nun Folgendes tun:

- die Kommandozeilenshell nutzen
- Programme mit Java und `javac` erstellen
- einen Minecraft-Server ausführen
- ein Plugin bereitstellen
- Verbindung zu einem lokalen Server aufnehmen

Kapitel 4

Variablen, Funktionen und Schlüsselwörter

Dein Werkzeugkasten

In diesem Kapitel sehen wir uns viele der Grundlagen zum Schreiben von Java-Code an. Mit den neuen Werkzeugen erhältst du folgendes Wissen:

- was die vielen seltsamen Zeichen in Java bedeuten
- wie du *Variablen* verwendest, um Zahlen- und Zeichenstringwerte festzuhalten
- wie du *Funktionen* deklarierst und verwendest, also Listen von Java-Anweisungen
- wie du Code mit `if`-, `for`- und `while`-Anweisungen steuerst

In dem Plugin-Quellcode gibt es eine ganze Menge Dinge, die ich noch nicht erklärt habe. Im Folgenden wollen wir uns genauer mit Java beschäftigen und uns ansehen, was all dieser Text bedeutet. Dies ist das Rohmaterial zur Programmierung von Plugins.

Wie du in Kapitel 3, »Plugins erstellen und installieren«, gesehen hast, ist ein Java-Programm nicht mehr als eine Textdatei. Schaue dir den Text in `HelloWorld.java` an: Es gibt dort eine Menge englischer Wörter und einige sonderbar aussehende Zeichen. All das bedeutet etwas, und der Java-Compiler ist ziemlich pedantisch, wenn er deinen Text liest. Die richtige Schreibweise ist von entscheidender Bedeutung. So ist `Entity` beispielsweise nicht dasselbe wie `Entitee`. Auch `Player` und `player` sind nicht identisch, denn es kommt auch auf die Groß- und Kleinschreibung an. Manchmal musst du Großbuchstaben verwenden, manchmal Kleinbuchstaben.

All die seltsamen Zeichen, die du siehst, haben jeweils eine eigene Bedeutung, wie du anhand der folgenden Beispiele erkennen kannst. (Mach dir jetzt noch nicht allzu viele Gedanken über die Einzelheiten.)

`//`

Ein Kommentar, mit dem du für dich selbst oder für andere Notizen hinterlassen kannst. Java ignoriert alles, was in der Zeile hinter dem doppelten Schrägstrich steht.[1]

`/* langer Kommentar */`

Diese Schreibweise wird für längere Kommentare verwendet. Sie können in einer Zeile stehen, aber auch mehrere Zeilen umfassen.

`()`

Klammern werden verwendet, um Funktionen aufzurufen und ihnen Daten zu übergeben, z. B. `System.out.println("Hello, Creeper");`.

`[]`

Eckige Klammern dienen dazu, ein Element aus einer Liste von Elementen auszuwählen, z. B. `second = myArray[3]`.

`{}`

Geschweifte Klammern markieren den Anfang und das Ende eines Codeabschnitts.

`.`

Ein Punkt dient dazu, einen Teil von etwas auszuwählen, meistens eine Funktion, die Teil eines Objekts ist, z. B. `System.out.println()` oder `player.getLocation()`.

`;`

Das Semikolon kennzeichnet das Ende einer Codeanweisung. Das Semikolon am Ende einer Codezeile wegzulassen ist ein sicherer Weg, um Java in Rage zu bringen und dich mit Hunderten von Fehlermeldungen zuzuschütten.

Außerdem musst du besondere Wörter eingeben und genau so verwenden, wie es für Java erforderlich ist. Daneben gibt es auch Wörter, die du dir selbst ausdenken kannst, z. B. `ImmortalPlayer` oder `rathead`. Wie passt all dies zusammen?

Um in Java ein Programm oder ein Plugin zu schreiben, musst du all diese Textelemente verwenden, um damit Daten und Anweisungen zu übergeben. Computerprogramme und Minecraft-Plugins sind nicht mehr als das: Daten und Anweisungen. Hier erfährst du, wie du damit arbeitest.

Als Erstes zeige ich dir, wie du diese Dinge deklarierst und verwendest. Anschließend probierst du alles in deinem ersten eigenen Plugin aus.

---

1 Übrigens: hier im Buch sind die Kommentare in den Beispielcodes übersetzt, um es dir etwas leichter zu machen. In den Beispielcodes zum Herunterladen sind sie es nicht, da diese Codes vom Autor des US-Originalbuches gepflegt werden (und dass er extra für uns eine Version mit deutschsprachigen Kommentaren anlegt, fanden wir zuviel verlangt).

Daten mit Variablen festhalten

Daten sind Fakten – Angaben wie dein Alter oder die Farbe deines Fahrrads. Um in Java mit diesen Fakten zu arbeiten, musst du sie in *Variablen* festhalten.

In Minecraft verwenden wir Variablen, um uns über Informationen wie die Spieler, die Gesundheit und den Standort eines Spielers und andere wichtige Daten auf dem neuesten Stand zu halten. (Du wirst gleich selbst einige Variablen zu dem Code für ein Plugin hinzufügen, das ein Haus für dich baut.)

Eine Variable kannst du dir wie eine kleine Kiste vorstellen, in der du Daten unterbringst. Du kannst diese Kiste mit einer Beschriftung versehen, die aber nur zu deiner Orientierung da ist und keinen Einfluss auf das hat, was sich in dem Behälter befindet.

Das folgende Beispiel zeigt, wie du Variablen verwendest. Wir erstellen hier die Variable `age` (*Alter*) und weisen ihr den Datentyp `int` zu (beide Vorgänge zusammen bezeichnet man als „Deklarieren") und wir fordern Java auf, den Wert dieser Variablen auf `15` zu setzen (was als „Initialisieren" bezeichnet wird). Das kann in zwei Schritten geschehen, es ist aber auch möglich, das in einem Schritt zu erledigen:

```
int age;
age = 15;
```

Oder:

```
int age = 15;
```

Wichtig ist hier, dass du Java den *Typ* der Variablen angibst. In diesem Fall ist es eine Ganzzahl (ein Integer), die also keine Nachkommastellen aufweist. Abgekürzt wird dieser Typ als `int`.

Neben `int` gibt es noch viele andere Typen, darunter `float` und `double` für Bruchzahlen (mit Nachkommastellen) und `String` für Zeichenfolgen wie `"Hello, World"`. Du kannst auch einige Typen definieren, z. B. `NunChuck` oder `CowBell`, und es gibt Typen, die von Minecraft festgelegt werden, wie `Player` und `Location`. Wenn du in Java eine Variable deklarierst, musst du ihren Typ angeben. Java kann ihn nicht erraten.

Du kannst eine Variable im selben Schritt erstellen und ihr einen Wert zuweisen, es ist aber auch möglich, die Variable erst anzulegen und ihr den Wert später zuzuweisen. So oder so kannst du jederzeit einen neuen Wert in der Variablen speichern.

Der folgende Code ist daher völlig in Ordnung:

```
int age = 15;
age = 39;
age = 21;
```

Allerdings ist es nicht möglich, die Variable ein zweites Mal zu deklarieren. Der folgende Code funktioniert nicht:

```
int age = 15;
int age = 21;
// Fehler!
```

Stattdessen deklarierst du die Variable einmal mit `int age` und verwendest dann bei Bedarf `age =`, um ihren Wert zu ändern.

Nur weil du `age` »auf die Kiste geschrieben« hast, heißt das nicht, dass sie wirklich ein Alter (im Sinne des Lebensalters eines Menschen) enthalten muss. Nichts und niemand kann dich daran hindern, irgendeine andere Zahl in diese Kiste zu packen:

```
int age = 2048;
```

Dies ist völlig korrekter Java-Code, da es sich bei 2048 um eine gültige Zahl handelt. Für ein historisches Artefakt mag dies ein realistisches Alter sein, aber nicht für einen Menschen. Ein solches Alter für eine Person festzulegen wäre dumm, aber es gibt schließlich keine Gesetze gegen Dummheit. Es liegt also an dir, den Variablen Namen zu geben, die auch sinnvoll sind. Die Variable z. B. in `ageInYears` umzubenennen, kann vernünftiger sein und Probleme wie den legendären Absturz des Mars Climate Orbiters verhindern.[2]

Die Sprache Java hindert dich jedoch daran, Äpfel mit Birnen zu vergleichen. Sie weiß zwar nicht, dass du `int` als »Lebensalter eines Menschen« verstanden haben wolltest, aber sie kennt den Unterschied zwischen `int`, `float`, `String` usw. und lässt es nicht zu, dass du diese Typen vermischt. Wenn du eine Variable für Ganzzahlen deklariert hast, kannst du darin keine Strings speichern. Der folgende Code ruft einen Fehler hervor:

```
int age = "Old enough to know better"; // Fehler!
```

2 Einige der Programmierer hatten metrische Einheiten verwendet, die anderen britische – ups! Siehe *http://mars.jpl.nasa.gov/msp98/news/mco990930.html*.

Hier wird versucht, in einer int-Variablen eine Zeichenfolge zu speichern. Das funktioniert nicht, und Java beschwert sich. Andersherum geht es aber auch nicht. In einer für Zeichenfolgen deklarierten Variablen (Typ String) kannst du keinen Integerwert (42) speichern:

```
String answer = 42; // Fehler!
```

Bei den gebräuchlichen Typen wie Zahlen und Strings gibt es jedoch Möglichkeiten, um die Werte in einen anderen Typ umzuwandeln, wenn es sinnvoll ist. Nimm beispielsweise an, du willst einen numerischen Wert lesen, den der Benutzer eingegeben hat, der aber als String-Variable namens str übergeben wurde. Daraus kannst du wie folgt einen int-Wert machen:

```
String str = "1066";

int value = Integer.parseInt(str);

// Der Wert ist jetzt die Zahl 1066
```

Es ist also möglich, Datentypen ineinander umzuwandeln. Allerdings musst du das selbst erledigen, denn Java kann nicht raten, was du vorhast. In Anhang 5, »Spickzettel«, findest du eine Liste gängiger Typumwandlungen – auch solcher, die wir hier nicht besprechen.

Probiere all dies nun selbst aus.

Plugin: BuildAHouse

Ich habe das Plugin bereits für dich vorbereitet. Du musst nur noch einige Variablen deklarieren, um es mit dem Befehl /buildahouse aufrufen zu können.

Als Erstes musst du das Plugin BuildAHouse im heruntergeladenen Code finden.

```
$ cd Desktop
$ cd code/BuildAHouse/src/buildahouse
$ ls
BuildAHouse.java MyHouse.java
```

Du wirst nun die Datei MyHouse.java bearbeiten, die nur ein kleiner Teil des gesamten Plugins ist. (Schau dir den Rest jetzt noch nicht an!) Zurzeit sieht sie wie folgt aus:

```
package buildahouse;
public class MyHouse {
   public static void build_me() {
      // Deklariert width
      // Legt die Anzahl der Blöcke für width fest
      // Deklariert height
      // Legt die Anzahl der Blöcke für height fest

      BuildAHouse.buildMyHouse(width, height);
   }
}
```

Listing 4.1: BuildAHouse/src/buildahouse/MyHouse.java

Wenn du versuchst, dies wie bei `HelloWorld` mit `./build.sh` zu kompilieren und zu installieren, erhältst du zwei Fehlermeldungen:

```
$ cd Desktop
$ cd code/BuildAHouse
$ ./build.sh
Compiling with javac...
src/buildahouse/MyHouse.java:9: cannot find symbol
symbol  : variable width
location: class buildahouse.MyHouse
   BuildAHouse.buildMyHouse(width, height);
                            ^
src/buildahouse/MyHouse.java:9: cannot find symbol
symbol  : variable height
location: class buildahouse.MyHouse
   BuildAHouse.buildMyHouse(width, height);
                                   ^
2 errors
```

Das sind nun deine ersten Aufgaben: Deklariere die `int`-Variablen `width` und `height` und weise ihnen sinnvolle Werte für ein Haus zu – also nicht kleiner als fünf Blöcke in der Breite und in der Höhe. Wenn du es gern etwas luxuriöser hast, kannst du dich auch für eine Größe von 10 mal 10 Blöcken entscheiden.

Lösche die Kommentarzeilen und ersetze sie durch deine beiden Variablen `width` und `height`. Speichere die Datei und führe `build.sh` erneut aus:

```
$ ./build.sh
Compiling with javac...
Creating jar file...
Deploying jar to /Users/andy/Desktop/server/plugins...
Completed Successfully.
```

Halte den Server an und starte ihn neu. Stelle dann (erneut) die Verbindung zu deinem Minecraft-Client her.

Suche dir einen schönen Platz in der Minecraft-Landschaft aus und gib den Befehl `/buildahouse` ein. Plopp! Schon stehst du innerhalb eines brandneuen, creepersicheren Hauses mit genau den Abmessungen, die du in den Variablen `width` und `height` eingegeben hast. Mit einem Rechtsklick kannst du übrigens die Tür öffnen.

Unterschiedliche Arten von Zahlen

Java unterscheidet zwischen Ganzzahlen (*Integer*) ohne Nachkommastellen, wie etwa 8, und *Fließkommazahlen* mit Nachkommastellen, z. B. `10.125`. (Beachte, dass Java in den USA erdacht wurde und deshalb die Dezimalstelle nicht mit einem Komma, sondern mit einem Punkt abtrennt.)

Für normale Ganzzahlen verwendest du `int`, wie du schon gesehen hast.

Für Fließkommazahlen gibt es die beiden Typen `float` und `double`. Der Typ `double` ist größer und kann Zahlen mit höherer Genauigkeit festhalten. Wenn du eine Zahl mit einem Dezimalpunkt eingibst, geht Java davon aus, dass dies ein `double`-Wert sein soll:

```
3.1415 // Wird als double aufgefasst
```

Wenn du wirklich nur einen `float`-Wert brauchst, hängst du einfach den Buchstaben `f` an die Zahl an:

```
3.1415f // Jetzt ist es ein float, kein double
```

Du wirst `float`-Werte gleich im Einsatz erleben, wenn wir einen Klangeffekt abspielen, da Canary solche Zahlen erwartet, um die Lautstärke und Tonhöhe festzulegen. Fließkommazahlen kommen übrigens häufiger vor, als du es vielleicht erwartest.

Schau dir beispielsweise eine einfache Divisionsaufgabe an. In Java verwendest du für eine Division das Zeichen / (statt ÷). Um also die Zahl 5 durch 2 zu teilen, schreibst du `5 / 2`. Dabei kann es jedoch zu überraschenden Ergebnissen kommen:

- `5 / 2` ergibt einfach `2` (nur `2` und nichts sonst!)
- `5 / 2.0` dagegen ergibt `2.5` (also den Wert, den du normalerweise erwarten würdest).
- `5.0 / 2.0` ergibt ebenfalls `2.5`.

Warum ergibt 5 durch 2 nur 2? Bei einem Mathetest wäre diese Lösung falsch, aber hier dividieren wir `int`-Zahlen durch einander, wobei das Ergebnis eine weitere `int`-Zahl ist. Und weil `int`-Zahlen keine Nachkommastellen haben, kommt statt des mathematisch richtigen Ergebnisses `2.5` nur `2` heraus.

Soll die Antwort Nachkommastellen umfassen, muss mindestens eine der Ausgangszahlen über einen Bruchteil verfügen. Daher ergibt 5 durch `2.0` (beachte die Nachkommastelle `.0`!) die korrekte Lösung `2.5`. Bei dieser Berechnung verwenden wir einen `int`- (`5`) und einen `double`-Wert (`2.0`).

Manchmal spielen Nachkommastellen und Reste keine Rolle. Wenn du irgendetwas berechnest, das keine Bruchteile haben kann, dann reicht es völlig aus, nur `int`-Werte zu verwenden. Beispielsweise hat es wenig Sinn, mit halben Spielern oder halben Kühen zu rechnen (es sei denn, du machst Hamburger). Soll die Lösung dagegen Bruchzahlen umfassen, muss mindestens einer der Ausgangswerte vom Typ `double` oder `float` sein.

Am häufigsten wirst du die folgenden arithmetischen Operatoren benötigen:

Addition	+
Subtraktion	-
Multiplikation	*
Division	/

Sie funktionieren genau so, wie du es erwartest, allerdings gibt es einige praktische Abkürzungen:

```
int health = 50;
health = health + 10;
```

Dies ist das Gleiche wie:

```
int health = 50;
health += 10; // Identisch
```

Beide Schreibweisen führen dazu, dass `health` auf `60` gesetzt wird.

Mit Ausdrücken wie += und -= kannst du den Wert einer Variable ändern, ohne ihren Namen erneut einzugeben. Das bedeutet weniger Schreibarbeit! Das gefällt mir.[3]

Wenn du nur 1 addierst oder subtrahierst, gibt es sogar noch eine einfachere Eingabemöglichkeit:

```
int health = 50;
health--; // Subtrahiert 1 von health
health++; // Addiert 1 zu health
```

Wenn du etwas wirklich Extravagantes tun und anspruchsvollere mathematische Operationen durchführen möchtest, z. B. mit trigonometrischen Funktionen wie Sinus und Kosinus oder Konstanten wie Pi, kannst du Java-Bibliotheken nutzen, die dafür zur Verfügung stehen.

Zeichenketten oder Strings

Die Welt besteht nicht nur aus Zahlen. Deine Schule, Uni oder Krankenkasse kann dich vielleicht anhand einer Zahlenfolge wie 132-54-7843 identifizieren, aber deine Freunde rufen dich bei deinem Namen, der eine Zeichenfolge ist – wie Hänsel, Gretel oder Notch.

Für Zeichenfolgen verwendest du in Java den Typ `String`. In Minecraft nutzen wir Strings für viele Dinge, z. B. für die Namen von Spielern, für Dateinamen und Meldungen, also für alle Arten von Textdaten, deren Wert sich ändern kann.

Um einen String im Code auszuschreiben, musst du ihn in doppelte Anführungszeichen setzen, was aussieht `"wie dies"`. In unseren Plugins werden wir Strings verwenden, und im weiteren Verlauf wirst du noch sehen, was wir alles damit anfangen.

Mit dem Pluszeichen kannst du Strings verketten:

```
String first = "Jack";
String middle = "D.";
String last = "Ripper";

String name = first + " " + middle + " " + last;
// Jetzt lautet der Name "Jack D. Ripper"
```

Beachte, dass es sich bei den Strings um *Daten* handelt. Sie unterscheiden sich also von den Zeichenfolgen, mit denen wir Java Anweisungen geben (dem Programm*code*).

3 Bei den besten Programmiersprachen musst du die wenigsten Zeichen eingeben, um etwas zu tun.

Probiere es selbst aus!

Es ist jetzt an der Zeit, einige dieser Konzepte selbst auszuprobieren, indem du ein einfaches Plugin von Grund auf erstellst.

Das Plugin BuildAHouse umfasste eine Menge Code, den du gar nicht gesehen hast, der aber für den eigentlichen Bau des Hauses verantwortlich war. Du hast lediglich einige Variablen deklariert. Jetzt aber wirst du selbst ein *komplettes Plugin von Anfang an* erstellen.

Um die Sache einfach zu halten, macht dieses Plugin nichts anderes, als einige Werte auszugeben. Daher heißt es auch schlicht Simple.

Als Erstes musst du das Verzeichnis Simple für das neue Plugin anlegen. Es muss über die Unterverzeichnisse src/ und src/simple verfügen und außerdem die Dateien Canary.inf, Manifest.txt und build.sh enthalten – ganz wie es bei HelloWorldEZ der Fall war.

In Desktop/code habe ich bereits das Verzeichnis Simple bereitgestellt, aber nur zum Nachschlagen. Schaue es dir nur an, wenn du nicht weiterkommst. Du wirst nun dein *eigenes* Verzeichnis Simple direkt unterhalb von Desktop anlegen.

Da du diese Aufgaben sehr häufig ausführen musst, habe ich das Shellskript mkplugin.sh vorbereitet, das dir die Routinearbeit abnimmt.

Führe das Skript mkplugin.sh in deinem Desktop-Verzeichnis aus und gib dabei den Namen des gewünschten Plugins an. Das Skript erstellt die Verzeichnisse unterhalb des aktuellen Verzeichnisses und stellt dir ein Grundgerüst für den Java-Code als Ausgangspunkt zur Verfügung:

```
$ cd Desktop
$ code/mkplugin.sh Simple
$ cd Simple
$ ls
Canary.inf Manifest.txt bin build.sh dist src
$ cd src
$ ls
simple/
$ cd simple
$ ls
Simple.java
```

Die Datei Simple.java hält, was sie verspricht: Sie macht nämlich *gar nichts*.

Zwischen den Kommentaren Put your code after this line: und ... and finish your code before this line gibst du anschließend eigenen Code ein (siehe das folgende Listing).

Öffne die Datei Desktop/Simple/src/simple/Simple.java in deinem Texteditor.

Plugin: Simple

```
package simple;
import net.canarymod.plugin.Plugin;
import net.canarymod.logger.Logman;
import net.canarymod.Canary;
import net.canarymod.commandsys.*;
import net.canarymod.chat.MessageReceiver;
import net.canarymod.api.entity.living.humanoid.Player;
import net.canarymod.api.world.effects.SoundEffect;
import net.canarymod.api.world.position.Location;
import com.pragprog.ahmine.ez.EZPlugin;                  ❶

public class Simple extends EZPlugin {

   @Command(aliases = { "simple" },
         description = "Displays simple variable assigments",
         permissions = { "" },
         toolTip = "/simple")
   public void simpleCommand(MessageReceiver caller, String[] parameters) {
      if (caller instanceof Player) {
         Player me = (Player)caller;
         // Put your code after this line:
                                                         ❷
         // ... and finish your code before this line.
      }
   }
}
```

Listing 4.2: Simple/src/simple/Simple.java

Mach dir noch keine Gedanken über den ganzen zusätzlichen Programmtext. Wir werden uns im weiteren Verlauf noch damit beschäftigen. Zunächst einmal fügst du neuen Code ein. Im Einzelnen machst du Folgendes:

Als Erstes fügst du am Anfang der Datei eine Importanweisung ein, und zwar bei ❶ hinter den anderen `import`-Zeilen. Gib dort Folgendes ein:

```
import net.canarymod.api.world.effects.SoundEffect;
import net.canarymod.api.world.position.Location;
```

Danach ergänzt du den Code bei ❷ hinter dem Kommentar `// Put your code after this line:` auf folgende Weise:

1. Erstelle die Integervariable `myAge` und setze sie auf dein Alter.
2. Erstelle eine weitere Integervariable namens `twiceMyAge` und setze sie auf das Ergebnis der Multiplikation von `myAge` mit 2.
3. Erstelle die `float`-Variable `volume` und setze sie auf `0.1`.

4. Erstelle die float-Variable pitch und setze sie auf 1.0.
5. Erstelle die double-Variable dayOnIo und setze sie auf 152853.504. Das ist die Länge eines Tages auf dem Jupitermond Io in Sekunden.[4]
6. Erstelle die Stringvariable myName und setze sie auf deinen Namen.
7. Zeige alle Werte an, indem du mit me.chat(*string msg*) eine Chatnachricht an den Spieler sendest. Um beispielsweise deinen Namen auszugeben, schreibe Folgendes:

   ```
   me.chat("My name is " + myName);
   ```

Beginne die Meldung immer mit einem String in Anführungszeichen (wie "My name is ") und dem Pluszeichen und gib danach die Variable an. Vergiss nicht die Semikolons am Ende der einzelnen Anweisungen!

Füge zum Schluss noch eine Zeile hinzu, um an deinem Standort einen Klangeffekt abzuspielen. Dazu verwendest du die zuvor deklarierten float-Werte:

```
Location loc = me.getLocation();
playSound(loc, SoundEffect.Type.GHAST_SCREAM, volume, pitch);
```

Speichere die Datei und führe sie mit build.sh im Verzeichnis Simple aus. (Wenn du den Server laufen gelassen hast, musst du ihn anhalten. Manche Betriebssysteme melden Fehler, wenn du versuchst, neue Archive zu installieren, während der Server noch ausgeführt wird.)

```
$ cd Desktop
$ cd Simple
$ ./build.sh
Compiling with javac...
Creating jar file...
Deploying jar to /Users/andy/Desktop/server/plugins...
Completed Successfully.
```

Starte den Server neu und nimm vom Minecraft-Client aus Verbindung mit ihm auf. Führe den neuen Befehl /simple aus und staune über die Meldungen auf der Konsole (und über den Klangeffekt!).

Wenn das funktioniert, kannst du versuchen, die Werte für volume und pitch zu ändern. Drehe die Lautstärke auf 1.0f auf, um einen markerschütternden Schrei zu erzeugen. Bei dieser Tonhöhe kannst du sehr niedrige Werte wie 0.1f verwenden, was eher wie ein Grollen klingt, oder höhere Werte (z. B. 10.0f) für ein schrilles Kreischen.

Nachdem du die neuen Werte in den Java-Quellcode eingegeben hast, führe wieder die folgenden Schritte aus:

4 Io ist ein faszinierender Mond. Er hat mehr als 400 aktive Vulkane; siehe *http://de.wikipedia.org/wiki/Io_(Mond)*.

1. Speichere die Datei.
2. Kompiliere und installiere sie mit `./build.sh`.
3. Halte den Server an und starte ihn erneut.
4. Stelle die Verbindung zum Minecraft-Client wieder her.
5. Gib im Client `/simple` ein und erfreue dich an der Anzeige und dem Klangeffekt.

Bei mir sieht das Ergebnis wie folgt aus:

Natürlich bin ich in Wirklichkeit keine 99 Jahre alt, aber ich werde den Teufel tun, dir mein richtiges Alter zu verraten, ganz zu schweigen von meiner Kontonummer oder ...

Wenn du dir meinen Code zum Vergleich ansehen willst, findest du ihn in `code/MySimple/src/mysimple/MySimple.java`.

Anweisungen in Funktionen gruppieren

Du kannst jetzt alle möglichen Arten von Daten in Variablen speichern. Nun musst du lernen, wie du Anweisungen schreibst, um mit all diesen Daten sinnvolle Aktionen durchzuführen – ob du nun einfach nur Meldungen ausgeben oder brennende Kühe durch die Gegend werfen willst.

Wie du gesehen hast, kannst du Java auch anweisen, etwas zu tun. In Java kannst du mehrere Codezeilen (Anweisungen) in geschweiften Klammern gruppieren. Einem solchen Codeabschnitt kannst du einen Namen geben. Die Anweisungen werden in der angegebenen Reihenfolge Zeile für Zeile ausgeführt. Dies wird als eine *Funktion* bezeichnet (manchmal auch als *Methode*, aber vorläufig kannst du beide Bezeichnungen als gleichbedeutend betrachten).

Warum machen wir uns überhaupt die Mühe mit Funktionen? Könnten wir nicht einfach alle Anweisungen in eine lange Liste schreiben? Das könnten wir schon tun, aber das wäre ziemlich verwirrend.

Stell dir vor, du würdest alle Anweisungen und Zutaten für einen Kuchen mit Zuckerguss in eine solche Liste schreiben:

- vermischen und backen
- Mehl
- Butter
- Zucker
- Milch
- Eier
- Vanille
- Kakaopulver
- Puderzucker
- Butter
- Milch
- vermischen und auf dem Kuchen verteilen

Welcher Teil dieser Liste bezieht sich auf den eigentlichen Kuchen und welcher auf den Zuckerguss? Vielleicht beginnt der Abschnitt für den Guss beim Kakaopulver. Es kann aber auch sein, dass es sich um einen Kakaokuchen mit Vanilleglasur handelt. Das ist schwer zu sagen. Es ist zwar möglich, dass du nach dieser Liste vorgehst, aber wenn etwas schiefläuft und du den Grund dafür suchst, kann das ziemlich schwierig werden. Noch schwieriger wird es, wenn du Änderungen vornehmen musst. Nehmen wir an, du hast ziemlich verschrobene Verwandte, die statt des Zuckergusses lieber eine Orangen-Aprikosen-Glasur haben wollen (ich sagte ja, dass sie ziemlich verschroben sind). Wo nimmst du diese Änderungen vor?

Es ist besser, die große Liste in zwei Abschnitte aufzuteilen, die jeweils die Zutaten und Arbeitsschritte für einen Teil des Kuchenbackvorgangs enthalten:

- `makeChocolateCake`
- `makeVanillaFrosting`

Jetzt sieht die Sache schon viel übersichtlicher aus. Wenn es ein Problem mit dem Kuchen gibt, weißt du, wo du suchen musst. Auch wenn du eine andere Glasur haben willst, kannst du das ganz einfach ändern:

- `makeChocolateCake`
- `makeOrangeApricotGlaze`

Das ist der Grundgedanke hinter Funktionen – es sind einfach Listen von Anweisungen. Funktionen bieten so eine Möglichkeit, um Anweisungen und Daten in sinnvolle Gruppen zu ordnen. Aber das ist noch nicht alles: Du kannst ein und dieselbe Funktion auch mit unterschiedlichen Daten verwenden. Beispielsweise kannst du eine Funktion namens `makeFrosting` für die Glasur verwenden und jeweils mit unterschiedlichen Aromen aufrufen:[5]

```
makeFrosting(flavor)
   sugar
   butter
   mix in "flavor"
   spread on cake
```

Du kannst diese Funktion dann mehrfach verwenden und ihr nach Bedarf jeweils unterschiedliche Daten übergeben:

```
makeFrosting(vanilla)
makeFrosting(chocolate)
```

Das sind die Gründe für die Verwendung von Funktionen: Damit können wir eine lange Liste von Anweisungen (Code) leichter lesbar und verständlicher gestalten, und wir können Sätze von Anweisungen wiederverwenden und dabei unterschiedlichen Daten nutzen.

Nun aber zurück zu Minecraft.

Funktionen in Java definieren

Jeglicher Code, den wir in Java schreiben, steht in Funktionen. Das ist die Funktionsweise von Java. Schon bei unserem allerersten Plugin haben wir es mit Funktionen zu tun gehabt.

In `HelloWorld` haben wir eine Funktion deklariert, die Minecraft aufruft, wenn das Spiel ausgeführt wird, nämlich `helloCommand`.

Diese Art von Funktionen in einem Plugin bezeichnen wir als *Einstiegspunkte*. Es handelt sich dabei um die Funktionen, die der Minecraft-Server nach Bedarf aufruft. Dabei stellst du den Code bereit, und das Spiel ruft ihn auf, sobald es erforderlich wird.

In unserer `helloCommand`-Funktion rufen wir weitere Funktionen auf, wie du in diesem Ausschnitt aus `HelloWorld` siehst:

5 Wenn du ein Konzept in einer Form aufschreibst, die wie Code aussieht, ohne dass es sich dabei um eine echte Programmiersprache handelt, sprechen wir von *Pseudocode*. Falls du diesen Begriff irgendwo erwähnt findest, weißt du jetzt also, was er bedeutet.

```
public void helloCommand(MessageReceiver caller, String[] parameters) {
   String msg = "That'sss a very niccce EVERYTHING you have there...";
   Canary.instance().getServer().broadcastMessage(msg);
}
```

Hier gibt es Aufrufe für `instance()`, für `getServer()` und für `broadcastMessage()`.

An den Klammern hinter dem Funktionsnamen erkennt Java, dass du eine Funktion aufrufst. Java erwartet, dass jemand eine Funktion dieses Namens definiert hat, und überreicht ihr deine Meldung. Was du der Funktion übergibst, bezeichnen wir als *Argumente*. Die Funktion kennt diese Argumente als *Parameter*. Wir sagen, dass die Werte *übergeben* werden oder dass die Funktion *mit* diesen Werten *aufgerufen* wird. All diese Begriffe meinen denselben Vorgang.

Die Funktion `getServer()` übernimmt keine Argumente. Dennoch gibst du die Klammern an, damit Java weiß, dass es sich um eine Funktion handelt. Der Aufruf von `getServer()` gibt etwas zurück (einen `Server`). Sobald wir ihn haben, können wir die Funktionen des `Servers` aufrufen. In diesem Fall rufen wir die `Server`-Funktion `broadcastMessage()` auf und übergeben ihr das Stringargument `msg`. Was diese Codezeile bewirkt, kannst du in Abbildung 4.1 erkennen.

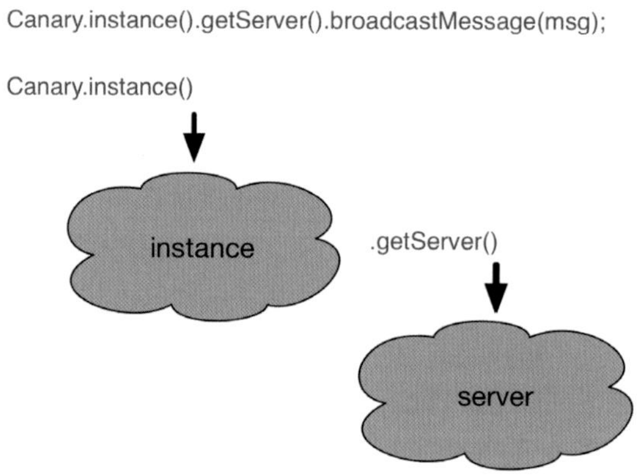

Abbildung 4.1: Eine Funktion, die etwas zurückgibt, für das andere Funktionen aufgerufen werden können

Um den Vorgang deutlicher zu machen, können wir diese Kette von Funktionsaufrufen wie folgt in Einzelteile zerlegen:

```
instance = Canary.instance();
server = instance.getServer();
server.broadcastMessage(msg);
```

Wie du siehst, haben wir es hier nur mit Funktionsaufrufen zu tun, die jeweils Werte zurückgeben.

Du kannst auch selbst Funktionen definieren. Das folgende Beispiel zeigt die Definition der Funktion `castIntoBlackHole`. Schau dir das das genau an, da du so etwas als Nächstes selbst ausprobieren wirst.

```
public static void castIntoBlackHole(String playerName)
{
   // Macht irgendetwas Interessantes mit dem Spieler ...
}
```

Hier gibt es ein bisschen mehr Drumherum als bei dem Kuchenbeispiel. Sehen wir uns das alles näher an:

- `public` bedeutet, dass jeder andere Teil des Programms diese Funktion benutzen kann. Das ist zunächst einmal das, was wir erreichen wollen.
- `static` bedeutet, dass du diese Funktion für sich allein aufrufen kannst (also nicht wie ein Plugin, wobei wir uns den Unterscheid im nächsten Kapitel ansehen werden).
- `void` bedeutet, dass die Funktion Anweisungen ausführt, aber keine Daten oder Werte »zurückgibt«.
- `castIntoBlackHole` ist der Name, den wir uns für die Funktion ausgedacht haben. Die Klammern geben an, dass es sich um eine Funktion handelt, und nehmen die aufgeführten Argumente auf. Die Klammern musst du immer hinzufügen, auch bei Funktionen, die keine Argumente übernehmen.

Diese Funktion nimmt ein Argument entgegen, das wir `playerName` genannt haben und ein `String` sein muss. Für jedes Argument, das deine Funktionen übernehmen, musst du den Variablennamen und den Typ angeben. Eine Funktion kann mehrere Argumente annehmen. Dabei trennst du die einzelnen Paare aus Typ und Variable durch Kommata (wie wir es bei `helloCommand` in `HelloWorld` getan haben).

Zwischen den geschweiften Klammern `{}` steht der Code für die Funktion. Du kannst so viel Code in eine Funktion aufnehmen, wie du willst, aber eine gute Faustregel besagt, dass es nicht mehr als 30 Zeilen sein sollten. Je kürzer, desto besser. Wenn du dich dabei ertappst, sehr lange Funktionen zu schreiben, solltest du sie lieber in mehrere kleinere Funktionen aufteilen, damit der Code leichter lesbar wird.

Das folgende Beispiel zeigt eine Funktion, die einen Wert zurückgibt. Sie verdreifacht einfach die Zahl, die du ihr übergibst:

```
public static double multiplyByThree(double amt)
{
   double result = amt * 3.0;

   return result;
}
```

Die Funktion berechnet das Ergebnis und gibt es mithilfe des Schlüsselworts `return` an den Aufrufer zurück. Um die Funktion `multiplyByThree` aufzurufen und den zurückgegebenen Wert einer Variable zuzuweisen, gehst du folgendermaßen vor:

```
double myResult = multiplyByThree(10.0);
double myOtherResult = multiplyByThree(1.25);
```

Jetzt hat `myResult` den Wert `30.0` und `myOtherResult` den Wert `3.75`.

Probiere es selbst aus!

Als Nächstes schreibst du die Funktion `howlong()`, die ausrechnet, wie lange du schon lebst:

```
public static long howlong(int years) {
   // Schreibe die Funktion ...
}
```

Die Funktion nimmt die Anzahl der Jahre entgegen und gibt die Anzahl der Sekunden als `long` zurück (das ist ein extragroßer `int`-Wert). Wir machen es uns hier einfach und rechnen einfach Jahre in Sekunden um.[6]

Anschließend fügst du diese Funktion dem Plugin `Simple` hinzu und rufst sie auf, sodass sie den Wert genauso wie deinen Namen und dein Alter ausgibt.

Definiere die Funktion dort, wo der obere Pfeil hinzeigt:

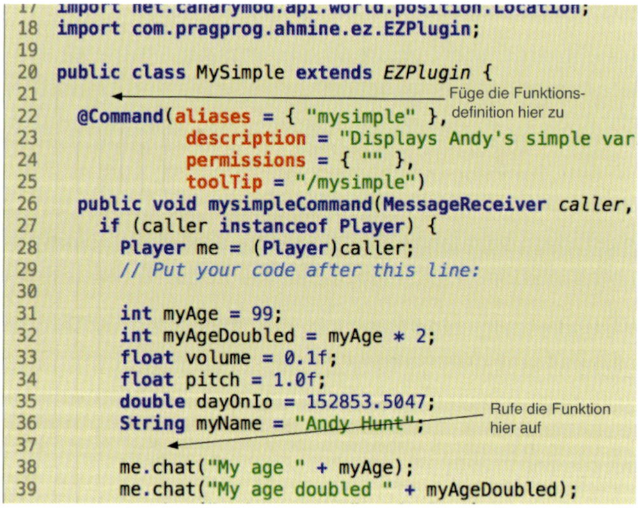

6 Das heißt, du multiplizierst die Anzahl der Jahre mit der Anzahl der Tage im Jahr, der Anzahl der Stunden pro Tag, der Anzahl der Minuten pro Stunde und der Anzahl der Sekunden pro Minute.

Den Aufruf der Funktion fügst du dort hinzu, wohin der zweite Pfeil zeigt. Weise sie einem extragroßen Integer (`long`) zu und übergib ihr dein Alter (ich verwende hier den Wert 10):

```
long secondsOld = howlong(10);
```

Gib die Variable dann wie bei allen anderen `chat()`-Aufrufen an den Spieler aus.

Wenn ich das Plugin mit `./build.sh` kompiliere und installiere, den Server anhalte und neu starte und dann in Minecraft den Befehl `/simple` ausführe, erhalte ich bei dem Testwert 10 Jahre als Ergebnis 315.360.000 Sekunden:

```
$ cd Desktop
$ cd Simple
$ ./build.sh
Compiling with javac...
Creating jar file...
Deploying jar to /Users/andy/Desktop/server/plugins...
Completed Successfully.
```

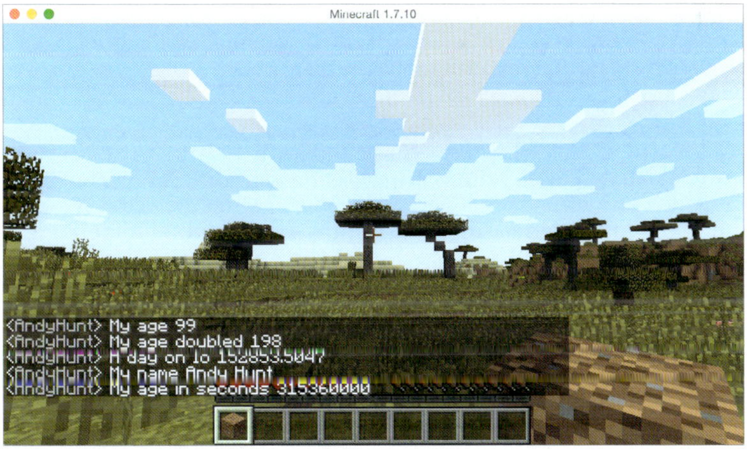

Hast du dasselbe Ergebnis bekommen? Meinen vollständigen Quellcode findest du in `code/Simple2/src/simple2/Simple2.java`.

Selbst bei dieser einfachen Funktion gibt es verschiedene Möglichkeiten, um zum Ziel zu kommen. Für gewöhnlich gibt es keinen »einzig richtigen« Weg, um Code zu schreiben.

Damit haben wir schon einen guten Anfang gemacht, aber Java besteht aus mehr als nur aus Variablen und Funktionen. Die Sprache umfasst auch besondere *Schlüsselwörter*, mit denen du steuern kannst, wie und wann die einzelnen Teile des Codes ausgeführt werden. Einige davon, die den Code beschreiben, haben wir uns schon angesehen, z. B. `public` und `static`. Als Nächstes beschäftigen wir uns mit den Schlüsselwörtern `if`, `for` und `while`, mit denen du die Codeausführung steuerst.

Code in Schleifen wiederholen

Computer können wiederholte Aufgaben viel besser erledigen als Menschen. Einen Computer kannst du anweisen, etwas mehrere Male zu tun, und er wird es zehnmal, hundertmal, eine Million Mal tun oder wie oft auch immer du es verlangst. Eine Möglichkeit dazu bietet die `for`-Schleife. `for` ist ein Java-Schlüsselwort, mit dem du einen Codeabschnitt eine bestimmte Anzahl von Malen in einer Schleife durchlaufen kannst.

Die `for`-Schleife ist eine grundlegende Steuerstruktur in Java, also eine Möglichkeit, um die Ausführungsreihenfolge der Codezeilen zu bestimmen. Wenn du in der Minecraft-Welt einen Stapel von Blöcken erstellst oder eine Horde Creeper erzeugen musst, verwendest du dazu eine `for`-Schleife. Willst du alle Spieler durchlaufen, die zurzeit online sind, kannst du dazu ebenfalls eine `for`-Schleife nutzen (wobei es jedoch elegantere Möglichkeiten dazu gibt, wie wir in Kürze sehen werden).

Der folgende Codeausschnitt aus einem Plugin erzeugt (»spawnt«) beispielsweise zehn Schweine an deiner Position. Aufsitzen!

```
//... irgendwo innerhalb eines Plugins:
for (int i=0; i < 10; i++) {
   spawnEntityLiving(location, EntityType.PIG);
}
```

Hier führt die `for`-Anweisung die Anweisungen in den geschweiften Klammern zehnmal aus, weshalb `spawn` zehnmal aufgerufen wird und zehn Schweine erzeugt.

In den runden Klammern der `for`-Anweisung stehen die drei folgenden Angaben, die durch Semikolons getrennt sind:

`int i=0;`

Der erste Teil deklariert und *initialisiert* die Schleifenvariable. Hier verwenden wir `i` als Schleifenzähler. Er beginnt immer bei 0. Java zählt grundsätzlich von 0 an. Warum das so ist, sehen wir uns später noch an.

`i < 10;`

Dies ist der Schleifen*test*. Er bestimmt, wann die Schleife weiter ausgeführt und vor allem, wann sie beendet werden soll. Diese Schleife führt den Code in den nachfolgenden geschweiften Klammern so lange aus, wie `i` kleiner als 10 ist. Zurzeit würde das bis in alle Zeiten so sein, weshalb wir noch einen dritten Teil benötigen:

`i++;`

Dies ist das Schleifen*inkrement*. Bei jedem Durchlauf durch die Schleife wird die Variable `i` um 1 erhöht (wie bereits gesagt, ist `i++` die Abkürzung für `i=i+1`). In jedem Fall addierst du 1 zum Wert von `i` und speicherst das Ergebnis als neuen Wert von `i`. (Diese Kurzschreibweise kannst du übrigens überall verwenden, nicht nur in Schleifen.)

Entscheidungen mit »if«-Anweisungen treffen

Mit `if`-Anweisungen kannst du Entscheidungen im Code fällen und Teile des Codes in Abhängigkeit davon ausführen, ob eine Bedingung wahr ist. Damit bringst du den Computer zum »Denken«.

Das ist genauso wie im richtigen Leben. Wir treffen ständig »Wenn«-Entscheidungen, also »if-Entscheidungen«. Wenn dein Alter >= 18 ist, darfst du Auto fahren. Wenn die Tür unverriegelt ist, kannst du sie öffnen, anderenfalls nicht. Wenn der Befehl, der Minecraft übergeben wurde, gleich `"hello"` ist, sendest du eine Meldung. Wenn deine Gesundheit auf null sinkt, bist du tot.

In Java sieht das wie folgt aus:

```
if (irgendetwas) {
   // Führt diesen Code aus ...
}
```

Der Teil in Klammern kann *irgendetwas* sein, das sich zu wahr oder falsch (`true` oder `false`) auswerten lässt, also eine boolesche Bedingung ist (mehr darüber erfährst du in Kürze).

Wenn es erforderlich ist, kannst du auch Code angeben, der ausgeführt werden soll, wenn etwas `true` ist, und zusätzlich Code für den Fall, dass es `false` ist:

```
if (irgendetwas) {
   // Führt diesen Code aus, wenn irgendetwas true ist
} else {
   // Führt diesen Code aus, wenn irgendetwas false ist
}
```

Das folgende Codefragment gibt beispielsweise unterschiedliche Meldungen aus je nachdem, ob du Notch heißt oder nicht. Dazu prüft es die `String`-Variable `myname`:

```
if (myname.equalsIgnoreCase("Notch")) {
   say("Greetings, Notch!");
} else {
   say("Notch isn't here anymore.");
}
```

`if`-Anweisungen (mit oder ohne `else`) sind für die Programmierung von entscheidender Bedeutung. Sie sind es, mit denen du den Computer dazu bringst, Entscheidungen zu treffen und vorzugeben, dass er »denkt«. Das sind sehr leistungsfähige Elemente, die sich aber ziemlich einfach einsetzen lassen.

Vergleiche mit booleschen Bedingungen

if-Anweisungen entscheiden, welcher Code ausgeführt werden soll, je nachdem, ob irgendetwas true ist oder nicht. Aber was bedeutet true?

Neben den Zahlen und Strings, die wir uns bereits angesehen haben, gibt es auch Variablen, die festhalten, ob etwas eingeschaltet ist oder nicht, ähnlich wie ein Kippschalter[7]. In Minecraft werden damit alle möglichen Aspekte bestimmt, z. B. ob sich ein Spieler am Boden befindet oder nicht, ob ein String mit einem anderen übereinstimmt, ob du ein Spielereignis nutzt oder es ignorierst usw.

In Java werden Variablen dieses Typs als boolean[8] bezeichnet. Du kannst ihnen die Werte true und false zuweisen oder mithilfe der folgenden Operatoren mathematische Ausdrücke schreiben, die alle entweder true oder false zurückgeben:

==	Gleich (zwei Gleichheitszeichen)
!=	Ungleich
!	Nicht (*not*; nicht true ist false, nicht false ist true)
<	Kleiner als
>	Größer als
<=	Kleiner oder gleich
>=	Größer oder gleich
&&	Und (*and*; true, wenn beide Operanden true sind)
||	Oder (*or*; true, wenn midestens einer der Operanden true ist)

7 Foto von Jason Zack auf *en.wikipedia*.

8 Benannt nach dem britischen Mathematiker George Boole, der die entsprechenden Ideen im 19. Jahrhundert aufbrachte.

Gegeben seien folgende Variablen:

```
int a = 10;
int b = 5;
String h = new String("Hello");
boolean result = true;
boolean badone = false;
```

Java wertet die folgenden Vergleiche dann wie angegeben aus:

- `a == 10` ist `true`
- `b == 6` ist `false`
- `a < 20` ist `true`
- `b >= 5` ist `true`
- `a > 100` ist `false`
- `result` ist `true`
- `!result` ist `false` (»nicht `result`« – »nicht« gibt das Gegenteil des Werts zurück.)
- `result && badone` ist `false` (nur `true`, wenn beide Werte `true` sind)
- `result || badone` ist `true` (`true`, wenn mindestens einer der Werte `true` ist)

Der folgende Vergleich aber ergibt nicht etwa `true`, wie du vielleicht denkst:

```
h == "Hello"; // Reingefallen!
```

Dieser Fall ist schwieriger. Für Strings und Objekte (mehr darüber im nächsten Kapitel) musst du statt des doppelten Gleichheitszeichens (==) die Funktion `equals` verwenden:

```
h.equals("Hello"); // ist true
// oder
h.equalsIgnoreCase("HELLO"); // ist true
```

»while«-Schleifen: Wiederholungen aufgrund einer Bedingung

Wenn du Code in einer festen Anzahl von Wiederholungen ausführen musst, kannst du dazu eine `for`-Schleife verwenden. Was aber, wenn nicht im Voraus klar ist, wie oft die Schleife durchlaufen werden muss, sondern wenn sie so lange laufen soll, wie eine bestimmte Bedingung `true` ist? In einem solchen Fall verwendest du eine `while`-Schleife. Sie führt einen Codeabschnitt aus, solange die angegebene boolesche Bedingung `true` ist:

```
while (stillHungry) {
   // Code der ausgeführt wird, solange stillHungry "true" ist...
...
   // stillHungry muss irgendwo in der Schleife auf "false" gesetzt werden,
   // damit die Schleife irgendwann beendet wird
         if (stomachFilled()){
                  stillHungry = false;
         }
}
```

In gewissem Sinne ist dies eine Mischung aus einer `if`-Anweisung und einer `for`-Schleife: Sie durchläuft den Code auf die gleiche Weise wie eine `for`-Schleife, macht das aber nur so lange, wie die Bedingung `true` ist. Dabei testet sie die Bedingung wie eine `if`-Anweisung.

Wenn du vergisst, den Wert der Abbruchvariablen innerhalb der `while`-Schleife irgendwo auf `false` zu setzen, läuft `while` endlos weiter. Dein gesamter Minecraft-Server wird sich dadurch aufhängen, bis du den Prozess beendest, den Server neu startest oder der Strom ausfällt. Stell also sicher, dass es innerhalb der Schleife eine Bedingung gibt (wie z. B. „genugGegessen"), die die boolesche Bedingung while (stillHungry) wieder false werden lässt.

Probiere es selbst aus!

Nun ist es an der Zeit, selbst eine Schleife zu schreiben. Kehre zur Datei `MyHouse.java` in `~/Desktop/code/BuildAHouse/src/buildahouse` zurück. Bis jetzt wurde mit dem folgenden Aufruf immer nur ein Haus errichtet:

```
BuildAHouse.buildMyHouse(width, height);
```

Schreibe nun eine `for`-Schleife, die zehnmal läuft und dabei in ihrem Rumpf jeweils `buildMyHouse` aufruft. Damit werden zehn Häuser gebaut – dein eigenes kleines Dorf!

Bearbeite `MyHouse.java` und füge die `for`-Schleife hinzu. Erstelle dann wie üblich den Build und installiere das Plugin:

```
$ cd Desktop
$ cd BuildAHouse
$ ./build.sh
Compiling with javac...
Creating jar file...
Deploying jar to /Users/andy/Desktop/server/plugins...
Completed Successfully.
```

Halte den Server an und starte ihn erneut. Stelle die Verbindung zum Client her und gib wieder `/buildahouse` ein. Jetzt hast du zehn Häuser!

Weiter geht's!

In diesem Kapitel hast du einiges über die Syntax von Java gelernt, über Klammern, geschweifte Klammern und Semikolons. Du weißt jetzt, wie du Java-Variablen deklarierst und wie du darin wichtige Informationen speicherst. Außerdem kannst du Java-Funktionen schreiben, die etwas mit diesen Daten anfangen, und die Funktionen mit `if`-, `for`- und `while`-Anweisungen steuern.

Als Nächstes sehen wir uns an, was geschieht, wenn du Variablen und Funktionen kombinierst, um Objekte zu erstellen – die Kernelemente von großen Systemen wie Minecraft. Mithilfe solcher Objekte kannst du alles manipulieren, was es in der Minecraft-Umgebung gibt, von Creepern bis zu Kühen. Sehen wir uns an, wie das geht.

Der Inhalt deines Werkzeugkastens

Dein Werkzeugkasten ist jetzt zu 21 % gefüllt. Du kannst nun Folgendes tun:

- die Kommandozeilenshell nutzen
- Programme mit Java und `javac` erstellen
- einen Minecraft-Server ausführen
- ein Plugin bereitstellen
- Verbindung zu einem lokalen Server aufnehmen
- Java-Variablen für Zahlen und Strings verwenden
- Java-Funktionen verwenden
- `if`-, `for`- und `while`-Anweisungen verwenden

Kapitel 5

Objekte

Dein Werkzeugkasten

In diesem Kapitel sehen wir uns eine Reihe neuer Java-Werkzeuge an:

- *Objekte* verwenden: Kombinationen aus Variablen und Funktionen
- den richtigen *Importvorgang* für ein Paket verwenden
- Objekte mit `new` erstellen

Wahrscheinlich hast du schon von objektorientierter Programmierung gehört oder davon, dass Java eine objektorientierte Sprache ist. Darum geht es in diesem Kapitel: die Verwendung von Objekten, um Elemente aus dem Spiel Minecraft darzustellen, seien es nun Spieler oder Kühe.

Im Code kannst du alles tun, was du auch im Spiel tun kannst, und sogar noch einiges mehr. Letzten Endes arbeitest du dabei meistens mit drei Arten von Dingen: Blöcken, Gegenständen und Entitäten (siehe unten).

In Minecraft ist alles ein Objekt

Die Welt von Minecraft besteht aus *Blöcken*. An jeder Position im Spiel gibt es einen Block, der aus Luft oder aus einem anderen Material besteht. Blöcke gibt es sowohl in der Welt als auch im Inventar des Spielers. Alles, was sich im Inventar eines Spielers befindet, wird durch einen *Gegenstand* dargestellt.

In dieser Welt aus Blöcken gibt es auch *Entitäten* (*entities*, im deutschsprachigen Minecraft eigentlich *Objekte* genannt), wozu u. a. Spieler, Creepers und Kühe gehören. Gegenstände, die sich in Bewegung befinden, sind ebenfalls Entitäten, beispielsweise ein fliegender Pfeil oder ein geworfener Schneeball oder Trank. All dies sind außerdem Objekte (im Sinne von Java).

Alles in unseren Plugins ist ein Objekt: Positionen, Blöcke, Entitäten, Kühe, Creeper, Spieler, ja, sogar das Plugin selbst.

Damit geht es jetzt erst richtig los! Du hast Variablen, um Daten festzuhalten, und Anweisungen in Funktionen, wozu auch einige Steueranweisungen gehören, um einzelne Teile des Codes zu wiederholen und Entscheidungen zu treffen. Als Nächstes siehst du, wie du all dies zu Objekten zusammensetzt.

Probiere es selbst aus!

Versuchen wir uns an einer kleinen Veranschaulichung von Objekten in Minecraft. In dem heruntergeladenen Code findest du das Plugin `NameCow`. Installiere es:

```
$ cd Desktop
$ cd code/NameCow
$ ./build.sh
Compiling with javac...
Creating jar file...
Deploying jar to /Users/andy/Desktop/server/plugins...
Completed Successfully.
```

Halte den Server an, starte ihn erneut und stelle die Clientverbindung her. Jetzt kannst du den neuen Befehl `newcow` verwenden. Er spawnt eine neue Kuh und gibt ihr einen Namen. Im Minecraft-Client gibst du den Befehl ein, gefolgt vom gewünschten Namen der Kuh:

```
/namecow Bessie
/namecow Elise
/namecow Babe
```

Die Kühe erscheinen im Spiel. Wenn du genauer hinsiehst, kannst du jeweils ihren Namen erkennen.

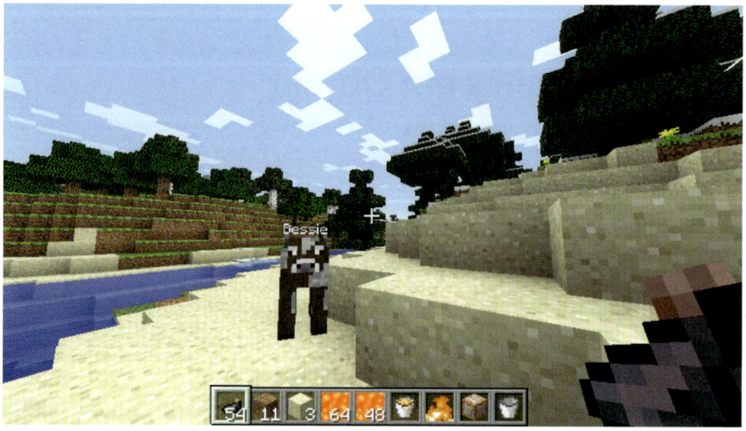

Jedes Mal, wenn du dieses Plugin ausführst, spawnt es ein neues Cow-Objekt. Jede Kuh, die du spawnst, verfügt über interne Variablen, die ihren Status festhalten: den Namen der Kuh, ihre Position in der Minecraft-Welt, ihre Gesundheit usw.

Es ist zwar wichtig, dass jede Kuh durch ein eigenes Objekt dargestellt wird, aber das reicht noch nicht als Grund dafür aus, Objekte überhaupt zu benutzen. Warum verwenden wir also Objekte? Dafür gibt es einen wichtigen Grund.

Wozu Objekte?

Stell dir vor, du wärst der Gott deines eigenen Universums. Du hast Äonen damit zugebracht, jedes Quark-Teilchen, jedes Atom, jedes Molekül usw. bis hin zu allen Planeten und Galaxien so anzuordnen, wie es dir gefällt. Jetzt dreht sich alles, und du bist für jedes einzelne subatomare Teilchen im ganzen Universum verantwortlich – und zwar für alle auf einmal. Selbst für ein gottähnliches Wesen ist es zu viel verlangt, sich um jedes Elektron oder jedes Quark-Teilchen oder auch nur um jedes Molekül zu kümmern, um das Universum in Gang zu halten (ganz abgesehen davon, dass es unglaublich langweilig wäre).

Stattdessen kümmerst du dich um die einzelnen Aufgaben jeweils in der zugehörigen Größenordnung. Wenn es ein Problem mit einem falsch platzierten Planeten gibt, dann verschiebst du den Planeten. Wenn du an einer Galaxie herumfeilen musst, dann feilst du an der Galaxie – nicht an den einzelnen Planeten und mit Sicherheit nicht an allen einzelnen Lebensformen auf allen Planeten sämtlicher Sonnensysteme in dieser Galaxie.

Das mag sich zwar ein bisschen übertrieben anhören, hat aber starke Ähnlichkeiten mit dem Programmieren. Auch als Programmierer bist du der sehr mächtige Schöpfer eines eigenen kleinen Universums. Auch wenn du dich dabei nicht unbedingt gottähnlich fühlst, musst du dich auch dort mit Problemen befassen, die auf unterschiedlichen Ebenen auftreten – auf niedriger Ebene, vergleichbar mit Atomen und Molekülen, und auf sehr hoher Ebene, also praktisch bei den Lebewesen, Bergen, Planeten und Galaxien. Und all das geschieht gleichzeitig, wie du in Abbildung 5.1 siehst. Beim Programmieren musst du oft in die »Atome« hineinzoomen und aus den Galaxien »herauszoomen«. Alles ist miteinander verbunden und muss insgesamt Sinn ergeben.

Aus diesem Grund schreiben wir Code mithilfe von Objekten. Dies bietet eine Möglichkeit, um Daten (in Variablen) und Verhalten (in Funktionen) zu gliedern. Wenn wir dann mit einer Kuh arbeiten müssen, können wir sie als Kuh behandeln und müssen uns nicht mit den einzelnen Millionen Atomen herumplagen, aus denen die Kuh besteht – oder das Biom, die Welt oder die Fackel usw.

Was noch wichtiger ist: Wir können den Code dadurch so schreiben, dass nur eine Kuh über die Funktionen und Daten verfügt, die eine Kuh braucht. Es gibt nichts Schlimmeres als eine bunte Mischung von Funktionen, die ziellos überall verstreut sind. Das könnte dazu führen, dass eine Fackel muht oder eine Kuh leuchtet. Womöglich hast du dann auch einen Riesenhaufen Funktionen, bei denen du dir nicht sicher bist, welche von ihnen mit welchen Daten zusammenarbeiten soll.

Abbildung 5.1: Ein- und Auszoomen zwischen Atomen und Galaxien

Beispielsweise hat ein `Cow`-Objekt (also ein Kuh-Objekt) in Minecraft eine Menge Funktionen, die du aufrufen kannst, darunter die folgenden:

- `teleportTo(Location` *Position*`)`
- `setFireTicks(int` *Ticks*`)`
- `setAge()`
- `getAge()`
- `swingArm()`

Das Objekt hält auch einige Angaben zum internen Status fest. Einige Variablen speichern die Position der Kuh, ihr Alter, die Information, ob sie brennt, usw.

Das sind alles praktische Dinge, die du mit einem `Cow`-Objekt anstellen kannst, allerdings sind sie für Spieler, Pfeile oder Bäume nicht unbedingt sinnvoll.

Alles Kuhhafte sollte auf `Cow`-Objekte beschränkt sein, alles, was mit Pfeilen zu tun hat, auf `Arrow`-Objekte usw. Anderenfalls kann es furchtbar schnell ein furchtbares Durcheinander geben, und du hast am Ende einen Haufen Code, den du selbst nicht mehr verstehst und mit dem du nicht mehr arbeiten kannst. Im Grunde genommen ist dies eine Frage der Hygiene, ebenso wie du Milch im Milchkarton im Kühlschrank aufbewahrst und nicht im Brotkasten. Normalerweise vermischt du ja nicht einmal Mais- und Kartoffelchips, um im Bild zu bleiben.

Dinge, die nicht zusammengehören, in getrennten Objekten vorzuhalten ist dabei die einfache Übung.

Der schwierigste Aspekt der Programmierung besteht darin, dass du dich manchmal gleichzeitig um Einzelheiten auf einer sehr niedrigen Ebene und einer sehr hohen Ebene kümmern musst. Wir sprechen hier auch von *Abstraktionsebenen*. Sehen wir den Tatsachen ins Auge: Wenn du Code für einen Spieler in Minecraft schreibst, handelt es sich dabei nicht um die reale Person, die sich am Spiel beteiligt. Es gibt diese reale Person zwar, und sie sitzt irgendwo, schwitzt, futtert Chips und hört laute Musik. Der Code, den du schreibst, ist eine abstrakte Darstellung dieser Spielerperson. Zu dieser Abstraktion gehören die Daten und die Verhalten, die für das Spiel gebraucht werden.

Wie in der Wirklichkeit bestehen auch diese Abstraktionen aus verschiedenen Teilen. Du kannst dich daher je nach Bedarf auf die Moleküle oder die Planeten konzentrieren – bzw. auf die Molekülobjekte und Planetenobjekte in der Software. Du kannst in die gewünschte Ebene hinein- oder aus ihr herauszoomen und jeweils mit den Teilen arbeiten, die du brauchst.

Sehen wir uns genauer an, was das in Minecraft und Java bedeutet.

Daten und Anweisungen zu Objekten kombinieren

Stell dir vor, du wolltest selbst ein Spiel wie Minecraft programmieren. In dem Spiel soll es mehrere Spieler geben, die jeweils einen eigenen Namen, ein eigenes Inventar, eigene Gesundheitspunkte usw. aufweisen. Die Struktur aller Spieler soll allerdings identisch sein.

Jedes Spielerobjekt verfügt also über die gleiche Menge von Variablen (Name, Gesundheit, Position usw.) und die gleichen Funktionen (um die Gesundheit des Spielers festzulegen, den Spieler an eine andere Position zu teleportieren usw.). Dazu sind Objekte praktisch. Du kannst in Java ein Objekt erstellen, das für alle Spieler im System steht. Anschließend kannst du Code für Spieler schreiben, der unabhängig davon, mit welchem konkreten Spieler du jeweils arbeitest, auf die gleiche Weise funktioniert. Das ist genau das, was die Programmierer von Minecraft getan haben.

In Java kannst du eine Menge Variablen definieren und einen Haufen Code schreiben, der diese Variablen nutzt, vergleichbar mit einem Rezept. Anschließend kannst du aus diesem Rezept ein Objekt erstellen und es verwenden. In Java heißen Rezepte dieser Art *Klassen*. Aus dem Klassenrezept erstellt Java ein funktionierendes Objekt. In der folgenden Abbildung siehst du einige Variablen und Funktionen für die Beispielklasse `Player` sowie einige Objekte, die daraus hergestellt werden können.

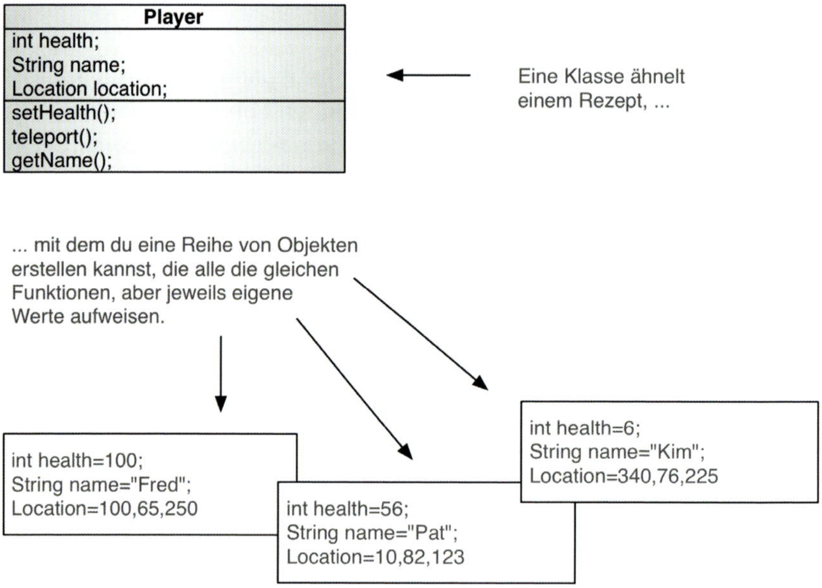

Abbildung 5.2: Eine Klasse ist ein Rezept, um Objekte zu erstellen.

Das ist so ähnlich wie das Bauen mit Lego-Steinen. Die Steine können alle identisch sein, aber wenn du der Bauanleitung in dem Kasten folgst, kannst du daraus ein Raumschiff konstruieren.

Beispielsweise hält Minecraft eine Menge interessanter Daten und Funktionen zu den einzelnen Spieler vor, die online sind. Das »Rezept« ist in der Klasse `net.canarymod.api.entity.living.humanoid.Player` definiert, die Objekte für einzelne Spieler erstellt. Bevor du `Player` in deinem Code verwendest, musst du am Anfang der Datei eine Importanweisung einfügen: in diesem Fall `import net.canarymod.api.entity.living.humanoid.Player`.

Wie können wir nun an eines dieser Spielerobjekte gelangen?

Da der Minecraft-Server jederzeit weiß, wer jeweils online ist, können wir ihn um eine Liste der `Player`-Objekte bitten. Wir können auch nach einem bestimmten Benutzernamen fragen, woraufhin uns der Server ein einzelnes `Player`-Objekt zurückgibt.

Innerhalb eines Plugins kannst du mit der Funktion `Canary.getServer()` auf den Server zugreifen. Dadurch erhältst du ein Objekt, das für den Server steht. Dieses Serverobjekt kannst du nun nach Spielern abfragen. Dazu verwendest du die Funktion `getPlayer` und rufst sie mit dem Namen des gewünschten Spielers auf.

Verwende die in diesem Abschnitt beschriebene Folge von Anweisungen. (Wir sehen uns zuerst die einzelnen Teile an. Am Ende steht ein vollständiges, lauffähiges Beispiel.)

Du beginnst mit den Importvorgängen für die Klassenrezepte, die du verwenden willst:

```
// Ganz am Anfang
import net.canarymod.Canary;
import net.canarymod.api.Server;
import net.canarymod.api.entity.living.humanoid.Player;
```

Weiter hinten, im Plugin-Code, kannst du dann Variablen dieser Typen verwenden (`Player` und `Server`):

```
Server myserver = Canary.getServer();
Player fred = myserver.getPlayer("fred1024");
```

Importe

Jedes Objektrezept in Java befindet sich in einem Paket, z. B. `java.util` oder `net.canarymod.Canary` usw. Dieses Paket musst du ganz am Anfang deiner Java-Quellcodedatei in einer Importanweisung deklarieren.

Wenn du das vergisst, erhältst du etwa folgende Fehlermeldung von `javac`:

```
cannot find symbol
```

Um den vollständigen Paketnamen zu ermitteln, musst du in der Dokumentation zu Canary oder Java nachschlagen. In unseren Beispielen verwenden wir viele gebräuchliche Pakete, wie `Player`, `Server`, `Location`, `Entity`, sowie verschiedene Java-Bibliotheken. Der Einfachheit halber sind all diese Pakete in Anhang 7, »Gebräuchliche Importe«, aufgeführt.

Wenn `fred1024` online ist, haben wir jetzt die Variable `fred` zur Verfügung, die für das zugehörige `Player`-Objekt steht. Ist Fred nicht online, so ist die Variable `fred` gleich `null`, das ist ein besonderer Wert, der so viel bedeutet wie »gibt's nicht«. Mit anderen Worten, `fred` ist auf kein Objekt gesetzt.[1]

Objekte bestehen aus einzelnen Teilen und haben Inhalte. Ein Integerwert wie 5 steht einfach nur für die Zahl 5, kann aber sonst nichts tun und außer der Zahl nichts speichern. Objekte aber haben Funktionen und Variablen, die du mithilfe der Punktschreibweise (.) abrufen kannst.

Wenn `fred` da ist, kannst du Daten über den Spieler abrufen (get) und festlegen (set), indem du hinter dem Punkt die Funktion oder Variable des Objekts angibst, auf die du zugreifen willst. Die folgenden Codefragmente zeigen, wie das geht:

```
// Schleicht Fred?
boolean sneaky = fred.isSneaking();

// Ist Fred hungrig?
int fredsHunger = fred.getHunger();

// Macht Fred hungrig
fred.setHunger(0);

// Wo ist Fred?
Location where = fred.getLocation();
```

Das `Player`-Objekt verfügt über die Funktion `isSneaking()`, die je nachdem, ob sich der Spieler im Schleichmodus befindet oder nicht, `true` oder `false` zurückgibt.

1 Wenn `fred` gleich `null` ist und du versuchst, eine Funktion von `fred` auszuführen, z. B. `fred.isSneaking()`, erhältst du eine Fehlermeldung, und dein Plugin stürzt ab.

Solche Angaben kannst du auch in if-Anweisungen nutzen:

```
if (fred.isSneaking()) {
   fred.setFireTicks(600); // Setzt ihn in Brand
}
```

Die Funktion `getHunger()` gibt einen `int`-Wert zurück, der besagt, wie hungrig der Spieler ist. Außerdem kannst du den Hunger eines Spielers festlegen, indem du die Funktion `setHunger()` verwendest. Im vorletzten Codeausschnitt hast du gesehen, wie du die aktuelle Position des Spielers in der Welt abrufst.

Wie du wahrscheinlich schon erraten hast, enthalten Objekte interne Variablen, mit denen ihre Funktionen arbeiten. In den Beispielen ist die Position des Spielers Fred in seinem `Player`-Objekt gespeichert. Wir können den Wert dieser Position abrufen und ihn festlegen, aber dabei behält Fred immer seine eigene interne Kopie des aktuellen Positionswerts.

Es gibt aber noch interessantere Möglichkeiten. Beispielsweise kannst du einen Befehl so ausführen, als wärst du Fred:

```
fred.executeCommand("tell mary179 I love you")
```

Mary glaubt jetzt, dass Fred ihr eine Liebeserklärung gemacht hat. Mal sehen, welche Streiche wir Fred spielen können, indem wir ein bisschen mit seiner Position herumspielen:

```
Location where = fred.getLocation();
```

Jetzt zeigt die Variable `where` auf das `Location`-Objekt, das Freds Position in der Welt darstellt.

Objekte erstellen

Eine Position kannst du auch von Grund auf neu erstellen:

```
double x, y, z;
x = 10;
y = 0;
z = 10;
Location whereNow = new Location(x, y, z);
```

Alternativ kannst du das auch in einem Schritt erledigen:

```
Location whereNow = new Location(10, 0, 10);
```

Das ist die Vorgehensweise, mit der du in Java ein neues Objekt anlegst: mit dem Schlüsselwort `new`.

Dabei erstellt Java für dich ein Objekt und führt dessen *Konstruktor* aus. Dabei handelt es sich um eine Funktion, die denselben Namen hat wie die Klasse (z. B. `public`

Location()). Der Konstruktor bietet dir die Gelegenheit, in dem Objekt alles einzurichten, was eingerichtet werden muss. Er gibt nichts zurück und ist auch nicht mit einem Rückgabetyp deklariert. Java gibt automatisch das neue Objekt zurück, nachdem du die Einrichtungsarbeiten erledigt hast.

Wie du deine eigenen Objektdefinitionen erstellst, erfährst du weiter hinten in diesem Buch. Zunächst aber nutzen wir das, was Minecraft uns bietet, sowie unser Plugin-Gerüst.

Da wir nun eine neue Position zur Verfügung haben, können wir Fred hinwegzaubern:

```
fred.teleportTo(whereNow);
```

Und plötzlich findet sich Fred – wo wieder? Im Grundgestein, wo er jämmerlich erstickt, da die y-Koordinate dieser Position 0 ist. Aua.

Plugin: PlayerStuff

Spielen wir noch ein bisschen mit Player herum.

Als Nächstes installieren wir das Plugin PlayerStuff und ändern einige der Eigenschaften dieses Objekts für Spieler in der Minecraft-Welt.

Das Player-Objekt enthält viele interessante Funktionen, um Informationen über einen Spieler abzurufen (get) und um die entsprechenden Werte festzulegen (set). Von diesen Funktionen sehen wir uns die folgenden an:

```
chat()
getWorld()
getDisplayName() (can set it too)
getExperience() (can set it too)
getHunger() (can set it too)
getHealth() (can set it too)
isSleeping()
getLocation()
```

Damit können wir eine Nachricht an einen Spieler senden, verschiedene Werte abrufen und noch einige Dinge mehr tun. Der folgende Code stellt ein vollständiges Plugin dar, das einige dieser Möglichkeiten vorführt. Es stellt den Befehl /whoami zur Verfügung. In anspruchsvolleren Plugins bietet diese Vorgehensweise eine großartige Gelegenheit, um Informationen über Objekte im Spiel anzuzeigen und damit Fehler an diesen Objekten zu beheben. Wenn der Code, den du geschrieben hast, nicht funktioniert, solltest du versuchen, einige Werte verschiedener Variablen auszugeben. Das ist eine gute Möglichkeit, um herauszufinden, was vor sich geht.

Den folgenden Code findest du im Plugin-Verzeichnis `Desktop/code/PlayerStuff`. Das vollständige Plugin verfügt auch über die notwendigen Dateien wie `Canary.inf` usw.

```
package playerstuff;

import net.canarymod.plugin.Plugin;
import net.canarymod.logger.Logman;
import net.canarymod.Canary;
import net.canarymod.commandsys.*;
import net.canarymod.api.world.position.Location;
import net.canarymod.chat.MessageReceiver;
import net.canarymod.api.entity.living.humanoid.Player;
import com.pragprog.ahmine.ez.EZPlugin;

public class PlayerStuff extends EZPlugin {

  @Command(aliases = { "whoami" },
        description = "Displays information about the player.",
        permissions = { "" },
        toolTip = "/whoami")
  public void playerStuffCommand(MessageReceiver caller,
                                 String[] parameters) {
    if (caller instanceof Player) {
      Player me = (Player)caller;
      String msg = "Your display name is " + me.getDisplayName();
      me.chat(msg);
      me.getWorld().setRaining(true);
      me.getWorld().setRainTime(100); // 5 secs
      float exp = me.getExperience();
      int food = me.getHunger();
      float health = me.getHealth();
      Location loc = me.getLocation();

      me.chat("Your experience points are " + exp);
      me.chat("food is " + food);
      me.chat("health is " + health);
      me.chat("you are at " + printLoc(loc));
      me.chat("water falls from the sky ");
    }
  }
}
```

Listing 5.1: PlayerStuff/src/playerstuff/PlayerStuff.java

Installiere das Plugin jetzt:

```
$ cd Desktop
$ cd code/PlayerStuff
$ ./build.sh
```

Starte den Server neu und stell die Verbindung zum Minecraft-Client her.

Was geschieht nun, wenn du den Befehl `/whoami` im Minecraft-Client eingibst?

Ich erhalte dabei folgende Anzeige:

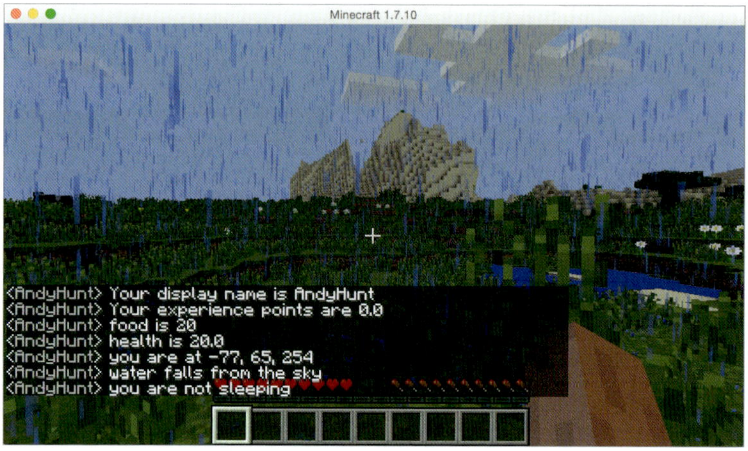

Gehen wir den Code Schritt für Schritt durch, um uns anzusehen, was im Einzelnen geschieht. Unser Ausgangspunkt ist das Spielerobjekt `me`. Darüber können wir den Namen des Spielers abrufen und ihm anschließend Nachrichten senden.

Nur zum Spaß lassen wir es auf den Spieler regnen (oder schneien), indem wir `Raining` auf `true` setzen und die Regendauer mit `setRainTime(100)` auf `5 secs` (Sekunden) einstellen.[2] Auf eine Sekunde kommen 20 Serverticks, weshalb 100 Ticks etwa 5 Sekunden entsprechen.

Als Nächstes rufen wir die Erfahrungspunkte für das nächste Level und die Nahrungspunkte ab und senden diese Werte als Nachrichten an den Spieler. Anschließend kannst du einige Zeit in der Welt herumspielen und dann erneut `/whoami` ausführen, um zu sehen, ob sich die Nahrungs- und Erfahrungspunkte inzwischen geändert haben.

Es ist wirklich so einfach wie in diesem Beispiel: `me` ist ein Objekt vom Typ `Player`, und darüber können wir verschiedene Spielerwerte abrufen und Befehle an `me` senden, um Dinge zu tun, die für Spieler sinnvoll sind.

Das ist der Sinn von Objekten!

2 Du kannst den Regen auch dadurch beenden, dass du `Raining` auf `false` setzt.

Probiere es selbst aus!

In dem Screenshot siehst du auch eine Zeile, die angibt, ob der Spieler schläft. Füge in `PlayerStuff` eine lokale Variable vom Typ `boolean` hinzu und setze sie je nachdem, ob der Spieler schläft oder nicht, auf `true` bzw. `false`. Erstelle dann eine entsprechende Meldung, um diese Angabe anzuzeigen.

Erstelle das Plugin mit `build.sh` und probiere es aus.

Wie ich diese Aufgabe gelöst habe, kannst du dir in `code/MyPlayerStuff/scrc/myplayerstuff/MyPlayerStuff.java` ansehen.

Weiter geht's!

In diesem Kapitel hast du gesehen, wie du Java-Objekte verwendest. Du hast gelernt, Java-Pakete und Klassen zu importieren, Objekte mit `new` anzulegen und die Eigenschaften von Objekten zu ändern, die sich auf das Spiel auswirken. All dies brauchen wir noch in den folgenden Kapiteln.

Im nächsten Kapitel sehen wir uns genauer an, was geschieht, wie die Plugins mit Minecraft verzahnt sind, wie du Befehle hinzufügst und Dinge in der Minecraft-Welt findest.

Der Inhalt deines Werkzeugkastens

Dein Werkzeugkasten ist jetzt zu 28 % gefüllt. Du kannst nun Folgendes tun:

- die Kommandozeilenshell nutzen
- Programme mit Java und `javac` erstellen
- einen Minecraft-Server ausführen
- ein Plugin bereitstellen
- Verbindung zu einem lokalen Server aufnehmen
- Java-Variablen für Zahlen und Strings verwenden
- Java-Funktionen verwenden
- `if`-, `for`- und `while`-Anweisungen verwenden
- Java-Objekte verwenden
- Java-Pakete importieren
- Objekte mit `new` erstellen

Kapitel 6

Chat-Befehle, Positionen und Ziele hinzufügen

Dein Werkzeugkasten

In diesem Kapitel sehen wir uns an, wie Plugins konstruiert werden, und fügen folgende Fähigkeiten zu deinem Werkzeugkasten hinzu:

- Befehle zu Plugins hinzufügen
- neue Befehlsannotationen und Code hinzufügen
- mit Minecraft-Koordinaten arbeiten (`Location`)
- Blöcke und Entitäten finden (`BlockIterator`).

Woher kennt Minecraft deine Plugins?

Im Minecraft-Code haben wir schon eine Reihe von Objekten verwendet, beispielsweise `Player`-Objekte für Spieler oder `Server`-Objekte für Server.

Es sollte daher keine allzu große Überraschung sein, dass auch unsere Plugins `Plugin`-Objekte sind. Canary hat netterweise ein grundlegendes »Rezept« definiert, also eine grundlegende `Plugin`-Klasse. Um die Arbeit etwas zu erleichtern, habe ich die zusätzliche Klasse `EZPlugin` hinzugefügt. Unsere Aufgabe als Plugin-Autoren besteht darin, unseren eigenen Plugin-Code so bereitzustellen, dass er in dieses Gerüst (Framework) passt.

Wie du bereits gesehen hast, deklariert die erste Zeile eines Plugins dessen Namen. Darauf folgt die eigentümliche Angabe `extends EZPlugin`:

```
import net.canarymod.plugin.Plugin;
import com.pragprog.ahmine.ez.EZPlugin;
public class MyFavoritePlugin extends EZPlugin {
```

Dadurch werden Plugin und EZPlugin Eltern der Klasse MyFavoritePlugin, wie es auch in den Beispielen im letzten Kapitel der Fall war.

Der Minecraft-Server weiß bereits, wie er mit einem Plugin-Objekt umgehen soll, und da es sich dabei um das Elternobjekt deines Plugins handelt, weiß er auch, was er mit deinem Plugin anfangen soll, obwohl es noch gar nicht existierte, als Canary geschrieben wurde. Der Server verlässt sich darauf, dass du einige Funktionen schreibst, die er aufrufen kann.

Neben dem eigentlichen Plugin-Code braucht Canary die Konfigurationsdatei Canary.inf. Die Beschreibung dafür hast du bereits in Kapitel 3 gesehen, als wir zum ersten Mal ein Plugin erstellt haben. Diese Datei gibt dem Server einige grundlegende Informationen über dein Plugin, sodass er es laden kann.

Mit dieser Konfigurationsdatei und deinem Code kann der Minecraft-Server dein Plugin ausführen wie jedes andere Teil des Spiels.

Plugin: SkyCmd

Als Nächstes schreiben wir das Plugin SkyCmd. Darin legen wir den Befehl sky an, der alle Kreaturen (keine Spieler!) 50 Blöcke hoch in die Luft teleportiert. Das ist sehr praktisch, wenn du von Skeletten und Creepern umzingelt bist!

Die vollständige Quelldatei für das Plugin sieht wie folgt aus:

```
package skycmd;

import net.canarymod.plugin.Plugin;
import net.canarymod.logger.Logman;
import net.canarymod.Canary;
import net.canarymod.commandsys.*;
import net.canarymod.chat.MessageReceiver;
import net.canarymod.api.entity.living.humanoid.Player;
import net.canarymod.api.world.position.Location;
import net.canarymod.api.entity.living.EntityLiving;
import java.util.List;
import com.pragprog.ahmine.ez.EZPlugin;

public class SkyCmd extends EZPlugin {

   @Command(aliases = { "sky" },    ❶
         description = "Fling all creatures into the air",
         permissions = { "" },
         toolTip = "/sky")
   public void skyCommand(MessageReceiver caller, String[] parameters) {
      if (caller instanceof Player) {    ❷
```

```
        Player me = (Player)caller;   ❸
        List<EntityLiving> list = me.getWorld().getEntityLivingList();
        for (EntityLiving target : list) {
          if (!(target instanceof Player)) {
            Location loc = target.getLocation();
            double y = loc.getY();
            loc.setY(y+50);
            target.teleportTo(loc);
          }
        }
      }
    }
}
```

Listing 6.1: SkyCmd/src/skycmd/SkyCmd.java

Vergleiche dies mit deiner ursprünglichen, sehr einfachen Datei `HelloWorld.java`. Wie du siehst, verweisen die `package`-Anweisungen am Anfang und später die `public class`-Anweisungen hier auf `SkyCmd` statt auf `HelloWorld`.

Sehen wir uns nun genauer an, wie Plugins mit Chat-Befehlen wie `/sky` umgehen.

Chat-Befehle verwenden

Die Stelle mit `@Command` bei ❶ teilt dem System mit, dass die Funktion `skyCommand` für den Befehl `/sky` verantwortlich ist. Das bedeutet, dass diese Funktion aufgerufen wird, wenn der Spieler den Befehl `/sky` eingibt.

Die erste Überprüfung, die wir vornehmen müssen, ist ein wenig merkwürdig. Es kann sein, dass der Nachrichtenempfänger (`MessageReceiver`), der uns übergeben wird, gar kein Spieler ist. Möglicherweise ist er tatsächlich ein `Player`-Objekt, vielleicht aber auch irgendetwas völlig anderes. Um sicherzustellen, dass wir es wirklich mit einem `Player` zu tun haben, prüfen wir dies ausdrücklich bei ❷ mit dem Java-Schlüsselwort `instanceof`. Wenn tatsächlich ein Spieler übergeben wurde, geht es mit dem Hauptteil des Befehls weiter. Dies beginnt bei ❸. (Wenn es kein `Player` ist, handelt es sich vermutlich um einen Konsolenbefehl, falls du das zulassen willst.)

Die Funktion `skyCommand` beginnt mit einem kleinen Trick. Nachdem wir bestätigt haben, dass der Inhalt der Variable `caller` vom Typ `Player` ist (nicht einfach nur ein `MessageReceiver` oder irgendein anderes Eltern- oder Kindobjekt), können wir sie mit dem *Konvertierungsoperator* (*cast*) in den Typ `Player` umwandeln.

Der Ausdruck `(Player) caller` gibt also die Variable `caller` zurück und wandelt sie mit dem Konvertierungsoperator in den Typ `Player` um, sodass du sie der Variable `me` zuweisen kannst. Das klingt wirr und ist es manchmal auch, aber du kannst diese Vorgehensweise einfach kopieren. Wir werden dieses kleine Rezept auch tatsächlich in fast allen Befehls-Plugins verwenden, um ein `Player`-Objekt abzurufen.

Da wir nun ein echtes `Player`-Objekt haben, auf das `me` verweist, führen wir `me.getWorld().getEntityLivingList()` aus. Das ruft alle lebenden Entitäten in der Welt ab und gibt sie in einer Liste zurück, die wir mit einer `for`-Schleife durchlaufen.

Die Einzelheiten von Listen sehen wir uns im nächsten Kapitel an. Zunächst aber beschäftigen wir uns damit, wie `Location`-Objekte funktionieren. Wir durchlaufen die Liste der Entitäten mit einer `for`-Schleife und setzen darin die Variable `target` jeweils auf die einzelnen Einträge. Wenn `target` kein Spieler ist, schleudern wir die Entität himmelwärts, indem wir ihre Position mit `teleportTo()` ändern.

`Location`-Objekte sind wichtig, denn damit kannst du die Koordinaten von allen Elementen in Minecraft abrufen und festlegen. Wie du diese Positionen bearbeitest, um damit Kreaturen in den Himmel zu schleudern, erfährst du im nächsten Abschnitt.

Minecraft-Koordinaten

Ein `Location`-Objekt speichert die drei Koordinaten x, y und z, wie die folgende Abbildung zeigt.

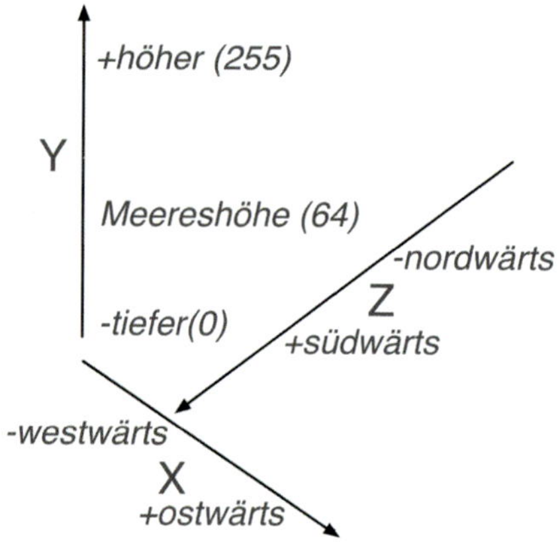

Abbildung 6.1: Das Minecraft-Koordinatensystem

Der x-Wert verläuft von Westen (negativ) nach Osten (positiv), der z-Wert von Norden (negativ) nach Süden (positiv) und der y-Wert von unten (negativ) nach oben (positiv), wobei der y-Wert 0 die unterste Lage Grundgestein markiert und 64 die Meereshöhe. Um also einen Spieler oder eine andere Entität in die Luft gehen zu lassen, musst du den y-Wert erhöhen.

Die aktuellen y-Werte der einzelnen Ziele (target) rufen wir von loc ab und speichern sie als y. Danach ändern wir den Wert in loc, indem wir 50 addieren. Wenn wir dann target.teleportTo(loc) aufrufen, wird das Ziel an die neue Position teleportiert.

Puh, das war eine ganze Menge Material für die paar Codezeilen! Probiere es nun aus, indem du das Plugin wie gehabt mit build.sh kompilierst und installierst:

```
$ cd Desktop
$ cd code/SkyCmd
$ ./build.sh
```

Halte den Server an, starte ihn erneut und probiere dann den neuen Befehl /sky aus. Achte darauf, dass du dich im Überlebens- und nicht im Kreativmodus befindest,[1] und warte darauf, dass die Nacht einbricht und die Creeper angeschlichen kommen ...

Probiere es selbst aus!

Das hat Spaß gemacht, oder? Probiere nun etwas anderes aus, indem du selbstständig einen neuen Befehl zu diesem Plugin hinzufügst.

Dieser Befehl soll zehn Tintenfische erzeugen – eine Tintenfischbombe!

Dazu fügst du Annotationen für den Befehl squidbomb hinzu und verwendest eine for-Schleife sowie eine unserer Hilfsfunktionen.

Laut Dokumentation nimmt spawnEntityLiving eine Position und die Angabe der zu spawnenden Kreatur an:

```
spawnEntityLiving(newloc, EntityType.SQUID);
```

spawnEntityLiving gibt ein Entity-Objekt zurück, das wir hier aber nicht nutzen.

Um einen Tintenfisch zu spawnen, musst du am Anfang der Datei import net.canarymod.api.entity.EntityType angeben. In der Funktion übergibst du dann EntityType.SQUID an die Funktion spawnEntityLiving. Damit kannst du eine einfache »Tintenfischbombe« gestalten:

```
import net.canarymod.api.entity.EntityType;

//... weitere, hier nicht gezeigte Teile
   // Spawnt mehrere Tintenfische. Igitt.
   for (int i = 0; i < 10; i++) {
      spawnEntityLiving(location, EntityType.SQUID);
   }
```

1 In Minecraft gibst du /gamemode c für den Kreativ- und /gamemode s für den Überlebensmodus ein.

Verwende diesen Code für deinen neuen Befehl im Plugin SkyCmd. Vergiss dabei nicht, Folgendes zu tun:

- Füge den neuen Befehl (squidbomb) wie zuvor gezeigt mit der Annotation @Command und deiner Funktion zu SkyCmd hinzu.
- Rekompiliere und installiere das Plugin mit build.sh.
- Halte den Server an und starte ihn erneut, um die Änderung in Kraft treten zu lassen.

Du musst eine neue Befehlsannotation hinzufügen:

```
@Command(aliases = { "squidbomb" },
        description = "Drop a fixed number of squid on your head.",
        permissions = { "" },
        toolTip = "/squidbomb")
```

Das Ergebnis ist ein bisschen langweilig: Alle Tintenfische sind übereinander gestapelt. Es wäre besser, die Position der einzelnen Tintenfische zufällig zu bestimmen. In Java gibt es die Funktion Math.random(), die eine Zufallszahl zwischen 0 und 1 (ausschließlich) zurückgibt.

Um eine Zufallszahl zwischen 0 und 5 zu erhalten, musst du Math.random() einfach mit 5 multiplizieren. Für die x-Koordinate verwendest du also einen Ausdruck wie loc.getX() + (Math.random() * 5). Beim Multiplizieren und Addieren sind Klammern sinnvoll. Hier wollen wir die Zufallszahl mit 5 multiplizieren und das Ergebnis dann zum ursprünglichen x-Wert addieren.

Jetzt bist du wieder am Zug: Verbessere die Tintenfischbombe, indem du eine neue Position auf der Grundlage des Spielerstandorts festlegst und die x- und z-Koordinaten zufällig variierst. Damit die Tintenfische von oben herunterfallen, erhöhe die y-Koordinate um 10.

Versuche, die Übung zunächst völlig selbstständig zu lösen. Wenn du nicht weiterkommst und Hilfe benötigst, sieh dir das Plugin für die Tintenfischbombe an, das ich bereitgestellt habe. Den Code und die Konfigurationsdatei dafür findest du in code/SquidBomb.

Wenn du Schwierigkeiten hast, zwei Kommandos in einem Plugin unterzubringen (so wie ja eigentlich in der Übung gefordert), dann sieh dir bitte das Beispiel unter http://www.dpunkt.de/prog_mine_skyCmd an. Dort habe ich in das bestehende skyCmd-Plugin noch den squidbomb-Befehl eingefügt.

Blöcke und Entitäten in der Nähe finden

Mit net.canarymod.BlockIterator bietet Canary die sehr praktische Möglichkeit, alle Blöcke im Spiel zu finden, die entlang einer Linie im Spiel verlaufen. Besonders nützlich ist die Version, in der du einen LineTracer (ein Player-Objekt) und einen booleschen Wert übergibst. In der Canary-API ist dieser »Blockiterator« wie folgt deklariert:[2]

```
public BlockIterator(LineTracer tracer, boolean include_air)
```

Dadurch erhältst du ein BlockIterator-Objekt, das du verwenden kannst, um die Blöcke entlang der Sichtlinie abzurufen, die von der Entität ausgeht. Das boolesche Flag besagt, dass auch Luftblöcke eingeschlossen werden sollen. Das funktioniert wie folgt:

```
BlockIterator sightItr = new BlockIterator(new LineTracer(me), true);
while (sightItr.hasNext()) {
   Block b = sightItr.next();
   // Mach irgendetwas mit diesem Block
}
```

Du kannst nun jeden Block in der Sichtlinie des Spielers überprüfen und den ersten Block, der nicht aus Luft besteht, als »Ziel« des Spielers festlegen. Damit ist es möglich, beispielsweise alle Blöcke auf dem Weg in Brand zu setzen und das Ziel in Lava zu verwandeln.

Das folgende Plugin macht genau das!

Plugin: LavaVision

Dieses Plugin führt einen BlockIterator für den Spieler aus, prüft jeden Block auf dem Weg und richtet den Flammeneffekt ein. Der erste Block, der nicht den Typ Air hat, ist das Ziel und wird auf Lava gesetzt.

Als kleines Extra füge ich jedem Block, den wir dabei überqueren, einen Effekt hinzu:

```
spawnParticle(b.getLocation(), Particle.Type.LAVASPARK);
```

LAVASPARK sorgt für eine hübsche Reihe von Flammen entlang der Sichtlinie.

Außerdem habe ich einen Klangeffekt hinzugefügt. Dazu dient die Hilfsfunktion playSound, die eine Position (Location) und einen Klang (Sound) entgegennimmt (und optional auch float Werte für Lautstärke und Tonhöhe).

```
playSound(b.getLocation(), SoundEffect.Type.EXPLODE);
```

2 Dies ist eine junge Ergänzung zu CanaryMod, die noch nicht in der Dokumentation erwähnt wird.

In der Canary-Dokumentation findest du unter `net.canarymod.api.world.effects.SoundEffect.Type` eine Liste der möglichen Klangeffekte. Für den dramatischen Effekt habe ich mich hier für `EXPLODE` entschieden. (Optional kannst du danach auch noch zwei Zahlen für Lautstärke und Tonhöhe angeben. Da diese Werte als `float` und nicht als `double` angegeben werden, musst du den Modifizierer f hinzufügen.)

Der vollständige Code mit Iterator und Klangeffekt sieht wie folgt aus:

```
package lavavision;

import net.canarymod.plugin.Plugin;
import net.canarymod.logger.Logman;
import net.canarymod.Canary;
import net.canarymod.commandsys.*;
import net.canarymod.chat.MessageReceiver;
import net.canarymod.api.entity.living.humanoid.Player;
import net.canarymod.api.world.effects.Particle;
import net.canarymod.api.world.effects.Particle.Type;
import net.canarymod.api.world.position.Location;
import net.canarymod.api.world.effects.SoundEffect;
import net.canarymod.api.world.blocks.Block;
import net.canarymod.api.world.blocks.BlockType;
import net.canarymod.BlockIterator;
import net.canarymod.LineTracer;
import com.pragprog.ahmine.ez.EZPlugin;

public class LavaVision extends EZPlugin {

   @Command(aliases = { "lavavision" },
            description = "Explode your target into a ball of flaming lava",
            permissions = { "" },
            toolTip = "/lavavision")
   public void lavavisionCommand(MessageReceiver caller, String[] args) {
      if (caller instanceof Player) {
         Player me = (Player)caller;

         BlockIterator sightItr = new BlockIterator(new LineTracer(me),
                                 true);
         while (sightItr.hasNext()) {
            Block b = sightItr.next();
            spawnParticle(b.getLocation(), Particle.Type.LAVASPARK);
            if (b.getType() != BlockType.Air) {
               b.getWorld().setBlockAt(b.getLocation(), BlockType.Lava);
               playSound(b.getLocation(), SoundEffect.Type.EXPLODE);
               break;
            }
         }
```

```
        }
    }
}
```

Listing 6.2: LavaVision/src/lavavision/LavaVision.java

Installiere das Plugin auf die übliche Weise:

```
$ cd Desktop
$ cd code/LavaVision
$ ./build.sh
```

Beim Durchlauf durch die Schleife lösen wir für jeden Block entlang der Sichtlinie einen `LAVASPARK`-Effekt aus. Sobald wir irgendetwas treffen, das nicht Luft ist, wird der Typ dieses Blocks auf `Lava` gesetzt, ein Klangeffekt ausgelöst und die Schleife mit `break` verlassen. Damit ist alles erledigt.

Halte den Server an und starte ihn neu. Sieh dich dann in Minecraft um und wähle ein Ziel aus. Gib den Befehl `/lavavision` ein und sieh zu, wie die Lava hochkocht.

Jetzt bist du wieder am Zug!

Ändere die Effekte in diesem Plugin. Nimm statt `LAVASPARK` irgendeinen anderen interessanten Effekt. Die verfügbaren Typen sind in der Dokumentation aufgeführt.[3]

Ändere anschließend den Klangeffekt von `EXPLODE` in etwas weniger Dramatisches, z. B. in `BURP`. Auch die Klangeffekte findest du in der Dokumentation.[4]

3 *https://ci.visualillusionsent.net/job/CanaryLib/javadoc/net/canarymod/api/world/effects/Particle.Type.html*

4 *https://ci.visualillusionsent.net/job/CanaryLib/javadoc/net/canarymod/api/world/effects/SoundEffect.Type.html*

Weiter geht's!

In diesem Kapitel hast du gesehen, wie du einem Plugin neue Befehle hinzufügst. Jetzt kannst du damit beginnen, vorhandene Plugins nach deinen eigenen Vorstellungen zu ergänzen. Außerdem kannst du mit den Positionen und Blöcken im Spiel arbeiten. Sobald du aber mit mehreren Positionen oder mehreren Blöcken hantierst, stellt sich das Problem, wie du in Java Listen solcher Dinge speicherst und wie du mit »Haufen« von Daten arbeitest, die du anhand ihrer Bezeichnung oder ihrer Reihenfolge wiederfinden musst.

Im nächsten Kapitel fügen wir einen Befehl hinzu, mit dem wir uns solche Informationen merken können. Wir beschäftigen uns auch weiter mit Variablen in Java. Diesmal geht es darum, wer die Variablen sehen kann und wer nicht, und vor allem darum, wie du Sammlungen von Daten aufbewahrst und bearbeitest.

Genauer gesagt schauen wir uns an, wie du Informationen nachverfolgst.

Der Inhalt deines Werkzeugkastens

Dein Werkzeugkasten ist jetzt zu 36 % gefüllt. Du kannst nun Folgendes tun:

- die Kommandozeilenshell nutzen
- Programme mit Java und `javac` erstellen
- einen Minecraft-Server ausführen
- ein Plugin bereitstellen
- Verbindung zu einem lokalen Server aufnehmen
- Java-Variablen für Zahlen und Strings verwenden
- Java-Funktionen verwenden
- `if`-, `for`- und `while`-Anweisungen verwenden
- Java-Objekte verwenden
- Java-Pakete importieren
- Objekte mit `new` erstellen
- Plugins Befehle hinzufügen
- mit `Location`-Objekten arbeiten
- Blöcke und Entitäten finden

Kapitel 7

Stapelweise Variablen: Arrays

Dein Werkzeugkasten

Schwirrt dir schon der Kopf? Ich hoffe nicht, denn es gibt noch eine Reihe interessanter Dinge zu lernen. In diesem Kapitel fügen wir unserem Werkzeugkasten folgende Fähigkeiten hinzu:

- lokale Variablen verwenden, die nur innerhalb eines Codeblocks existieren
- globale Variablen auf Klassenebenen verwenden, auf die überall in der Klasse Zugriff besteht
- Datenmengen in Arrays aufbewahren

Nachdem wir uns angesehen haben, wie wir Plugin-Befehle erstellen, beschäftigen wir uns nun damit, wie wir uns Daten merken können, also wie wir Java-Variablen noch besser nutzen können, um Werte aufzubewahren. Du wirst dabei lernen, welche Arten von Variablen du wann einsetzen musst und auf welche unterschiedlichen Weisen du mit Mengen von Daten umgehen kannst (z. B. mit der Liste von `Player`-Objekten u. Ä.). Dabei legen wir auch einige tolle neue Plugins an.

Variablen und Objekte in Blöcken

Variablen befinden sich innerhalb von *Blöcken*. Solche Blöcke hast du schon die ganze Zeit über gesehen und benutzt: Es handelt sich dabei um den Teil des Codes, der in geschweiften Klammern steht.

Java ist eine Programmiersprache mit »Blockstruktur«. Sie stammt aus einer Sprachfamilie, die auf das altehrwürdige Algol aus den 1960er-Jahren zurückgeht. Dieser Linie entstammen auch C, die Mutter aller Programmiersprachen, sowie deren Nachkommen C++ und Objective-C und schließlich ihr Halbcousin-Stiefkind Java. Nachdem Java zur Welt gekommen war, brachte Microsoft C# heraus, das (rein zufällig) fast identisch mit Java ist. All diese Sprachen funktionieren mehr oder weniger auf die gleiche Weise.

In diesen Sprachen nutzt du Codeblöcke. `if`-Anweisungen arbeiten mit Codeblöcken. Die Objekte, die wir definieren (z. B. unsere Plugins), sind Codeblöcke. Die ganze Struktur der Sprache basiert auf Codeblöcken in geschweiften Klammern. Dort existieren auch die Variablen. Schau dir beispielsweise den folgenden Abschnitt aus dem Plugin `HelloWorld` an, mit dem wir eine Meldung erstellen und senden:

```
public void helloCommand(MessageReceiver caller, String[] parameters) {
   String msg = "That'sss a very niccce EVERYTHING you have there...";
   Canary.instance().getServer().broadcastMessage(msg);
}
```

Im Rumpf dieser Funktion deklarieren wir die Variable `msg` und weisen sie zu. Es handelt sich dabei um eine *lokale* Variable, die es nur so lange gibt, wie dieser Codeblock ausgeführt wird, also zwischen ihrer Deklaration und der schließenden geschweiften Klammer (dem „}"-Symbol). Vorher oder an anderer Stelle im Programm kannst du die Variable `msg` nicht nutzen. Es kann anderswo eine andere Variable namens `msg` geben, aber sie wird als eine völlig getrennte Variable behandelt und weist eigene Werte auf. Unsere hier besprochene Variable `msg` ist nur lokal innerhalb dieses Codeblocks sichtbar und verwendbar. Sie weist einen lokalen *Gültigkeitsbereich (Scope)* auf.

Auch die in einer Funktion deklarierten Parameter werden als lokal behandelt. Betrachte die folgende Deklaration der Funktion `helloCommand`:

```
public void helloCommand(MessageReceiver caller, String[] parameters) {
```

Die Variablen `caller` und `parameters` sind in dieser Funktion verfügbar, aber außerhalb davon nicht sichtbar – sie sind lokal.

Meistens brauchst du nicht mehr als lokale Variablen. Sie zu verwenden ist auch unkritisch, denn kein anderer Teil des Programms kann auf sie zugreifen oder sie ändern. Es ist daher immer ziemlich klar, in welcher Codezeile der Wert einer lokalen Variablen festgelegt wird und in welcher er genutzt wird.

Globale Variablen

Es gibt jedoch auch Variablen, die nicht nur lokal gültig sind. (Solche Variablen werden wir in den Plugins in diesem Kapitel verwenden müssen.)

Es kann sein, dass du eine Variable deklarierst, die von vielen Funktionen genutzt werden muss. Vielleicht muss die ganze Klasse oder sogar das gesamte Programm einschließlich aller seiner Bibliotheken sie sehen und darauf zugreifen. Solche Variablen werden als *global* bezeichnet.

Tatsächlich haben wir globale Variablen schon benutzt, aber ohne dass du es bemerken konntest. Werfen wir daher jetzt einmal einen Blick auf die Bibliothek `EZPlugin`, die wir im ersten `HelloWorld`-Plugin verwendet haben. Ganz zu Anfang wird hier eine statische Variable auf Klassenebene deklariert, nämlich `logger`:

```
public class EZPlugin extends Plugin implements CommandListener {
   /* Standardmethode für alle unsere Plugins */
   public static Logman logger;

   public EZPlugin() {
   logger = getLogman();
}

@Override
public boolean enable() {
   logger.info ("Starting up");
```

Listing 7.1: EZPlugin/src/com/pragprog/ahmine/ez/EZPlugin.java

Wir rufen die Funktion `getLogman` auf und fragen sie nach dem Logger-Objekt, das wir anschließend der Variable `logger` zuweisen. Diese Variable ist vom Typ `Logman`, wie wir der Dokumentation entnehmen können. In der Deklaration aber haben wir außerdem das Schlüsselwort `static` vorangestellt.

`static` hat hier zwei Bedeutungen:

- Du kannst mit dem Namen des Plugins auf die Variable zugreifen, ohne dazu ein Plugin-Objekt zu brauchen. In diesem Fall funktioniert `HelloWorld.logger` überall, innerhalb sowie außerhalb eines Objekts.
- Die statische Variable `logger` ist für alle `HelloWorld`-Objekte zugänglich. Sie ist auch außerhalb der Lebensdauer aller lokalen Variablen der Objekte noch vorhanden.

Alle Funktionen innerhalb eines `HelloWorld`-Objekts kommen und gehen, und auch ihre lokalen Variablen kommen und gehen, aber die statischen Variablen bleiben bestehen und behalten ihre Werte.

Da `logger` das Erste ist, was wir innerhalb des Plugins deklarieren, und sich nicht in einer Funktion befindet, können alle Funktionen in dem Plugin diese Variable verwenden, also alles innerhalb dieses ersten Paares von geschweiften Klammern. Sie ist nicht lokal auf eine Funktion beschränkt.

Das bedeutet, dass du `logger` überall in `HelloWorld.java` verwenden kannst:

```
...
public void myFavoriteFunction() {
   logger.info("Made it this far");
}
...
```

Wie du siehst, brauchst du keine erneute Deklaration mehr, sondern kannst `logger` überall im Plugin verwenden, wo du sie brauchst. Das ist eine sehr praktische Technik, um die Abläufe in einem Plugin zu verfolgen: Du fügst eine `logger`-Anweisung hinzu und kannst dann die Variablenwerte an der entsprechenden Stelle im Code ausgeben.

Globale Variablen können aber auch ziemlich gefährlich sein. Warum? Eben gerade weil jeder überall den Wert dieser Variablen ändern kann. Vielleicht weißt du, dass jemand den Wert geändert hat, vielleicht aber auch nicht – auch nicht, wenn du selbst dieser „jemand" bist, etwa einige Wochen später. Wenn irgendetwas schiefgeht, musst du den gesamten Code im System überprüfen und herausfinden, wo die Variable falsch festgelegt wurde und warum. Das ist eine Menge Arbeit und bietet reichlich Gelegenheit, ein Durcheinander anzurichten.

Manchmal aber sind globale Variablen unverzichtbar. Auch wenn nichts und niemand sonst die Variable ändern muss, kann es vorkommen, dass verschiedene Teile des Codes darauf Bezug nehmen müssen. Dafür ist `logger` ein gutes Beispiel: Es handelt sich dabei um einen gemeinsamen Dienst, den alle Plugins und der Server selbst nutzen. Alle brauchen Zugriff auf das Protokollierobjekt, weshalb wir es in einer Variable vorhalten müssen, die nicht wieder verschwindet. Anders als eine lokale Variable muss sie für alle Funktionen im Plugin sichtbar sein und ebenso lange existieren wie das Plugin.

Um das Gesagte kurz zusammenzufassen:

- Ein Codeblock steht zwischen den Zeichen `{` und `}`.
- Die Gültigkeit der Variablen, die du innerhalb eines Codeblocks deklarierst, ist lokal auf den Block beschränkt. Wenn die Funktion endet, verschwindet sie.
- Auch die Parameter einer Funktion sind nur lokal innerhalb der Funktion gültig.
- Mit `static` deklarierte Funktionen überleben alle innerhalb von lokalen Variablen, die von Funktionen deklariert wurden.

Das folgende Plugin stellt den Befehl `/caketower` zur Verfügung, der einen Turm aus Kuchenblöcken aufbauen soll. In diesem Code gibt jedoch ein kleines Problem mit lokalen und globalen Variablen, weshalb der Kuchenturm möglicherweise nicht so aussehen wird, wie du es erwartest. Sehen wir uns das genauer an.

```
package caketower;

import net.canarymod.plugin.Plugin;
import net.canarymod.logger.Logman;
import net.canarymod.Canary;
import net.canarymod.commandsys.*;
import net.canarymod.chat.MessageReceiver;
import net.canarymod.api.entity.living.humanoid.Player;
import net.canarymod.api.world.position.Location;
import net.canarymod.api.world.blocks.BlockType;
import com.pragprog.ahmine.ez.EZPlugin;

public class CakeTower extends EZPlugin {

   public static int cakeHeight = 100;    ❶

   @Command(aliases = { "caketower" },
            description = "Build a tall tower of cakes",
            permissions = { "" },
            toolTip = "/caketower")
   public void cakeTowerCommand(MessageReceiver caller, String[] parameters) {
         if (caller instanceof Player) {

         Player me = (Player)caller;

         me.chat("1) cake height is " + cakeHeight); // Ausgabe

         cakeHeight = 50;

         int cakeHeight;    ❷
         cakeHeight = 5;
         me.chat("2) cake height is " + cakeHeight); // Ausgabe

         makeCakes(me);

      }
   }

   public void makeCakes(Player me) {
      me.chat("3) cake height is " + cakeHeight); // Ausgabe
      Location loc = me.getLocation();
      loc.setY(loc.getY() + 2);
      setBlockAt(loc, BlockType.Stone);
      for(int i = 0;i < cakeHeight;i++) {
         loc.setY(loc.getY() + 1);
         setBlockAt(loc, BlockType.Cake);
      }
   }
}
```

Listing 7.2: CakeTower/src/caketower/CakeTower.java

Wenn du das Plugin ausführst, gibt der Code den Wert von `cakeHeight` dreimal aus. Beachte, dass die Variable `cakeHeight` zweimal deklariert wird, einmal bei ❶ und einmal bei ❷.

Welche Werte werden ausgegeben, und aus wie vielen Kuchen besteht der Turm letzten Endes?

Versuche zunächst, dir das Ergebnis zu überlegen. Dann kompilierst und installierst du das Plugin wie üblich mit `build.sh`.

Was ist geschehen?

Willkommen in der herrlich verwirrenden Welt des *Shadowings*.

Am Anfang des Plugins wird die Variable `cakeHeight` deklariert. Man sollte erwarten, dass es diese Variable ist, auf die überall im Plugin zugegriffen wird, von dieser Zeile an bis zur entsprechenden schließenden geschweiften Klammer.

Allerdings wird bei ❷ eine weitere Variable mit demselben Namen deklariert. Von diesem Punkt an bis zur nächsten geschweiften Klammer arbeiten wir bei jeder Erwähnung von `cakeHeight` mit dieser lokalen Variable, nicht mit der gleichnamigen Klassenvariable. Die lokale Version verdeckt die Klassenversion sozusagen durch ihren Schatten – daher sprechen wir von »Shadowing«. Wenn wir den Wert auf 5 setzen und ausgeben, ändern wir daher die lokale Version.

Beim Aufruf von `makeCakes` wird dann zum Aufbau des Turms wieder die Klassenversion verwendet. Die Funktion `makeCakes` hat jedoch keinerlei Kenntnisse von der Schattenvariable in der Funktion `cakeTowerCommand`. Daher hast du am Ende weder 100 Blöcke noch 5, sondern 50.

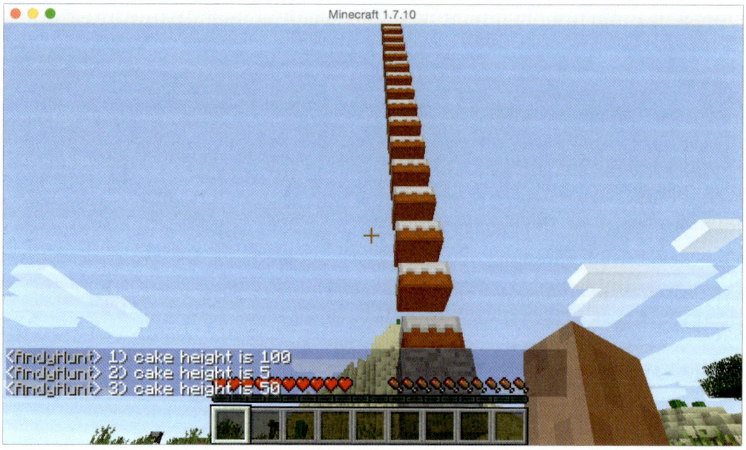

Und die Moral von der Geschicht': Mache so was niemals nicht! Wie du siehst, können abgeschattete Variablennamen äußerst verwirrend sein. Gib deinen Variablen eindeutige, sprechende Namen.

Probiere es selbst aus!

Da der Kuchenturm nicht ganz so funktioniert wie erwartet, musst du ihn reparieren.

Ändere `code/CakeTower/src/CakeTower.java` so, dass nur die lokale Variable `cakeHeight` verwendet wird, nicht die Klassenvariable, und übergib sie an `makeCakes`.

Da du jetzt weißt, wo Variablen existieren und verwendet werden können, sehen wir uns noch einige Möglichkeiten an, um mithilfe von Java-Datensammlungen Mengen von Daten zu speichern.

Java-Arrays

Variablen mit einzelnen Werten sind zwar sehr nützlich und gebräuchlich, aber manchmal brauchst du mehr als das, etwa wenn du Informationen über alle Spieler im System oder über alle Gegenstände im Inventar eines Spielers festhalten oder eine Aufgabenliste, eine Einkaufsliste oder eine Hausaufgabenliste führen musst.

Mit Java kannst du all das tun. Diese Sprache bietet mehrere Möglichkeiten, um Datenmengen festzuhalten und abzurufen. Hier konzentrieren wir uns auf einige wenige davon: das einfache Array, die elegantere Arrayliste und die äußerst praktische, wenn auch etwas obskure Hashmap (im nächsten Kapitel). Als Erstes beschäftigen wir uns mit Arrays.

In Java gibt es tatsächlich mehrere Array-artige Datensammlungen, nämlich die Typen `Array`, `Vector`, `LinkedList` und `ArrayList`. Sie unterscheiden sich in den internen Mechanismen, in der Art der Speicherung und in der Leistung für große und für kleine Datenmengen, aber das Grundprinzip ist bei allen das gleiche.

Arrays sind die einfachsten dieser Datenanhäufungen. Sie werden am häufigsten für kurze Listen von Werten verwendet, die du direkt im Code anlegen und nutzen kannst. Arrays weisen eine *feste Länge* auf, d. h., du kannst sie nicht größer oder kleiner machen. Für Listen, in denen du häufig etwas hinzufügen, löschen oder verschieben musst, sind sie weniger gut geeignet. (Dafür verwenden wir den Typ `ArrayList`, den wir uns als Nächstes ansehen.)

Ein Array verwendest du gewöhnlich dann, wenn du die darin enthaltenen Werte über einen Index ansprechen oder alle Werte in einer `for`-Schleife durchlaufen willst, um irgendetwas mit ihnen zu tun.

Ein Array kannst du mit eckigen Klammern deklarieren und dann mit Werten in geschweiften Klammern füllen. Das folgende Beispiel zeigt ein Array aus Strings:

```
String[] grades = {"A", "B", "C", "D", "F", "Inc"};
```

Auf die einzelnen Elemente dieser Liste kannst du dann mithilfe von eckigen Klammern zugreifen:

```
String yourGrade = grades[2];
```

In diesem Fall bekommt `yourGrade` den Wert `C`. Moment mal – wieso `C` und nicht `B`? Weil Java ebenso wie C und all seine Vorfahren beim Zählen mit 0 beginnt. Das erste Element in einer Arraylist hat den Index 0, das zweite den Index 1, das dritte 2 usw. Du wirst dich daran gewöhnen. Stell dir einfach vor, dass du zum Zugriff auf das erste Element 0 zum Anfang der Liste addieren musst, für das zweite Element 1 usw.

Das ist genau die Art und Weise, in der ein Array im Arbeitsspeicher des Computers festgehalten wird, nämlich als ein Haufen von Werten in einer Reihe. Da der erste Eintrag im Array gleich am Anfang des entsprechenden Speicherbereichs steht, gibt es keinen Versatz (Offset) dafür. Der zweite Wert ist eine Position vom Anfang entfernt, der dritte zwei Positionen usw.

Die Länge eines Arrays kannst du in dessen Feld `length` ablesen. (Beachte, dass dies kein Funktionsaufruf ist, denn es sind keine Klammern angegeben.)

```
int numGrades = grades.length;
```

`numGrades` wird hierdurch auf 6 gesetzt. Die sechs Werte werden von 0 bis 5 durchnummeriert. Der Index des letzten Elements ist stets `length` -1 (hier also 5).

Anstatt alle Werte wie hier ausdrücklich im Code anzugeben, können wir auch ein Array fester Größe anlegen und ihm später Werte zuweisen. Bei einer Liste von `int`-Werten kann das beispielsweise wie folgt aussehen:

```
int[] quizScores = new int[5];
quizScores[0] = 85;
quizScores[1] = 92;
quizScores[2] = 63;
```

Das Array bietet zwar Platz für fünf Werte, doch wir verwenden hier nur die ersten drei. Das ist jedoch völlig in Ordnung.

Der Abruf der Werte erfolgt praktisch genauso wie ihre Festlegung, nur umgekehrt. Aus dem gerade erstellten Array kannst du die Werte wie folgt abrufen:

```
int myBestQuiz = quizScores[1];
int aBadDay = quizScores[2];
```

Um alle Werte abzurufen, kannst du eine altmodische for-Schleife verwenden:

```
for (int i=0; i < 5; i++) {
   me.chat("Quiz score #" + i + ": " + quizScores[i]);
}
```

Denk daran, dass Arrays eine feste Größe haben. Wenn du versuchst, einen Wert jenseits des Endes abzurufen (z. B. `quizScores[15]`), löst das Plugin einen Fehler aus und stürzt ab. Da wir `quizScores` mit der Größe 5 deklariert haben, kannst du Werte an den Indexpositionen 0, 1, 2, 3 und 4 gefahrlos speichern und abrufen. Darum habe ich in dem zweiten Parameter `i < 5` angegeben und nicht `i <= 5`.

Es ist jedoch sicherer, das Feld `length` des Arrays zu verwenden, anstatt die Länge explizit als Zahl anzugeben. Eine bessere Variante der Schleife sieht daher wie folgt aus:

```
for (int i=0; i < quizScores.length; i++) {
   me.chat("Quiz score #" + i + ": " + quizScores[i]);
}
```

In Kürze sehen wir uns noch eine bessere Möglichkeit an, um alle Werte in einem Array zu durchlaufen.

Zunächst aber wollen wir dies nun auf Minecraft-Blöcke anwenden.

Das folgende Codebeispiel zeigt ein einfaches Plugin, das einen Turm aus unterschiedlichen Blocktypen errichtet. Um Luft in verschiedene andere Materialien zu verwandeln, setze ich hier die Hilfsfunktion `setBlockAt` ein.[1] Gehen wir das Beispiel im Einzelnen durch, um zu sehen, was hier geschieht.

Plugin: ArrayOfBlocks

```
package arrayofblocks;

import net.canarymod.plugin.Plugin;
import net.canarymod.logger.Logman;
import net.canarymod.Canary;
import net.canarymod.commandsys.*;
import net.canarymod.chat.MessageReceiver;
import net.canarymod.api.entity.living.humanoid.Player;
import net.canarymod.api.world.position.Location;
import net.canarymod.api.world.blocks.Block;
import net.canarymod.api.world.blocks.BlockType;
```

1 Die Codes für die verschiedenen Materialien findest du in der Dokumentation der Canary-API unter *https://ci.visualillusionsent.net/job/CanaryLib/javadoc/net/canarymod/api/world/blocks/BlockType.html*.

```
import com.pragprog.ahmine.ez.EZPlugin;

public class ArrayOfBlocks extends EZPlugin {

   public void buildTower(Player me) {
      Location loc = me.getLocation();
      loc.setX(loc.getX() + 1); // Nicht genau über dem Spieler

      BlockType[] towerMaterials = new BlockType[5];

      towerMaterials[0] = BlockType.Stone;
      towerMaterials[1] = BlockType.Cake;
      towerMaterials[2] = BlockType.OakWood;
      towerMaterials[3] = BlockType.Glass;
      towerMaterials[4] = BlockType.Anvil;

      for (int i=0; i < towerMaterials.length; i++) {
         loc.setY(loc.getY() + 1); // Geht jedes Mal eins nach oben
         setBlockAt(loc, towerMaterials[i]);
      }
   }

   @Command(aliases = { "arrayofblocks" },
            description = "Create an array of blocks",
            permissions = { "" },
            toolTip = "/arrayofblocks")
   public void arrayofblocksCommand(MessageReceiver caller, String[] args) {
      if (caller instanceof Player) {
         Player me = (Player)caller;
         buildTower(me);
      }
   }
}
```

Listing 7.3: ArrayOfBlocks/src/arrayofblocks/ArrayOfBlocks.java

Installiere `ArrayOfBlocks` mit `build.sh`, halte den Server an, starte ihn erneut und gib den Befehl `/arrayofblocks` ein. Dabei solltest du ein Ergebnis wie das folgende erhalten (möglicherweise musst du dich umdrehen, um es zu sehen):

Beachte, dass ich den Mechanismus des Befehls in eine eigene Funktion namens `buildTower` verlagert habe, anstatt ihn in der Funktion `arrayofblocksCommand` selbst unterzubringen.

Hier haben wir nur ein einfaches Array der Länge 5 verwendet und dann nacheinander mit Werten bestückt. Die `for`-Schleife geht die Indexwerte von 0 bis 4 durch und ändert dabei jeweils den Block in das neue Material auf der Liste.

Probiere es selbst aus!

Jetzt bist du an der Reihe.

Ändere die Reihenfolge der Elemente im Turm, sodass der Amboss unten steht und der Stein an der Spitze.

Dazu musst du die `for`-Schleife ändern. Anstatt von 0 bis < 5 vorzugehen, zähle von 4 abwärts bis >= 0. Tipp: In diesem Fall ist eine Subtraktion besser geeignet als eine Addition.

Erstelle einen neuen Build, halte den Server an, starte ihn neu und gib erneut den Befehl `/arrayofblocks` ein.

Du kannst jetzt mit `for`-Schleifen und Indizes arbeiten, aber um ehrlich zu sein, ist dies ein ziemlich alter Aspekt von Java, der schon ein bisschen angestaubt ist. Arrayobjekte sind praktisch, aber es gibt Alternativen, die in manchen Fällen besser sind.

Arraylisten verwenden

Ebenso wie ein einfaches Array hält auch eine Arrayliste eine Liste von Werten fest. Die Deklaration ist ein wenig umständlicher, aber immer noch einfach genug, und dafür bieten Arraylisten sehr viel mehr Flexibilität und Sicherheit als einfache Arrays. Du kannst Elemente in Arraylisten beliebig hinzufügen und löschen. Es gibt auch keine feste Länge, sodass sich die Größe der Liste nach Bedarf ändert.

Das folgende Beispiel zeigt eine Arrayliste für `Player`-Objekte:

```
List<Player> myPlayerList = new ArrayList<Player>();
```

Diese Zeile enthält mehr komische Sachen, als wir bisher gesehen haben. Die neue Liste habe ich `myPlayerList` genannt. Beachte die seltsame Syntax mit den spitzen Klammern (< >). Du musst zweimal angeben, welche Art von Liste du erstellst. In Java 7 ist das schon besser geworden, da du auf die Wiederholung auf der rechten Seite verzichten und einfach `List<Player> whatever = newArrayList<>()` schreiben kannst. Merkwürdig ist auch, dass es auf der linken Seite `List` heißt, auf der rechten aber `ArrayList`. Das liegt daran, dass ... nun, dass es eben Java ist. (Also gut, der wirkliche Grund ist, dass `List` das Elternobjekt ist und `ArrayList` ein bestimmtes Kind.) Nun aber weiter.

Mit der zuvor erstellten Liste können wir nun eine Reihe von interessanten Dingen anstellen. Wir können Werte hinzufügen, entfernen und abrufen und prüfen, ob ein Wert vorhanden ist. Betrachte dazu den folgenden Beispielcode:

```
public void listDemo(Player me) {
   List<String> listOfStrings = new ArrayList<String>();    ❶
   listOfStrings.add("This");   ❷
   listOfStrings.add("is");
   listOfStrings.add("a");
   listOfStrings.add("list.");

   String third = listOfStrings.get(2);   ❸
   me.chat("The third element is " + third);

   me.chat("List contains " + listOfStrings.size() + " elements.");   ❹

   listOfStrings.add(3, "fancy");   ❺

   boolean hasIt = listOfStrings.contains("is");   ❻
   me.chat("Does list contain the word 'is'? " + hasIt);

   hasIt = listOfStrings.contains("kerfluffle");
   me.chat("Does the list contain the word 'kerfluffle'? " + hasIt);
   // Gibt alle Werte in der Liste aus
   for(String value : listOfStrings) {
```

```
        me.chat(value);
    }

    listOfStrings.clear();    ❼
    me.chat("Now it's cleared out, size is " + listOfStrings.size());

    hasIt = listOfStrings.contains("is");
    me.chat("List contains the word 'is' now is " + hasIt);
}
```

Listing 7.4: ListPlay/src/listplay/ListPlay.java

Probiere es selbst aus!

Lies den Code und versuche herauszufinden, was er tut.

Ergibt alles für dich Sinn? Gehen wir den Code Schritt für Schritt durch, um zu sehen, was hier vor sich geht.

Bei ❶ wird zunächst mit new eine Liste erstellt, die Strings enthalten soll. So weit, so gut. Beginnend mit ❷ fügen wir dieser Liste nacheinander einige Strings hinzu, wozu wir die `List`-Funktion `add()` verwenden. Da die Liste nun einige Einträge enthält, können wir versuchen, einige Daten daraus zu gewinnen.

Bei ❸ versuchen wir, das dritte Element der Liste abzurufen, indem wir die Indexnummer 2 abfragen. Wie bei normalen Arrays beginnt die Zählung auch hier bei 0. Das dritte Element ist der String `"a"`.

Danach prüfen wir bei ❹ mit der Funktion `size()`, wie viele Elemente die Liste enthält. Die Antwort lautet 4.

Einer der Vorteile einer Arrayliste gegenüber einem Array besteht darin, dass du problemlos Werte hinzufügen und entfernen kannst, und zwar auch in der Mitte der Liste. Das kannst du bei ❺ erkennen, wo wir `add()` verwenden und den Index 3 übergeben. Dadurch wird der neue Wert an der Indexposition 3 eingefügt, und alle weiteren Werte werden nach hinten verschoben.

Du kannst auch nach Belieben Werte entfernen, lesen usw. Egal wie du Werte zu der Liste hinzugefügt oder umsortiert hast, so kannst du doch immer prüfen, ob ein bestimmter Wert vorhanden ist, ohne dass du die gesamte Liste durchgehen musst. Das erledigst du wie bei ❻ mit einem Aufruf von `contains` und dem Wort `"is"`. Ja, der gesuchte Wert ist tatsächlich da. Anschließend probieren wir das mit einem Wert aus, der *nicht* vorhanden ist. Tatsächlich gibt die Funktion `contains` für `"kerfluffle"` den Wert `false` zurück.

Wie du mithilfe der Funktion `get` einen einzelnen Wert anhand seiner Indexnummer abrufen kannst, hast du schon gesehen. Was aber tust du, wenn du die gesamte Liste einen Eintrag nach dem anderen durchgehen willst?

Du könntest hier wie beim Array eine `for`-Schleife verwenden, aber das ist altmodisch, hässlich und fehleranfällig.

Stattdessen verwendest du ein `for-each`-Konstrukt. Die Anweisung `for(String value : listOfStrings)` funktioniert wie eine `for`-Schleife, die über die Sammlung `listOfStrings` iteriert[2]. Im Rumpf der Schleife wird die Variable `value` auf die einzelnen Einträge gesetzt, die jeweils durchlaufen werden. Das haben wir zum ersten Mal in `SkyCmd` gesehen.

Puh, das waren eine Menge Erklärungen für so wenige, kurze Codezeilen. Aber Arraylisten stellen eine leistungsfähige Möglichkeit dar, die wir in Kürze in einem Plugin einsetzen werden.

Bleibt noch die Frage, was geschieht, wenn wir die Liste bei ❼ vollständig leeren. Nun, nichts Interessantes: Sie ist jetzt leer.

Plugin: ArrayAddMoreBlocks

Spielen wir nun ein bisschen mit dem Gelernten herum. Dazu verwenden wir das Plugin `ArrayOfBlocks` als Ausgangspunkt, verwenden statt des Arrays aber eine Arrayliste. Unser neues Plugin nennen wir `ArrayAddMoreBlocks`.

Da wir die Arrayliste auf einfache Weise ergänzen können, machen wir sie statisch:

```
public static List<BlockType> towerMaterials = new ArrayList<BlockType>();
```

Dank der wunderbaren Möglichkeiten von Arraylisten können wir nun bei jedem Aufruf von `/arrayaddmorblocks` weitere Blöcke zu dem neuen Turm hinzufügen:

```
public void buildTower(Player me) {

   // towerLoc und towerBase sind ebenfalls globale Variablen (static)

   // schau dir den Code an, um das genau zu verstehen
   if (towerLoc == null) {
      towerLoc = new Location(me.getLocation());   ❶
      towerLoc.setX(towerLoc.getX() + 2); // Nicht genau über dem Spieler
      towerBase = new Location(towerLoc);   ❷
   }

   towerMaterials.add(BlockType.Glass);
```

2 »Iterieren« ist das schrittweise Durchlaufen einer Liste/eines Arrays, bei dem jeder einzelne Wert behandelt wird.

```
    towerMaterials.add(BlockType.Stone);
    towerMaterials.add(BlockType.OakWood);

    for (BlockType material : towerMaterials) {
       logger.info("Building block at " + printLoc(towerLoc));
       setBlockAt(towerLoc, material);
       towerLoc.setY(towerLoc.getY() + 1); // Geht jedes Mal eins nach oben
    }
}
```

Listing 7.5: ArrayAddMoreBlocks/src/arrayaddmoreblocks/ArrayAddMoreBlocks.java

Um die Liste zurückzusetzen, kannst du die Funktion `clear()` verwenden. Dazu habe ich einen eigenen Befehl bereitgestellt:

```
public void clearTower() {
   if (towerLoc == null) {
      return;
   }
   while (towerBase.getY() < towerLoc.getY()) {
      setBlockAt(towerBase, BlockType.Air);
      logger.info("Clearing block at " + printLoc(towerBase));
      towerBase.setY(towerBase.getY() + 1); // Geht jedes Mal eins nach oben
   }
   towerLoc = null; // Zurücksetzen für den nächsten Turm
   towerBase = null;
   towerMaterials.clear();
}
```

Listing 7.6: ArrayAddMoreBlocks/src/arrayaddmoreblocks/ArrayAddMoreBlocks.java

Noch eine letzte Bemerkung zu Variablen: Bei ❶ und ❷ habe ich die neuen Variablen mit new erstellt, z. B. als `towerBase = new Location(towerLoc)`, anstatt sie nur mit `towerBase = towerLoc` zuzuweisen. Was ist deiner Meinung nach der Grund dafür?

Wenn du eine neue Variable mit new erstellst, befindet sich die eigentliche Variable irgendwo im Arbeitsspeicher, während der von dir angegebene Name nur ein Name ist. Hätte ich `towerBase = towerLoc` geschrieben, so hätte es nur ein `Location`-Objekt mit zwei verschiedenen Namen gegeben, aber keine zwei getrennten Variablen. Durch die Verwendung von `towerBase = new Location(towerLoc)` habe ich eine komplett neue Variable namens `towerBase` erstellt, die die Werte von `towerLoc` kopiert.

Wenn du vorhast, den Wert einer Variable auszutauschen, das Original dabei aber nicht verändern willst, musst du eine Kopie anlegen.

Das vollständige Plugin findest du in `code/ArrayAddMoreBlocks`. Erstelle den Build, halte den Server an, starte ihn neu und probiere das Plugin aus, indem du einige Türme aufstapelst und wieder entfernst. Manchmal wirst du dich umdrehen und in eine andere Richtung blicken müssen, um den Turm sehen zu können.

Probiere es selbst aus!

Ändere jetzt den Code, um einige neue Baumaterialien hinzuzufügen. Versuche auch, den Turm nur aus einem einzigen Material aufzubauen, z. B. aus Erde. Du kannst auch eine hübsche Mischung aus Erde und Gras ausprobieren – ganz wie es dir beliebt.

Weiter geht's!

In diesem Kapitel hast du den Unterschied zwischen lokalen und globalen Variablen kennengelernt. Du kannst jetzt einfache Arrays und die flexibleren Arraylisten verwenden, um Datenmengen zu speichern, und sie mit dem Iterator `for-each` durchlaufen.

Arrays sind großartig, wenn du nicht vorhast, sie mit Objekten zu füllen. Möchtest du diese Objekte, z. B. Spieler, aber nach ihrem Namen abrufen, brauchst du etwas, das ein bisschen anspruchsvoller ist.

Im nächsten Kapitel sehen wir uns an, wie du Hashmaps verwendest, um Daten nach ihrem Namen zu speichern (oder nach ihrer Position oder nach welcher Eigenschaft auch immer).

Der Inhalt deines Werkzeugkastens

Dein Werkzeugkasten ist jetzt zu 44 % gefüllt. Du kannst nun Folgendes tun:

- die Kommandozeilenshell nutzen
- Programme mit Java und `javac` erstellen
- einen Minecraft-Server ausführen
- ein Plugin bereitstellen
- Verbindung zu einem lokalen Server aufnehmen
- Java-Variablen für Zahlen und Strings verwenden
- Java-Funktionen verwenden
- `if`-, `for`- und `while`-Anweisungen verwenden
- Java-Objekte verwenden
- Java-Pakete importieren
- Objekte mit `new` erstellen
- Plugins Befehle hinzufügen
- mit `Location`-Objekten arbeiten
- Blöcke und Entitäten finden
- lokale Variablen verwenden
- globale Variablen auf Klassenebene verwenden
- Arraylisten verwenden

Kapitel 8

Stapelweise Variablen: Hashmaps

Dein Werkzeugkasten

In diesem Kapitel lernen wir einige anspruchsvollere Möglichkeiten für Datenmengen und Plugin-Strukturen kennen und fügen unserem Werkzeugkasten folgende Fähigkeiten hinzu:

- Datenmengen als Hashes aufbewahren
- `private` verwenden, um private Daten zu verbergen, und `public` für Daten einsetzen, die andere Dinge und Personen sehen und verwenden können sollen

Hashmaps verwenden

Hashmap (oder `HashMap`, wie der Typ heißt) ist eine komische Bezeichnung. »Hash« beschreibt den internen Mechanismus, und »map« bedeutet hier so viel wie »Zuordnung«: In einer Hashmap werden Schlüssel und Werte einander zugeordnet, wobei alles Mögliche als Schlüssel oder Wert dienen kann.

In anderen Sprachen werden diese Gebilde auch *Dictionaries* (»Wörterbücher«) oder *assoziative Arrays* genannt oder als eine Art *assoziativer Speicher* bezeichnet. All diese Wörter bedeuten das Gleiche. In einfachen Arrays, wie wir sie bis jetzt kennengelernt haben, verwendest du Integerzahlen als Index. In einer Hashmap jedoch können alle Arten von Objekten als Schlüssel dienen, vor allem Strings (siehe Abbildung 8.1).

In unseren Plugins werden wir ausführlich Gebrauch von Hashmaps machen. Sie bieten eine großartige Gelegenheit, um Informationen über Spieler, über gespawnte Kühe und alles andere festzuhalten, über das du dich immer auf dem Laufenden halten willst. Das funktioniert zwar ähnlich wie bei einem Array, wird aber auf ganz andere Weise eingesetzt. Wie du weißt, verwendest du einen Index wie folgt, um die Werte in einem Array festzulegen und abzurufen:

```
myList[9] = "Andy";
String who = myList[9];
```

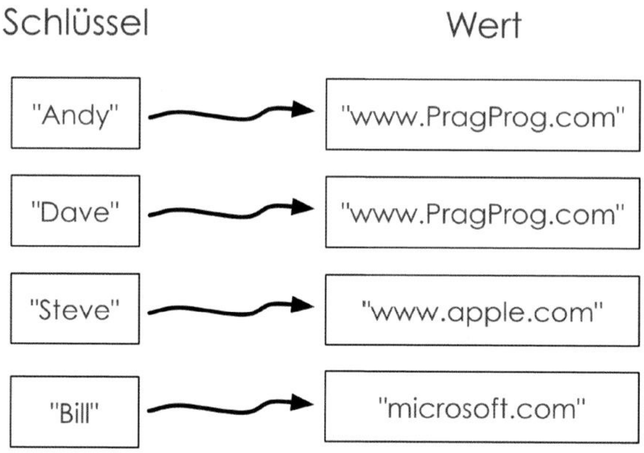

Abbildung 8.1: Eine Hashmap

Diese Art der Zuweisung und die Schreibweise mit eckigen Klammern kannst du bei einer Hashmap jedoch nicht verwenden. Stattdessen nutzt du die Funktionen `put` und `get` der Map. Der Vorteil besteht darin, dass du jetzt alles Mögliche als Schlüssel verwenden kannst. Meistens nimmst du dazu einen String. Nehmen wir also an, du hast eine Hashmap mit dem einfallsreichen Namen `myHash`:

```
myHash.put("Andy", "www.PragProg.com");
// Entspricht myHash["Andy"] = "www.PragProg.com";

String myUrl = myHash.get("Andy");
// Entspricht myUrl = myHash["Andy"];
```

Damit hat `myUrl` jetzt den Wert `"www.PragProg.com"`.

Hashmaps bieten eine großartige Möglichkeit, um große Mengen an Daten zu speichern, die ähnlich wie in einem Wörterbuch durch einen String indiziert sind. In einer Hashmap kannst du auch benannte Eigenschaften eines Objekts festhalten. Das Schöne daran ist, dass die Eigenschaftsnamen einfach nur Strings sind. Du kannst Eigenschaften hinzufügen und löschen, während das Plugin ausgeführt wird. Mit hartkodierten Funktions- und Variablennamen ist das nur schwer möglich.[1]

Spielen wir nun in dem folgenden kurzen, eigenständigen Programm ein wenig mit Hashmaps herum. Nehmen wir an, du willst ein Plugin schreiben, das einen *Hunger-Games*-artigen Wettbewerb einrichtet. Den Punktestand jedes Spielers kannst du wie folgt mit einer Hashmap verfolgen:

---

1 »Hartkodiert« ist Programmierersprech und bedeutet: »Im Quelltext der Datei festgelegt, z. B. `int i = 5;`.«

```
HashMap<String, Integer> currentScores = new HashMap<String, Integer>();  ❶

public static void addToScore(HashMap<String, Integer> allScores,
                              String playerName,
                              int amount) {  ❷
   int score = allScores.get(playerName);  ❸
   score += amount;  ❹
   allScores.put(playerName, score);  ❺
}
```

Listing 8.1: HashPlay/src/hashplay/HashPlay.java

Das kannst du nun wie folgt verwenden:

```
currentScores.put("Andy", 1001);
currentScores.put("Bob", 20);
currentScores.put("Carol", 50);
currentScores.put("Alice", 896);
addToScore(currentScores, "Bob", 500);
me.chat("Bob's score is " + currentScores.get("Bob"));
```

Listing 8.2: HashPlay/src/hashplay/HashPlay.java

Kompiliere das als Plugin und führe es aus. Dabei erhältst du die erwartete Antwort 520 für Bob. Sehen wir uns den Code im Einzelnen an:

Bei ❶ wird mit `new()` eine neue Hashmap erstellt. Da sie wissen muss, was wir als Schlüssel und als Wert verwenden, übergeben wir die Typnamen in spitzen Klammern – wie bei einer Arrayliste, wobei wir hier jedoch zwei Typen angeben, nämlich einen für den Schlüssel (`String`) und einen für den Wert (`Integer`).[2]

Da wir nun die neue Hashmap `currentScores` zur Hand haben, könnten wir sie durchlaufen und einige Testeinträge erstellen, die aus Spielernamen und den zugehörigen Punktzahlen bestehen. Hier wollen wir es jedoch etwas anders machen.

Wir erstellen eine neue Hilfsfunktion, die den Punktestand eines Spielers erhöht. Das kannst du ab ❷ sehen. Dies ist eine einfache Funktion, die nur drei Dinge tut, aber du solltest dir das Schreiben solcher Hilfsfunktionen angewöhnen. Wenn du eine Abfolge von Schritten mehrmals erledigen möchtest, solltest du sie nicht kopieren, sondern in eine Funktion auslagern, die du immer dann aufrufst, wenn du sie brauchst.

---

2 Warum `Integer` und nicht `int`? Weil es Java ist. Bei der Verwendung von Sammlungen wie `HashMap` und `ArrayList` musst du die primitiven Datentypen (`int`, `float`) anhand ihrer Klassennamen ansprechen, also `Integer` und `Float`. Die Konvertierung von `Integer` in `int` usw. erfolgt auf magische Weise durch einen Vorgang, der *Autoboxing* genannt wird. Schreibe einfach die vollständigen Namen mit den großen Anfangsbuchstaben in die spitzen Klammern, und alles wird gut.

Wir deklarieren die Funktion `addToScore()` so, dass sie drei Argumente übernimmt: die Hashmap mit allen Punkteständen, den String mit dem Namen des Spielers und den Integerwert, um den wir den Punktestand erhöhen wollen. Mit diesen Daten erledigen wir die folgenden drei Schritte:

1. Wir rufen den aktuellen Punktestand des Spielers ab, dessen Name in `playerName` angegeben ist (bei ❸).
2. Wir erhöhen den Punktstand um den als `amount` übergebenen Wert (bei ❹).
3. Wir speichern den inkrementierten Punktestand in der Hashmap (bei ❺).

Beachte, dass diese Funktion keinen Wert zurückgibt, da sie ebenso wie `main` als `void` deklariert ist. Stattdessen ändern wir die übergebene Hashmap, in diesem Fall die globale Map `currentScores`.

In der Regel wirst du allerdings Funktionen schreiben, die einen sinnvollen Wert zurückgeben. Die folgende kurze, triviale Funktion addiert beispielsweise 10 zu jeder Zahl, die ihr übergeben wird:

```
public static int addTen(int originalNumber) {
   int newNumber = originalNumber + 10;
   return newNumber;
}
```

Der Unterschied besteht darin, dass wir in der Deklaration statt `void` den Typ angegeben haben, den der zurückgegebene Wert haben soll (hier `int`). Außerdem haben wir das Schlüsselwort `return` verwendet, um den gewünschten Wert an den Aufrufer zurückzugeben. Normalerweise sollte der Aufruf von `return` als Letztes in der Funktion stehen, da er nicht nur den zurückzugebenden Wert nennt, sondern ihn auch sofort zurückgibt. Code, der in der Methode hinter `return` steht, wird nicht mehr ausgeführt.

Probiere es selbst aus!

Ändere `HashPlay.java` so, dass die Punktestände nicht unter 0 sinken und nicht über 1000 hinausgehen können. Verwende eine Hilfsfunktion, um die Werte auf den Bereich von 0 bis 1000 zu beschränken.

Meine Lösung findest du in `HashPlayClamp/src/hashplay/HashPlay.java`. Dort kannst du auch einen weiteren raffinierten Trick sehen: Die Hilfsfunktion habe ich nicht als `public`, sondern als `private` deklariert. Was bedeutet das?

Öffentlich oder privat?

Für statische Variablen und bei der Definition von Funktionen und Plugins haben wir bis jetzt immer das Java-Schlüssselwort `public` verwendet. Damit weisen wir Java an, dass das, was wir definieren, öffentlich zugänglich sein soll. Unser gesamter Plugin-Code kann es also verwenden, und auch jedes andere Plugin im System (ähnlich wie bei der Verwendung von `logger`).

Es gibt jedoch eine andere Möglichkeit: Du kannst Funktionen, Variablen und sogar Hilfsobjekte anlegen, die nichts und niemand sonst sehen kann. Statt als `public` deklarierst du sie als `private`.

Bei der Programmierung gibt es eine einfache Regel: Mache private Dinge nicht öffentlich.

Stack und Heap

Vielleicht ist dir aufgefallen, dass wir einer Variable manchmal gleich beim Erstellen einen Wert zuweisen, wie in `int a = 25`, und in anderen Fällen ein Objekt mit dem Schlüsselwort `new` erstellen, z. B. ein Plugin.

Diese beiden Arten von Objekten werden unterschiedlich gespeichert. Zwischenwerte, also Werte, die du nur für kurze Zeit, z. B. in einer Funktion, brauchst (wie Integer oder Fließkommazahlen), werden auf einem Stapelspeicher festgehalten. Diesen Stapel (oder Stack) kannst du dir wie einen Stapel Pfannkuchen vorstellen: Bei jedem neuen Funktionsaufruf wird ein neuer Pfannkuchen auf den Stapel geworfen, und wenn die Funktion abgeschlossen wird, wird ihr »Pfannkuchen« weggeworfen, und all ihre lokalen Variablen verschwinden. Danach liegt dann also der vorherige obenauf. Objekte, die du mit `new` erstellst, werden dagegen in einem großen Haufen im Arbeitsspeicher angelegt, den wir als *Heap* bezeichnen. Sie können auch dann erhalten bleiben, wenn die Funktion abgeschlossen ist – falls es das ist, was du willst (wie etwa bei einem Plugin).

Du musst dazu nur irgendwo eine Variable haben, die weiterhin auf das Objekt zeigt. Diese Variable kann lokal oder global sein und auch übergeben werden. Java verfolgt, wie viele verschiedene Variablen auf das mit `new` erstellte Objekt verweisen. Sobald keine mehr auf das Objekt zeigt, wird es in den Papierkorb geworfen. Wenn das System die Zeit für gekommen hält, leert es den Papierkorb, woraufhin das Objekt endgültig verschwindet. (Bei Java wird hier von »Garbage Collection« (Müllabfuhr) gesprochen.) Wie ich bereits am Ende des letzten Kapitels gesagt habe, musst du dabei aufpassen: Eine Zuweisung führt zu einem weiteren Verweis auf dasselbe Objekt, wogegen du mit `new` eine neue Kopie eines Objekts anlegst.

Wenn du also eine Funktion oder irgendetwas anderes nutzt, das *nur du* verwenden sollst, dann musst du es als privat kennzeichnen, damit nichts und niemand sonst von außen darauf zugreifen kann. Warum ist das wichtig?

Nehmen wir an, du hast irgendwo in deinem Plugin eine Funktion, die einen Spieler als Super-Duper-Über-Zauberer kennzeichnet. Kein anderes Plugin sollte in der Lage sein, diese Funktion für einen Spieler seiner Wahl aufzurufen. Normalerweise deklarierst du eine Funktion in einem Plugin wie folgt:

```
public class WizardingWorld extends EZPlugin {
    ...
    public void makeSuperUberHighWizard(Player p) {
        ...
    }
    // Jedes andere Plugin kann WizardingWorld.makeSuperUberHighWizard()
    // aufrufen
}
```

Stattdessen kannst du die Funktion jedoch auch `private` machen:

```
public class WizardingWorld extends EZPlugin {
    ...
    private void makeSuperUberHighWizard(Player p) {
        ...
    }
    // Nur die hier vorhandenen Funktionen können
    // WizardingWorld.makeSuperUberHighWizard() aufrufen
}
```

Allgemein gesagt: Wenn du eine Funktion erstellst, die intern in einem Plugin verwendet und nicht von anderen Plugins direkt aufgerufen werden soll, solltest du sie als `private` deklarieren. Die Variablen, die du verwendest, sollten fast immer privat sein.

Sollen andere Plugins die Funktion sehen und verwenden können, mache sie `public`.

Sehen wir uns nun an, wie wir unsere Hilfsfunktionen `private` gestalten.

Plugin: NamedSigns

Wir wollen das Gelernte jetzt in einem Plugin kombinieren, das Hilfsfunktionen (mit und ohne Rückgabewert), private Funktionen und Variablen, elementaren Arrayzugriff und eine Hashmap zur Speicherung von Namen und Positionen umfasst.

Mit diesem Plugin kannst du in dem Spiel Schilder erstellen und benennen. Anschließend kannst du die Schilder nach Namen aufrufen und beschriften. Beispielsweise kann ich mit den folgenden Befehlen im Chat-Fenster die beiden Schilder one und two anlegen:

```
/signs new one
/signs new two
/signs set one Hello!
/signs set two Goodbye!
```

Das Ergebnis sieht wie folgt aus:

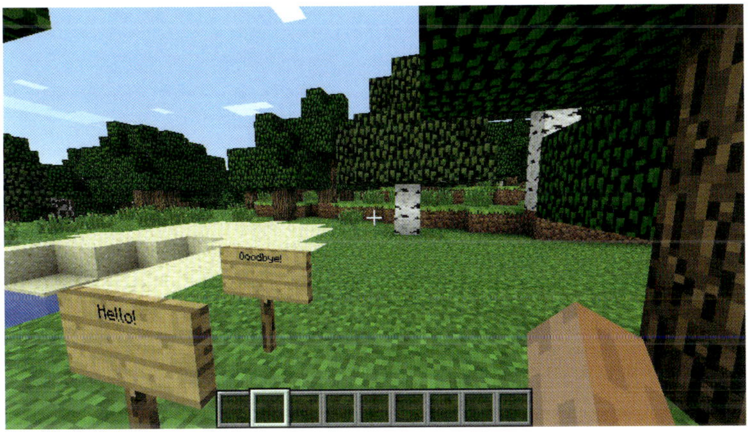

Anschließend kann ich die Beschriftung der Schilder nach Belieben ändern, indem ich einfach erneut den Befehl `signs set` gebe:

```
/signs set two Adios!
```

Sehen wir uns als Erstes das gesamte Plugin an. Anschließend kümmern wir uns um die interessanten Einzelheiten.

```
package namedsigns;

import java.util.HashMap;
import java.util.Iterator;
import java.util.Map;
import net.canarymod.plugin.Plugin;
import net.canarymod.logger.Logman;
import net.canarymod.Canary;
import net.canarymod.commandsys.*;
import net.canarymod.chat.MessageReceiver;
import net.canarymod.api.entity.living.humanoid.Player;
import net.canarymod.api.world.World;
import net.canarymod.api.world.position.Location;
import net.canarymod.api.world.blocks.Block;
import net.canarymod.api.world.blocks.BlockType;
import net.canarymod.api.world.blocks.Sign;
import com.pragprog.ahmine.ez.EZPlugin;
```

```
public class NamedSigns extends EZPlugin {
   private static HashMap<String,Location> signs = new
      HashMap<String,Location>(); ❶

   private void usage(Player me) { ❷
      me.chat("Usage: signs new name");
      me.chat("       signs set name message");
   }

   private void parseArgs(Player me, String [] args) {
      if (args.length < 3) { ❸
         usage(me);
         return;
      }
      if (args[1].equalsIgnoreCase("new")) {
         makeNewSign(me, args);
      }
      if (args[1].equalsIgnoreCase("set")) {
         if (args.length < 4) { ❹
            usage(me);
            return;
         }
         setSign(me, args);
      }
   }

   // signs new sign_name
   private void makeNewSign(Player me, String [] args) { ❺
      Location loc = me.getLocation();
      loc.setX(loc.getX() + 1); // Nicht genau über dem Spieler
      int y = loc.getWorld().getHighestBlockAt((int)loc.getX(),(int)loc.getZ());
      loc.setY(y);
      signs.put(args[2], loc);
      setBlockAt(loc, BlockType.SignPost);
   }

   // signs set sign_name line1
   private void setSign(Player me, String [] args) { ❻
      String name = args[2];
      String msg = args[3];
      if (!signs.containsKey(name)) {
         // Es gibt kein Schild dieses Namens
         me.chat("No sign named " + name);
         return;
      }
      Location loc = signs.get(name);
      World world = loc.getWorld();
      Sign sign = (Sign)world.getTileEntity(world.getBlockAt(loc)); ❼
      sign.setTextOnLine(msg, 0);
```

```
      sign.update();
   }

   @Command(aliases = { "signs" },
            description = "Create and name signposts",
            permissions = { "" },
            toolTip = "/signs new name, or /signs set name message")
   public void signsCommand(MessageReceiver caller, String[] args) {
      if (caller instanceof Player) {
         Player me = (Player)caller;
         parseArgs(me, args);
      }
   }
}
```

Listing 8.3: NamedSigns/src/namedsigns/NamedSigns.java

Das ist zwar eine Menge Code, aber er besteht nur aus einer Reihe einfacher Teile und aus Dingen, die wir schon kennen. Die wichtigsten Teile sind:

- eine private statische Hashmap bei ❶
- eine private Hilfsfunktion, die nichts zurückgibt (`void`), bei ❷. Diese Funktion gibt Nutzungshinweise für den Spieler aus. Wir rufen sie auf, wenn wir festgestellt haben, dass der Spieler den Befehl nicht richtig eingegeben hat.
- eine private Hilfsfunktion bei ❺. Sie erstellt neue Schilder.
- eine private Hilfsfunktion bei ❻. Sie ändert den Namen bestehender Schilder.
- eine Längenprüfung des Arrays `args` bei ❸ und ❹. Da es sein kann, dass der Benutzer nicht genügend Wörter eingegeben hat, müssen wir prüfen, ob die Länge ausreicht, und anderenfalls eine Fehlermeldung ausgeben.
- ein kleines bisschen Magie bei ❼. Auf diese Weise wird laut Canary-Dokumentation ein `Sign`-Objekt von einem Block abgerufen.

Das ist das Wichtigste in Kürze. Gehen wir nun die einzelnen Teile ausführlicher durch.

Die Hashmap »signs«

Als Erstes richten wir die Hashmap `signs` ein, die die Positionen (`Locations`) nach Namen (`Strings`) speichert. Wenn wir ein neues Schild erstellen, legen wir seine Position in der Hashmap ab, wobei wir den vom Benutzer übergebenen Namen verwenden. Um den Text auf einem Schild festzulegen, rufen wir über diesen Namen die Position des Schildes wieder aus der Hashmap ab.

Die Funktion »parseArgs«

Da wir eine Reihe von Dingen überprüfen müssen, wenn der Benutzer einen Befehl eingibt, habe ich all dies in eine eigene Funktion ausgelagert, anstatt es direkt in `signsCommand` zu erledigen.

Beachte, dass wir hier einen Parameter der Befehlsfunktion nutzen, den wir noch nie zuvor verwendet haben, nämlich `String[]args`. Dabei handelt es sich um alle Argumente, die der Spieler im Chat-Fenster für diesen Befehl eingibt. Nehmen wir an, wir geben einfach Folgendes ein:

```
/signs
```

Dies wird im Array `args` als `args[0]` an die Funktion `signsCommand` übergeben. `args` hat dann die Länge 1. Anders ist es, wenn wir Folgendes eingeben:

```
/signs set one Hello!
```

Jetzt ist `args[0]` zwar immer noch `"signs"`, `args[1]` jedoch ist `"set"`, `args[2]` ist `"one"` und `args[3]` ist `"Hello!"`.

Wir wissen, dass wir im Array `args` mindestens drei Werte brauchen, nämlich entweder `"signs new name"` oder `"signs set name irgendetwas"`.

Bei Arrays musst du prüfen, ob sie lang genug sind, da du sonst eine umfangreiche Fehlermeldung vom Server erhältst:

```
Caused by: java.lang.ArrayIndexOutOfBoundsException: 1
at namedsigns.NamedSigns.makeSign(NamedSigns.java:26)
at namedsigns.NamedSigns.signsCommand(NamedSigns.java:47)
... 15 more
```

Die Länge des Argumentarrays prüfen wir hier selbst. Wir könnten aber auch `"min == 3"` in der Annotation `@Command` festlegen. Dadurch sendet das System dem Spieler zusammen mit unserem `toolTip` eine Hilfemeldung, wenn nicht mindestens drei Argumente vorliegen.

Da wir wissen, dass wir *mindestens* drei Werte im Array `args` haben, mit denen wir arbeiten können, prüfen wir nun, was der Spieler tatsächlich eingegeben hat.

Der Befehl »/signs new«

Der Code für den new-Befehl sieht wie folgt aus:

```
// signs new sign_name
private void makeNewSign(Player me, String [] args) {
   Location loc = me.getLocation();
   loc.setX(loc.getX() + 1); // Not right on top of player
   int y = loc.getWorld().getHighestBlockAt((int)loc.getX(),(int)loc.getZ());
```

```
    loc.setY(y);
    signs.put(args[2], loc);
    setBlockAt(loc, BlockType.SignPost);
}
```

Listing 8.4: NamedSigns/src/namedsigns/NamedSigns.java

Als Erstes schnappen wir uns einen Block neben (nicht über!) dem Spieler (`getX() + 1`), und zwar den höchstgelegenen Block an dieser Position (`getHighestBlockAt()`). Damit vermeiden wir es, unser Schild unter Wasser, im Grundgestein oder an anderen unzugänglichen Stellen aufzustellen.

Danach speichern wir die Position des Blocks in der Hashmap, wobei wir den in `args[2]` vom Spieler übergebenen Namen verwenden.

Als Letztes setzen wir den Blocktyp auf `BlockType.SignPost`, um daraus ein Schild zu machen.

Der Befehl »/signs set«

Hier siehst du noch einmal den Code für den `set`-Befehl:

```
// signs set sign_name line1
private void setSign(Player me, String [] args) {
    String name = args[2];
    String msg = args[3];
    if (!signs.containsKey(name)) {
        // Es gibt kein Schild dieses Namens
        me.chat("No sign named " + name);
        return;
    }
    Location loc = signs.get(name);
    World world = loc.getWorld();
    Sign sign = (Sign)world.getTileEntity(world.getBlockAt(loc));
    sign.setTextOnLine(msg, 0);
    sign.update();
}
```

Listing 8.5: NamedSigns/src/namedsigns/NamedSigns.java

Wie du siehst, setzen wir hier zwei lokale Variablen, nämlich `name` und `msg`, auf `args[2]` bzw. `args[3]`. Warum die Mühe? Ist das nicht das Gleiche? Ja, das ist es schon, aber es ist viel einfacher, `name` zu lesen anstatt `args[2]` und sich zu merken, dass 2 für den Namen steht und 3 für die Beschriftung.

Als Nächstes prüfen wir, ob es für den Namen einen Eintrag in der Hashmap gibt. Wenn nicht, geben wir eine entsprechende Meldung an den Spieler aus. Anderenfalls können wir die Position des Schildblocks gefahrlos aufsuchen.

Was darauf folgt, ist wieder ein bisschen schwarze Magie. Wir können den Block an der richtigen Position abrufen, aber es ist immer noch ein Block, nämlich einer vom Typ `net.canarymod.api.world.blocks.Block`. Ein solcher `Block` weiß aber nichts von den Funktionen eines Schildes (`Sign`). Ein `Sign` ist eine besondere Art `Block`, weshalb wir Java davon überzeugen müssen, daraus ein `net.canarymod.api.world.blocks.Sign` zu machen.

Laut Canary-Dokumentation können wir `world.getTileEntity()` für den Block aufrufen und ihn dann mit dem Konvertierungsoperator (`Sign`) davon überzeugen, dass er ein Schild ist. Mit der Variable `sign` können wir dann die beiden benötigten `Sign`-Funktionen `setTextOnLine()` und `update()` aufrufen.

`setTextOnLine()` gibt auf dem Schild einen Text am gegebenen Index aus (hier 0). `update()` sorgt dafür, dass das Schild im Client neu gezeichnet wird, damit die neue Beschriftung sichtbar wird.

Der Code sieht zwar sehr umfangreich aus, aber wenn du dir die einzelnen Teile einen nach dem anderen ansiehst, ist er gar nicht so schwer. Ich lasse dich jetzt sogar selbstständig Änderungen daran vornehmen.

Probiere es selbst aus!

Zurzeit kann das Plugin nur eine Zeile Text auf einem Schild ausgeben, es stehen allerdings vier zur Verfügung. Ändere das Plugin so ab, dass alle weiteren Wörter, die der Benutzer eingibt, an `sign.setTextOnLine()` übergeben werden. Denke daran, dass die vier Zeilen von 0 bis 3 nummeriert sind. Da wir `setTextonLine(msg, 0)` schon haben, musst du noch die anderen Zeilen hinzufügen, wenn `args` lang genug ist.

Weiter geht's!

In diesem Kapitel hast du gesehen, wie du Hashmaps verwendest, um wichtige Spieldaten nach dem Namen (oder nach einem anderen Objekt) zu speichern. Außerdem kannst du Funktionen jetzt öffentlich oder privat machen, damit andere Plugins darauf zugreifen dürfen oder nicht.

Im nächsten Kapitel werden wir nicht nur einfach auf Benutzerbefehle reagieren, sondern gehen darüber hinaus. Du lernst, wie du auf den Minecraft-Server lauschst und auf Spielereignisse reagierst. Außerdem wirst du einige eigene Ereignisse erstellen.

Der Inhalt deines Werkzeugkastens

Dein Werkzeugkasten ist jetzt zu 50 % gefüllt. Du kannst nun Folgendes tun:

- die Kommandozeilenshell nutzen
- Programme mit Java und `javac` erstellen
- einen Minecraft-Server ausführen
- ein Plugin bereitstellen
- Verbindung zu einem lokalen Server aufnehmen
- Java-Variablen für Zahlen und Strings verwenden
- Java-Funktionen verwenden
- `if`-, `for`- und `while`-Anweisungen verwenden
- Java-Objekte verwenden
- Java-Pakete importieren
- Objekte mit `new` erstellen
- Plugins Befehle hinzufügen
- mit `Location`-Objekten arbeiten
- Blöcke und Entitäten finden
- lokale Variablen verwenden
- globale Variablen auf Klassenebene verwenden
- Arraylisten verwenden
- Hashmaps verwenden
- die Schlüsselwörter `private` und `public` verwenden, um die Sichtbarkeit zu steuern

Kapitel 9

Ändern, spawnen und lauschen in Minecraft

Dein Werkzeugkasten

In diesem Kapitel fügen wir unserem Werkzeugkasten folgende Fähigkeiten hinzu:

- Blöcke in der Welt ändern
- neue Entitäten bearbeiten und spawnen
- auf Spielereignisse lauschen und reagieren
- Plugin-Berechtigungen verwalten

Jetzt wird es spannend! Du hast jetzt die grundlegenden Werkzeuge beisammen und kannst damit beginnen, die Welt zu ändern und auf Ereignisse im Spiel zu reagieren.

Wir gehen jetzt darüber hinaus, einfache Befehle zu geben und Tintenfischbomben zu werfen, und sehen uns anspruchsvollere Dinge an, die du in Minecraft tun kannst. Am Ende dieses Kapitels kannst du das Verhalten des Spiels ändern, ohne dafür noch Befehle geben zu müssen.

Alles, was du dazu tun musst, ist zu lauschen. Wie das geht, erfährst du, wenn du etwas über Minecraft-Ereignisse lernst. Wir lauschen auf Ereignisse, reagieren darauf und planen sogar eigene Ereignisse, um diese irgendwann in der Zukunft auszulösen.

Über den Plugin-Code kannst du vorhandene Blöcke und Entitäten ändern und neue spawnen. Wir sehen uns genau an, wie du folgende Aufgaben erledigst:

- vorhandene Blöcke ändern: Dabei änderst du Aspekte wie die Position, die Eigenschaften und den Inhalt
- vorhandene Entitäten ändern: Dabei änderst du die Eigenschaften eines Spielers
- neue Entitäten und Blöcke spawnen

Einiges davon haben wir schon getan: Wir haben die Position eines Spielers geändert und mehr als nur ein paar Tintenfische gespawnt. Sehen wir uns nun an, was du mit den grundlegenden Elementen der Minecraft-World noch alles anstellen kannst. Anschließend kümmern wir uns darum, wie du auf Ereignisse im Spiel reagierst, die sich auf diese Elemente auswirken, und wie du eigene Ereignisse erstellst.

Blöcke ändern

Das Grundrezept für ein Blockobjekt in Minecraft ist in der Canary-Dokumentation unter `net.canarymod.api.world.blocks.Block` aufgelistet.[1]

Es gibt viele interessante Funktionen in `Block`-Objekten, die wir hier aber nicht alle behandeln. Besonders nützlich und interessant sind jedoch die folgenden Dinge, die du mit einem Block anstellen kannst:

- `getLocation()` gibt die Position des Blocks zurück. An jeder Position der Welt kann es immer nur einen Block auf einmal geben, und an jeder Position ist auch jederzeit ein Block vorhanden, auch wenn er nur aus Luft besteht.
- `getType()` gibt den Typ des Materials zurück, aus dem der Block besteht (`BlockType`).
- `rightClick(Player player)` simuliert einen Rechtsklick auf den Block. Das ist praktisch, um Änderungen an Blöcken (wie die Betätigung von Hebeln, Knöpfen und Türen) zu erzwingen.

Spielen wir nun mit einigen Minecraft-Blöcken.

Plugin: Stuck

Das hier vorgestellte Plugin (die vollständige Version findest du in `/code/Stuck`) schließt einen Spieler in massiven Fels ein. Wenn du den Befehl `stuck` und den Namen eines Spielers eingibst, wird der genannte Spieler plötzlich rundum von Blöcken umgeben. (Wenn du allein auf dem Server bist, hast du möglicherweise den sehr einfallsreichen Spielernamen `player`.)

Wir sehen uns zunächst die Einzelteile des Plugins an und dann das Gesamtbild.

Alle interessanten Teile befinden sich in einer separaten Hilfsfunktion namens `stuck`. Der Hauptteil des Plugins sollte dir inzwischen vertraut vorkommen:

---

1 *https://ci.visualillusionsent.net/job/CanaryLib/javadoc*

```
package stuck;

import net.canarymod.plugin.Plugin;
import net.canarymod.logger.Logman;
import net.canarymod.Canary;
import net.canarymod.commandsys.*;
import net.canarymod.chat.MessageReceiver;
import net.canarymod.api.entity.living.humanoid.Player;
import net.canarymod.api.world.position.Location;
import net.canarymod.api.world.blocks.Block;
import net.canarymod.api.world.blocks.BlockType;
import com.pragprog.ahmine.ez.EZPlugin;

public class Stuck extends EZPlugin {

   @Command(aliases = { "stuck" },
            description = "Trap a player in cage of blocks",
            permissions = { "" },
            min = 2,
            toolTip = "/stuck name")
   public void stuckCommand(MessageReceiver caller, String[] args) {
      Player victim = Canary.getServer().getPlayer(args[1]);
      if (victim != null) {
         stuck(victim);
      }
   }
```

Listing 9.1: Stuck/src/stuck/Stuck.java

In `@Command` legen wir die Mindestanzahl der Argumente auf 2 fest, sodass sich das System automatisch darum kümmert und wir keinen eigenen Code schreiben müssen, um dies zu prüfen. In `stuckCommand` selbst versuchen wir den angegebenen Spieler abzurufen. Wenn das nicht funktioniert (weil kein Spieler dieses Namens online ist), verlassen wir den Rumpf der `if`-Anweisung und geben die Steuerung zurück, ohne irgendetwas getan zu haben.

Hat die Abfrage aber funktioniert (haben wir also den Spieler gefunden), dann rufen wir `call` auf und übergeben das vom Server abgerufene Spielerobjekt.

Der Anfang der Funktion `stuck` sieht wie folgt aus:

```
public void stuck(Player player) {
   Location loc = player.getLocation();
   int playerX = (int) loc.getX();
   int playerY = (int) loc.getY();
   int playerZ = (int) loc.getZ();
   loc.setX(playerX + 0.5); loc.setY(playerY); loc.setZ(playerZ + 0.5);
   player.teleportTo(loc);
```

Listing 9.2: Stuck/src/stuck/Stuck.java

Innerhalb der Funktion `stuck` rufen wir als Erstes die aktuelle Position des Spielers in `loc` ab. In den nächsten Zeilen bereiten wir alles darauf vor, den Spieler in die Mitte des Blocks zu teleportieren, in dem er sich zurzeit befindet. Dadurch wird es einfacher, Blöcke um ihn herum abzulegen.

Wie gehen wir dazu aber konkret vor? Wir wissen, dass ein Spieler zwei Blöcke einnimmt. Die abgerufene Position bezeichnet den Ort, an dem sich die Beine und Füße der Figur befinden, während Kopf und Brust in dem darüber liegenden Kopf sind (y + 1). Wir brauchen also Stapel von je zwei Blöcken an allen vier Seiten des Spielers, einen Block unter ihm und einen darüber (siehe die folgende Abbildung). Das sind insgesamt zehn Blöcke.

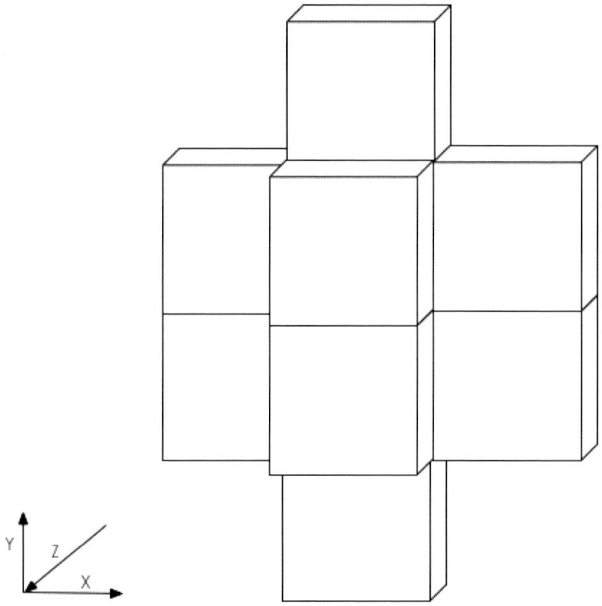

Abbildung 9.1: Einen Spieler in Blöcke einschließen

Anhand der Position des Spielers können wir bestimmen, wohin die Blöcke gehören. Wir brauchen also zehn Koordinatenangaben, die durch den Versatz vom Grundblock des Spielers ausgedrückt werden. Das heißt, wir benötigen eine Liste, die Listen enthält.

Der folgende Code zeigt eine solche Liste. Es handelt sich dabei um ein `int`-Array mit zehn Elementen, die jeweils `int`-Arrays aus Versatzwerten für die Koordinaten x, y und z sind.

```
int[][] offsets = {
//x, y, z
   {0, -1, 0},
   {0, 2, 0},
   {1, 0, 0},
   {1, 1, 0},
   {-1, 0, 0},
   {-1, 1, 0},
   {0, 0, 1},
   {0, 1, 1},
   {0, 0, -1},
   {0, 1, -1},
};
```

Listing 9.3: Stuck/src/stuck/Stuck.java

Diese Versatzliste durchlaufen wir mit einer einfachen `for`-Schleife. Das erste Element der Liste hat den Index 0, und wir gehen bis zu dem Indexwert der Längenangabe (ohne diesen Wert einzuschließen). Durch die Verwendung der Länge statt einer festen Zahl wie 10 können wir der Liste auf einfache Weise weitere Blöcke hinzufügen, wenn wir das irgendwann tun wollen. (Die Koordinaten `playerX`, `playerY` und `playerZ`, zu der wir die Versätze addieren, stammen aus dem vorherigen Code.)

```
for(int i = 0; i < offsets.length; i++) {
   int x = offsets[i][0];
   int y = offsets[i][1];
   int z = offsets[i][2];
   setBlockAt(new Location(x+playerX, y+playerY, z+playerZ),
      BlockType.Stone);
}
```

Listing 9.4: Stuck/src/stuck/Stuck.java

Beim Durchlaufen der Versatzliste müssen wir bei jedem Listenindex (in `i`) die drei Elemente `x`, `y` und `z` abrufen. Dabei befindet sich `x` in jedem der Unterarrays ganz vorn beim Index 0. In Java kannst du Arrays aus Arrays verarbeiten, indem du beide Indizes angibst, wobei der Index des äußeren Arrays zuerst steht. Das kannst du dir wie eine Anordnung von Zahlen in einer Tabelle oder Matrix oder in einem Excel-Arbeitsblatt vorstellen. Die Indizes werden in einer zeilendominierten Reihenfolge angegeben, also einer Reihenfolge, in der zuerst die Reihe genannt wird und dann die Spalte. In jedem Durchlauf der Schleife ermitteln wir jeweils einen x-, y- und z-Wert aus der Liste als Position des Blocks, der in Stein verwandelt werden soll.

Wir rufen also den Block an der gewünschten Stelle ab, indem wir den x-, y- und z-Versatz zu den Spielerkoordinaten `playerX`, `playerY` und `playerZ` addieren. Nun können wir das Material dieses Blocks einfach mithilfe der Konstante `BlockType.Stone` in Stein verwandeln. Die verfügbaren Blocktypen sind in der Dokumentation für `net.canarymod.api.world.blocks.BlockType` aufgeführt.

Der gesamte Code für das Plugin sieht wie folgt aus:

```
package stuck;

import net.canarymod.plugin.Plugin;
import net.canarymod.logger.Logman;
import net.canarymod.Canary;
import net.canarymod.commandsys.*;
import net.canarymod.chat.MessageReceiver;
import net.canarymod.api.entity.living.humanoid.Player;
import net.canarymod.api.world.position.Location;
import net.canarymod.api.world.blocks.Block;
import net.canarymod.api.world.blocks.BlockType;
import com.pragprog.ahmine.ez.EZPlugin;

public class Stuck extends EZPlugin {

   @Command(aliases = { "stuck" },
            description = "Trap a player in cage of blocks",
            permissions = { "" },
            min = 2,
            toolTip = "/stuck name")
   public void stuckCommand(MessageReceiver caller, String[] args) {
      Player victim = Canary.getServer().getPlayer(args[1]);
      if (victim != null) {
         stuck(victim);
      }
   }

   public void stuck(Player player) {
      Location loc = player.getLocation();
      int playerX = (int) loc.getX();
      int playerY = (int) loc.getY();
      int playerZ = (int) loc.getZ();
      loc.setX(playerX + 0.5); loc.setY(playerY); loc.setZ(playerZ + 0.5);
      player.teleportTo(loc);

      int[][] offsets = {
      //x, y, z
         {0, -1, 0},
         {0, 2, 0},
         {1, 0, 0},
         {1, 1, 0},
         {-1, 0, 0},
         {-1, 1, 0},
         {0, 0, 1},
         {0, 1, 1},
         {0, 0, -1},
         {0, 1, -1},
      };
```

```
        for(int i = 0; i < offsets.length; i++) {
            int x = offsets[i][0];
            int y = offsets[i][1];
            int z = offsets[i][2];
            setBlockAt(new Location(x+playerX, y+playerY, z+playerZ),
                BlockType.Stone);
        }
    }
}
```

Listing 9.5: Stuck/src/stuck/Stuck.java

Kompiliere das Plugin `Stuck`, stelle es bereit und probiere es aus. Was geschieht, wenn der Spieler auf dem Boden steht? Was passiert, wenn er sich in der Luft befindet? Wie sieht die Sache aus dem Blickwinkel des Spielers aus, also innerhalb der Blöcke?

Probiere es selbst aus!

In dem Plugin `Stuck` schließen wir einen Spieler vollständig ein, verwenden dazu aber nur das Minimum an erforderlichen Blöcken. Von außen sieht das resultierende Gebilde allerdings ein bisschen merkwürdig aus.

Deine Aufgabe: Füge zusätzliche Blöcke hinzu, sodass der Spieler in einen Quader von drei Blöcken Breite, drei Blöcken Tiefe und vier Blöcken Höhe eingeschlossen wird. Gib die zusätzlichen Blöcke in der Versatzliste an, kompiliere das Plugin neu und stelle es bereit, um zu überprüfen, ob du die Blöcke an den richtigen Stellen platziert hast.

Entitäten ändern

Entitäten unterscheiden sich naturgemäß von Blöcken. Erstens gibt es viel mehr Arten von Entitäten, und zweitens haben sie alle ganz andere Fähigkeiten (und Funktionen, die wir dafür einsetzen können). Bei Blöcken musst du lediglich den Typ ändern und vielleicht noch einige zusätzliche Angaben machen (wie die Beschriftung auf dem Schild). Entitäten sind jedoch komplizierter.

Schaue dir als Ausgangspunkt die Fähigkeiten an, die allen Entitäten gemeinsam sind und die in `net.canarymod.api.entity.Entity` beschrieben werden. Jedes `Entity`-Objekt hat die folgenden nützlichen Funktionen:

`getLocation()`	Gibt die Position der Entität zurück.
`setFireTicks(int ticks)`	Legt fest, wie lange die Entität brennt.
`setRider(Entity rider)`	Legt den Reiter der Entität fest.
`spawn()`	Spawnt Entitäten dieser Art.
`teleport(Location location)`	Teleportiert die Entität an eine andere Position.

Je nach Art der Entität kann es darüber hinaus noch andere faszinierende Funktionen geben, mit denen du herumspielen kannst. Beispielsweise haben lebende Entitäten (`net.canarymod.api.entity.living.EntityLiving`) die folgenden Zusatzfunktionen, über die leblose Entitäten nicht verfügen:

`getItemInHand()`	Gibt den Gegenstand zurück, den die Entität festhält.
`setAttackTarget(LivingBase livingbase)`	Legt das Angriffsziel der Entität fest.
`getHealth()`	Gibt einen `double`-Wert für die Gesundheit der Entität zurück. Dieser Wert kann von 0 (tot) bis zu dem von `getMaxHealth()` zurückgegebenen Wert reichen.
`setHealth(double health)`	Legt den Gesundheitswert fest. Bei dem Wert 0 ist die Entität tot, ohne Schaden anzurichten.
`kill()`	Tötet die Kreatur und verursacht Schaden (sowie Drops).

Vielleicht ist dir aufgefallen, dass nicht alle diese Funktionen in `EntityLiving` deklariert sind. Hier wird es in Java ein wenig unordentlich. Die üblichen Entitätsobjekte umfassen eine Menge unterschiedlicher Elternrezepte. So ist eine Kuh beispielsweise `Ageable`, `EntityAnimal`, `EntityLiving` und natürlich `Entity`.

Das bedeutet, dass sie Funktionen all dieser verschiedenen Eltern nutzen kann. Da eine Kuh von `Ageable` erbt, stehen dir also Funktionen zur Verfügung, um über eine `Cow`-Eigenschaft das Alter zu ändern.

Ein Spielerobjekt dagegen greift nicht auf `Ageable` zurück, sodass es nicht möglich ist, einen Spieler in ein Baby zu verwandeln (selbst wenn er sich so benimmt). Für Spieler sind völlig andere Funktionen verfügbar, mit denen du beispielsweise das Wetter, die Tageszeit, seine Erfahrungsstufe, sein Hungergefühl, sein Inventar usw. ändern kannst.

Entitäten spawnen

Es gibt verschiedene Funktionen, mit deren Hilfe du Entitäten und Kreaturen sowie einige Spielobjekte (wie Enderperlen[2]) spawnen kannst. Um neue Dinge in der Welt zu erstellen, werden wir einige der im EZPlugin definierten Funktionen verwenden, anstatt neuen Code zu schreiben.

Der Grund dafür ist nicht etwa, dass dieser Code besonders kompliziert oder schwer verständlich wäre, sondern dass diese wenigen Codezeilen immer gleich sind, weshalb es sinnvoll ist, sie in eine Hilfsfunktion auszulagern. Dadurch musst du immer nur den einzeiligen Aufruf der Hilfsfunktion verwenden, anstatt mehrere Zeilen Code zu duplizieren. Sehen wir uns genauer an, was diese Hilfsfunktionen tun.

Mit der folgenden Methode haben wir bis jetzt Kühe, Tintenfische usw. gespawnt:

```
public static EntityLiving spawnEntityLiving(Location loc, EntityType type) {
   EntityFactory factory = Canary.factory().getEntityFactory();
   EntityLiving thing = factory.newEntityLiving(type, loc);
   thing.spawn();
   return thing;
}
```

Listing 9.6: EZPlugin/src/com/pragprog/ahmine/ez/EZPlugin.java

Das sieht ein bisschen chaotisch aus, ist allerdings ein gebräuchliches Java-Muster. Die Grundidee besteht darin, dass du als Erstes ein Factory-Objekt abrufst, nämlich `EntityFactory`. Eine solche »Factory« funktioniert wirklich wie eine Fabrik, denn sie produziert etwas für dich, in diesem Fall `EntityLiving`-Objekte. Ein neues Objekt zu erstellen, reicht jedoch nicht aus, damit die entsprechende Entität in der Minecraft-Welt erscheint (nicht einmal bei Kühen). Du musst das Objekt anweisen, sich selbst zu spawnen.

Partikel zu spawnen ist ein bisschen einfacher:

```
public static void spawnParticle(Location loc, Particle.Type type) {
   loc.getWorld().spawnParticle(new Particle(loc.getX(),
      loc.getY(), loc.getZ(), type));
}
```

Listing 9.7: EZPlugin/src/com/pragprog/ahmine/ez/EZPlugin.java

Hier müssen wir nur die Funktion `spawnParticle` von `World` verwenden und ihr ein neues `Particle` übergeben, das mit den Koordinaten `x`, `y` und `z` initialisiert wird. Auch dies ist nicht sonderlich kompliziert, allerdings macht es unseren Code sauberer und leichter lesbar, wenn wir dies in eine Hilfsfunktion auslagern.

2 Wenn du im Überlebensmodus auf eine Enderperle rechtsklickst, wirst du dorthin transportiert, wo die Perle landet.

Die Funktion, mit der wir die Blocktypen festgelegt haben, ist ebenfalls ganz einfach:

```
public static void setBlockAt(Location loc, BlockType type) {
   loc.getWorld().setBlockAt(loc, type);
}
```

Listing 9.8: EZPlugin/src/com/pragprog/ahmine/ez/EZPlugin.java

Blöcke verfügen zwar über ihre eigene `setType`-Funktion, aber dadurch wird die Änderung nicht so in der Welt herbeigeführt, wie wir es wünschen. Daher verwenden wir die Funktion `setBlockAt()` von `World`. Wenn wir immer auf die Hilfsfunktion zurückgreifen, stellen wir sicher, dass wir stets die richtige Version nutzen.

Plugin: FlyingCreeper

In diesem Plugin spawnen wir zwei Entitäten, nämlich eine Fledermaus und einen Creeper. Wir sorgen dafür, dass der Creeper auf der Fledermaus reitet, und machen die Fledermaus mit einem Trankeffekt unsichtbar. Das Ergebnis ist ein albtraumhafter, Furcht einflößender fliegender Creeper.

Der folgende Code zeigt den Hauptmechanismus des Plugins. Beachte, dass ich zum Spawnen diesmal nicht die Hilfsfunktionen verwende, sondern die Factory direkt aufrufe, da ich eine leicht unterschiedliche Version von `spawn` verwende.

```
Location loc = me.getLocation();
loc.setY(loc.getY() + 5);

EntityFactory factory = Canary.factory().getEntityFactory();
EntityLiving bat = factory.newEntityLiving(EntityType.BAT, loc);
EntityLiving creep = factory.newEntityLiving(EntityType.CREEPER, loc);
bat.spawn(creep);

PotionFactory potfact = Canary.factory().getPotionFactory();
PotionEffect potion =
   potfact.newPotionEffect(PotionEffectType.INVISIBILITY,
                           Integer.MAX_VALUE, 1);
bat.addPotionEffect(potion);
```

Listing 9.9: FlyingCreeper/src/flyingcreeper/FlyingCreeper.java

Alle `Entity`-Objekte können geritten werden. Theoretisch kannst du sogar auf gezündetem TNT reiten, wovon ich aber abraten würde. Hier lassen wir einen Creeper auf der Fledermaus reiten, indem wir die Fledermaus mit einem Creeper als Reiter (dem Argument von `spawn`) spawnen.

Danach machen wir die Fledermaus unsichtbar, damit der fliegende Creeper überzeugender aussieht. Zum Glück können alle `EntityLiving`-Objekte Trankeffekte anwenden.[3] Bei einem solchen Effekt können wir Typ, Dauer und Stärke angeben:

```
PotionEffect (PotionEffectType type, int duration, int amplifier)
```

Als Typ verwenden wir hier `PortionEffectType.INVISIBILITY`. Da der Effekt ewig halten soll, geben wir als Dauer den höchstmöglichsten Wert `Integer.MAX_VALUE` an. Es gibt keinen größeren Integerwert. Die Stärke des Effekts spielt in diesem Fall keine Rolle, da es nicht möglich ist, unsichtbarer als unsichtbar zu werden. Daher geben wir hierfür nur den Wert `1` an.

Am Ende wenden wir den Trankeffekt auf die Fledermaus an, sodass sie unsichtbar wird.

Herzlichen Glückwunsch! Du bist jetzt stolzer Besitzer von fliegenden Creepern. Viel Glück – und vergiss nicht, dich zu ducken!

Als kleines Extra kannst du die Tintenfischbombe so ändern, dass sie statt Tintenfischen Unmengen von unsichtbaren Creepern hervorruft. Das wäre doch ein Spaß, oder?

Im nächsten Abschnitt sehen wir uns noch einige weitere Beispiele dafür an, wie du Entitäten bearbeitest und spawnst. Zunächst aber beschäftigen wir uns damit, auf Spielereignisse zu lauschen.

3 Alle Typen von Trankeffekten sind auf *https://ci.visualillusionsent.net/job/CanaryLib/javadoc/net/canarymod/api/potion/PotionType.html* aufgeführt.

Auf Ereignisse lauschen

Jetzt kommen wir zum besten Teil. Du weißt jetzt bereits, wie du Code für Befehle schreibst, die der Benutzer eingibt, und wie du Einfluss auf die Welt nimmst. Als Nächstes schauen wir uns an, wie du beobachtest, was in der Welt vor sich geht, sodass du automatisch auf den Spielverlauf reagieren kannst, ohne einen Befehl einzugeben.

Dazu richtest du deinen Code so ein, dass die Funktionen aufgerufen werden, sobald ein interessantes Ereignis eintritt. In den Funktionen kannst du dieses Ereignis dann geschehen lassen oder unterbinden.

Der folgende Code zeigt das Grundgerüst, das wir zu unserem grundlegenden Plugin hinzufügen müssen, um einen Listener zu verwenden. Dazu musst du vier Dinge tun:

1. Du importierst die Klassen für Plugin-Listener und Ereignis-Hooks.
2. Du deklarierst, dass dein Plugin `PluginListener` implementiert.
3. Du registrierst den Listener mit `registerListener` für Ereignisse.
4. Du markierst deine Funktion mit `@HookHandler` als Ereignishandler und gibst die Ereignisse, auf die du lauschen möchtest, als Argument an.

All dies kannst du in dem folgenden Listener-Skelett erkennen:

```
import net.canarymod.hook.HookHandler;
import net.canarymod.plugin.PluginListener;   ❶
// Importiere hier die gewünschten Hook-Klassen

// Implementiert PluginListener
public class HelloWorld extends EZPlugin implements PluginListener {   ❷

   @Override
   public boolean enable() {   ❸
      Canary.hooks().registerListener(this, this);
      return super.enable(); // Ruft auch die Version der Elternklasse auf
   }

   // Hier steht ein Ereignislistener:
   @HookHandler   ❹
   public void anyname(SomeHook hookevent) {
      // Hier folgt Code, der irgendetwas tut
   }
}
```

Als Erstes musst du die Klasse für das Ereignis importieren, an dem du interessiert bist. (Diesen Import fügst du in der Nähe von ❶ hinzu.)

Es gibt haufenweise Ereignisse. Alle sind in der Canary-Dokumentation unter `net.canarymod.hook` und den dortigen Kindpaketen aufgeführt. Wenn du beispielsweise daran interessiert bist, dass irgendetwas im Spiel teleportiert, brauchst du die Klasse `TeleportHook` aus dem Paket `net.canarymod.hook.player`. Also musst du die Anweisung `import net.canarymod.hook.player.TeleportHook` hinzufügen.

In der Deklaration des Plugins muss dann die Zauberformel `implements PluginListener` stehen (siehe ❷).

Anschließend fügst du ab ❸ deine eigene `enable()`-Funktion hinzu, die die gleichnamige Funktion der Elternklasse aufruft. Dies ist Standardcode, der nichts anderes besagt als: »Sorge dafür, dass dieses Plugin auf Ereignisse lauscht.« Dies musst du nur einmal in der Datei tun, woraufhin es dann für alle von dir verwendeten Ereignisse funktioniert. Füge einfach diesen Code hinzu, und kümmere dich nicht weiter darum.

Schließlich kommen wir ab ❹ zum eigentlichen Ereignislistener. Ähnlich wie `@Command` ist auch `@HookHandler` eine Annotation, die Java mitteilt, dass es sich bei der folgenden Funktion um etwas Besonderes handelt. Leite deine Ereignishandler immer mit dieser Annotation ein.

Die Funktion für den Listener selbst kann jeden beliebigen Namen tragen (weshalb ich sie hier `anyname` genannt habe). Wichtig ist die Argumentliste, denn der Ereignistyp, den du hier angibst, bestimmt, wann die Funktion aufgerufen wird (bzw. ob das überhaupt geschieht).

Ein Ereignishandler für `TeleportHook` sieht wie folgt aus:

```
@HookHandler
public void myTeleportListener(TeleportHook event) {
   // Hier folgt Code
}
```

Den Namen `myTeleportListener` habe ich mir ausgedacht. Er spielt auch keine Rolle. Wichtig dagegen ist `TeleportHook`. Laut Dokumentation verfügt dieses Ereignishookobjekt über mehrere praktische Funktionen, die wir nutzen können:

`getCurrentLocation()`	Gibt die Position zurück, von der aus der Spieler teleportiert.
`getDestination()`	Ruft die Position ab, zu der der Spieler teleportiert.
`getPlayer()`	Ruft den Spieler ab.
`setCanceled()`	Ermöglicht es dir, das Ereignis zu unterbinden.

Um beispielsweise zu verhindern, dass irgendetwas irgendwohin teleportieren kann, kannst du Folgendes schreiben:

```
@HookHandler
public void myTeleportListener(TeleportHook event) {
   event.setCanceled();
}
```

Plugin: BackCmd

Wir wollen nun einiges vom Gelernten in einem vollständigen Plugin einsetzen. Im Folgenden findest du den vollständigen Quellcode für `BackCmd`, das einen einzigen Befehl namens `back` zur Verfügung stellt. Erstelle den Build und installiere das Plugin:

```
$ cd Desktop
$ cd code/BackCmd
$ ./build.sh
```

Starte den Server neu.

Teleportiere nun einige Male, entweder mit dem Befehl `/tp` im Kreativmodus oder durch einen Rechtsklick auf eine Enderperle im Überlebensmodus.

Gib dann `/back` ein, um zum letzten Standort zurückzuteleportieren.

Dieses Plugin lauscht auf Ereignisse, um sich zu merken, wo du gewesen bist, und bietet dir die Möglichkeit, in der richtigen Reihenfolge zu den vorherigen Standorten zurückzukehren.

```
package backcmd;

import java.util.ArrayList;
import java.util.HashMap;
import java.util.List;
import java.util.Stack;
import net.canarymod.plugin.Plugin;
import net.canarymod.logger.Logman;
import net.canarymod.Canary;
import net.canarymod.commandsys.*;
import net.canarymod.chat.MessageReceiver;
import net.canarymod.api.entity.living.humanoid.Player;
import net.canarymod.api.world.position.Location;
import net.canarymod.hook.HookHandler;
import net.canarymod.hook.player.TeleportHook;
import net.canarymod.plugin.PluginListener;
import com.pragprog.ahmine.ez.EZPlugin;
```

```
public class BackCmd extends EZPlugin implements PluginListener {   ❶
   private static List<Player> isTeleporting = new ArrayList<Player>();   ❷
   private static HashMap<String, Stack<Location>> playerTeleports =
      new HashMap<String, Stack<Location>>();

   @Override
   public boolean enable() {
      Canary.hooks().registerListener(this, this);   ❸
      return super.enable(); // Ruft auch die Version der Elternklasse auf.
   }

   public boolean equalsIsh(Location loc1, Location loc2) {   ❹
      return ((int) loc1.getX()) == ((int) loc2.getX()) &&
             ((int) loc1.getZ()) == ((int) loc2.getZ());
   }

   @HookHandler
   public void onTeleport(TeleportHook event) {   ❺
      Player player = event.getPlayer();
      if (isTeleporting.contains(player)) {
         isTeleporting.remove(player);
      } else {
         Stack<Location> locs = playerTeleports.get(player.getName());
         if (locs == null) {
            locs = new Stack<Location>();
         }
         locs.push(player.getLocation());
         locs.push(event.getDestination());
         playerTeleports.put(player.getName(), locs);
      }
   }

   @Command(aliases = { "back" },
         description = "Go back to previous places that you teleported to.",
         permissions = { "" },
         toolTip = "/back")
   public void backCommand(MessageReceiver caller, String[] args) {
      if (caller instanceof Player) {
         Player me = (Player)caller;

         Stack<Location> locs = playerTeleports.get(me.getName());

         if (locs != null && !locs.empty()) {
            Location loc = locs.peek();
            while (equalsIsh(loc, me.getLocation()) && locs.size() > 1) {
               locs.pop();
               loc = locs.peek();
            }
            isTeleporting.add(me);
```

```
            me.teleportTo(loc);
         } else {
            me.chat("You have not teleported yet.");
         }
      }
   }
}
```

Listing 9.10: BackCmd/src/backcmd/BackCmd.java

Da dieses Plugin auf Ereignisse lauscht, musst du einige besondere Maßnahmen ergreifen:

- Bei ❶ deklarierst du, dass das Plugin Listener implementiert.
- Bei ❸ wird das Plugin für Ereignisse registriert.
- Bei ❺ fügst du die Annotation `@HookHandler` hinzu und deklarierst, dass der betreffende Ereignislistener auf `TeleportHook`-Ereignisse lauscht.

Jedes Mal, wenn ein Spieler teleportiert, wird die Funktion `onTeleport` aufgerufen. Als Erstes müssen wir das zugehörige `Player`-Objekt abrufen, das in dem an uns übergebenen `event`-Objekt gespeichert ist. Danach wissen wir, mit welchem Spieler wir es zu tun haben.

Danach schauen wir in der Liste `isTeleporting` nach, ob dieser Spieler jemand ist, der gerade teleportiert. Was aber ist `isTeleporting`?

Im Plugin-Code findest du bei ❷ zwei Variablen, die als `private static` deklariert sind. Das bedeutet, dass niemand sonst sie sehen kann und dass ihre Werte zwischen zwei Ausführungen des Befehls erhalten bleiben. Mit den beiden Variablen `isTeleporting` und `playerTeleports` halten wir also die Spieler und die Positionen fest, von und zu denen sie teleportieren.

Wir prüfen, ob die Liste `isTeleporting` den Spieler bereits enthält. Wenn nicht, fügen wir ihn hinzu. Der Spieler hat dann gerade erst mit der Teleportation begonnen. Steht der Spieler dagegen schon in der Liste `isTeleporting`, so müssen wir das Ereignis ignorieren (und den Spieler von der Liste entfernen), denn das bedeutet, dass wir das Ereignis selbst (in der `backCommand`-Funktion) hervorgerufen haben. Wir wollen schließlich nicht, dass die von uns selbst ausgelöste Teleportation eine Teleportation auslöst, denn sonst würde sich dieser Vorgang endlos wiederholen. Daher entfernen wir das zusätzliche Teleportereignis.

Wenn der Spieler zuvor teleportiert hat, rufen wir seine Positionen (`loc`) aus der Hashmap `playerTeleport` ab, wobei wir den Spieler als Schlüssel angeben. Diese Position fügen wir zur vorhandenen Liste hinzu. Teleportiert der Spieler zum ersten Mal, erstellen wir eine neue Liste (von `Locations`) und fügen die Position als ersten Eintrag hinzu.

Wir haben es hier aber nicht mit einer einfachen Liste zu tun, sondern mit einem Stack. Den kannst du dir wie einen Stapel Pfannkuchen vorstellen[4]: Du legst neue Pfannkuchen immer oben auf den Stapel und nimmst sie auch wieder von oben weg. Nach diesem Modell soll die Liste der Orte funktionieren, zu denen der Spieler teleportiert ist. Bei jeder Teleportation wird die neue Position oben auf den Stapel gelegt. Wenn du zurückteleportierst, kehrst du zunächst zu der Position an der Spitze des Stapels zurück, dann an die Position darunter usw.

Um ein Objekt oben auf den Stapel zu legen, verwendest du `push`, und um den Wert abzurufen und das Objekt wieder von der Spitze zu entfernen, nimmst du `pop`. Wenn du den obersten Wert nur einsehen willst, ohne ihn zu entfernen, schreibst du `peek`.

Wenn ein Spieler teleportiert, bauen wir einen Stapel der angesprungenen Positionen auf, der als Stack in der Variable `playerTeleports` gespeichert wird. Mit dem `Player`-Objekt als Schlüssel können wir den zugehörigen Stack abrufen. Die folgende Abbildung zeigt dir, wie das aussieht.

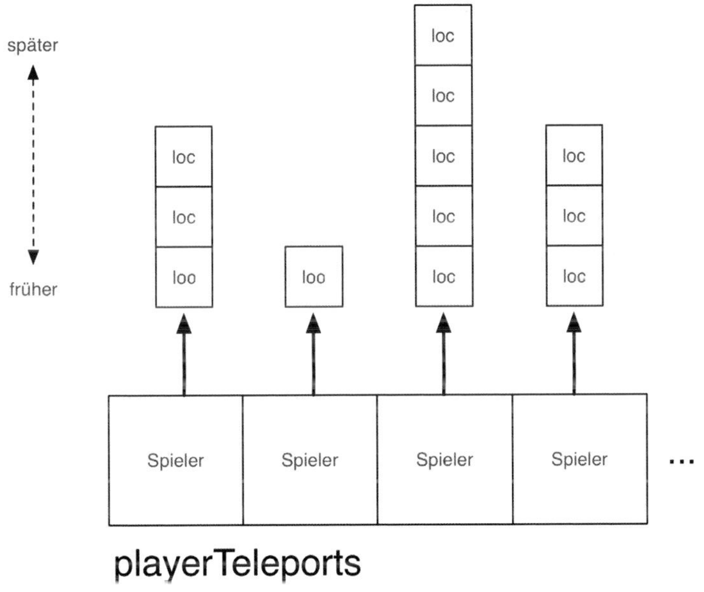

Abbildung 9.2: `playerTeleports` *ist eine Hashmap mit den Spielernamen als Schlüssel und Stackwerten*

4 Vielleicht erinnerst du dich an den Kommentarblock in Kapitel 8?

Kommen wir nun abschließend zu `backCommand`. Wenn wir den Befehl `back` erhalten, rufen wir die Liste der Teleportpositionen des Spielers ab (falls vorhanden), sehen uns die Position an der Spitze des Stacks an und speichern sie vorläufig in `loc`.

Es kann sein, dass der Spieler zu diesem Standort teleportiert ist und sich noch nicht bewegt hat. In diesem Fall möchten wir nicht an dieser Stelle bleiben, sondern zur vorherigen Position zurückkehren. Also führen wir einen entsprechenden Test durch: Wenn sich der Spieler immer noch an derselben Stelle befindet wie nach der letzten Teleportation (oder sehr nahe daran), entfernen wir diese Position mit `pop` von der Liste `locs` und setzen `loc` auf die darunter liegende Position auf dem Stapel.

In jedem Fall zeigt `loc` schließlich auf den Ort, zu dem wir jetzt zurückteleportieren möchten. Wir fügen den Spieler zur Liste `isTeleporting` hinzu und teleportieren ihn dorthin.

Was bedeutet »oder sehr nahe daran«? Beachte, dass wir hier die Hilfsfunktion `equalsIsh` (bei ❹) verwenden. Sie prüft, ob sich die `x`- und `z`-Koordinaten zweier Positionen im selben Block befinden. Durch Umwandlung der Fließkommawerte in Integer (mit dem Schlüsselwort `(int)`) vernachlässigen wir den Bruchteil der Koordinaten. Schließlich sind wir nur daran interessiert, ob sich der Spieler im selben Block befindet, und nicht daran, ob er eine leicht abweichende Position innerhalb des Blocks eingenommen hat.

Probiere es selbst aus!

In dieser Übung erstellst du ein ganz neues Plugin, das einen Listener verwendet.

Dieses neue Plugin `FireBow` soll eine gewaltige Explosion hervorrufen und einen Krater aufreißen, wenn ein von einem Bogen abgeschossener Pfeil etwas trifft. Dazu lauschst du auf `ProjectileHitHook` und rufst `world.makeExplosion` auf. Um einen richtig großen Krater zu sprengen, gibst du einen großen Wert für die Explosionsstärke an, etwa `100.0f`. Vergiss nicht, das Pfeilereignis abzubrechen, damit am Ende kein Pfeil zurückbleibt, sondern es nur einen großen Knall gibt.

Hinweis: Den Pfeil kannst du mit `event.getProjectile()` vom Ereignis `ProjectileHitHook` abrufen.

Meine Lösung findest du in `code/FireBow`. Versuche dich jedoch zunächst selbstständig an der Aufgabe und schau dir mein Beispiel nur an, wenn du nicht weiterkommst. Ich habe außerdem noch zwei Befehle hinzugefügt, um das Brandsatzverhalten ein- und auszuschalten.

Berechtigungen

Es kann sein, dass du Einschränkungen für die Befehle in deinen Plugins festlegen willst, etwa damit nur Operatoren sie ausführen dürfen oder damit verschiedene Spieler oder Teams nur jeweils einen Teil der Befehle nutzen können.

Nehmen wir beispielsweise an, du möchtest die `FireBow`-Befehle nur wenigen Spielern zur Verfügung stellen. Dafür denken wir uns den neuen Berechtigungsnamen `commands.firebow.enable` aus.

Du kannst nun das Feld `permissions` in der Annotation `@Command` heranziehen, um zu prüfen, ob der Spieler, der einen solchen Befehl nutzt, auch tatsächlich zu den Auserwählten gehört:

```
@Command(aliases = { "nofirebow" },
        description = "Disable firebow behavior",
        permissions = { "commands.firebow.enable" },
        toolTip = "/nofirebow")
```

Jetzt können nur Spieler mit der Berechtigung `commands.firebow.enable` Sprengpfeile verschießen. So weit, so gut – aber wie räumst du den gewünschten Spielern nun diese Berechtigung ein?

Berechtigungen festlegen und verwalten

Wenn du einen umfangreichen Server mit vielen Benutzern betreibst, kann es sehr aufwendig sein, die Berechtigungen festzulegen und zu verwalten. Du kannst z. B. mithilfe der Berechtigungsbefehle von Canary Benutzergruppen oder -klassen auf dem Server einrichten.

Canary stellt eine Reihe von Spielbefehlen zur Verfügung, darunter auch solche, mit denen du die Berechtigungen für Spieler und Gruppen festlegen kannst oder mit denen du überprüfen kannst, welche Berechtigungen jemand hat. Diese Befehle lassen sich in der Serverkonsole und im Client ausführen. Unter anderem hast du folgende Möglichkeiten:

- `/playermod permission add` *playerName permissionName* – Gewährt *playerName* die Berechtigung *permissionName*.
- `/playermod permission check` *playerName permissionName* – Prüft, ob *playerName* die Berechtigung *permissionName* hat.
- `/playermod group set` *playerName groupName* – Fügt *playerName* zur Gruppe *groupName* hinzu.

- `/groupmod permission list` *groupName* – Listet die Berechtigungen der Gruppe *groupName* auf.
- `/groupmod permission add` *groupName permissionName* – Fügt den Mitgliedern der Gruppe *groupName* die Berechtigung *permissionName* hinzu.
- `/groupmod permission check` *groupName permissionName* – Prüft, ob die Mitglieder der Gruppe *groupName* die Berechtigung *permissionName* haben.

Um beispielsweise in unserem Plugin dem Spieler `jack37` die Berechtigung zur Nutzung des Befehls `/firebow` zu gewähren, gibst du in der Konsole folgenden Befehl ein:

```
/playermod permission add jack37 commands.firebow.enable
```

Weitere Einzelheiten findest du in der Canary-Dokumentation.

Weiter geht's!

In diesem Kapitel hast du viele neue Fähigkeiten erworben: Du kannst jetzt Minecraft-Blöcke bearbeiten, Entitäten spawnen, Plugin-Berechtigungen verwalten und – was das Wichtigste ist – auf interessante Ereignisse lauschen, die im Spiel geschehen, und darauf reagieren. Das ist es, worum es bei Plugins wirklich geht, denn damit kannst du automatisch auf Ereignisse reagieren und dadurch die Abläufe in der Minecraft-Welt manipulieren.

Im nächsten Kapitel sehen wir uns an, wie du Aufgaben einplanst, sodass diese in der Zukunft ausgeführt werden. Außerdem konstruieren wir ein Plugin, mit dem du explodierende Kühe verschießen kannst. Bis gleich!

Der Inhalt deines Werkzeugkastens

Dein Werkzeugkasten ist jetzt zu 60 % gefüllt. Du kannst nun Folgendes tun:

- die Kommandozeilenshell nutzen
- Programme mit Java und `javac` erstellen
- einen Minecraft-Server ausführen
- ein Plugin bereitstellen
- Verbindung zu einem lokalen Server aufnehmen
- Java-Variablen für Zahlen und Strings verwenden
- Java-Funktionen verwenden
- `if`-, `for`- und `while`-Anweisungen verwenden
- Java-Objekte verwenden
- Java-Pakete importieren
- Objekte mit `new` erstellen
- Plugins Befehle hinzufügen
- mit `Location`-Objekten arbeiten
- Blöcke und Entitäten finden
- lokale Variablen verwenden
- globale Variablen auf Klassenebene verwenden
- Arraylisten verwenden
- Hashmaps verwenden
- die Schlüsselwörter `private` und `public` verwenden, um die Sichtbarkeit zu steuern
- Minecraft-Blöcke bearbeiten
- Entitäten ändern und spawnen
- auf Spielereignisse lauschen und reagieren
- Plugin-Berechtigungen verwalten

Kapitel 10

Zeitgesteuerte Ereignisse

Dein Werkzeugkasten

In diesem Kapitel lernst du mehr über Objekte und Klassen sowie über die Zeitplanung von Aufgaben, die später ausgeführt werden sollen. Dabei fügst du deinem Werkzeugkasten folgende Fähigkeiten hinzu:

- eine eigene Klasse erstellen
- Aufgabenobjekte für die spätere Ausführung einplanen
- Aufgabenobjekte für die fortlaufende Ausführung einplanen

Dein Werkzeugkasten ist jetzt fast voll. Mit dem, was du bereits gelernt hast, kannst du schon wirklich tolle Plugins schreiben.

Wir beschäftigen uns nun damit, wie du in Minecraft etwas geschehen lässt, das keine unmittelbare Reaktion auf ein Ereignis oder auf einen Benutzerbefehl darstellt. Es geht also darum, wie du Aufgaben so einplanst, dass sie irgendwann in der Zukunft ganz von allein ausgeführt werden – möglicherweise sogar dauerhaft. Damit kannst du Dinge umsetzen, die anscheinend eigenständig handeln, z. B. angreifende Creeper oder andere Gegner.

Was die Java-Programmierung angeht, so sehen wir uns an, wie du eigene Klassen in separaten Dateien erstellst und welche Probleme es in Java gibt, wenn mehrere Dinge gleichzeitig ablaufen sollen.

Was geschieht wann?

Wenn wir darüber sprechen, dass irgendetwas »später« ausgeführt werden soll, werden wir dabei auf die unschöne Wahrheit gestoßen, dass die Welt nicht aufhört, sich zu ändern, nur weil unser Code läuft. Computer können mehr als eine Sache auf einmal erledigen und arbeiten auch tatsächlich die meiste Zeit so. Allerdings ist der meiste Code nicht auf diese Weise geschrieben.

Denke an die Plugins, die wir uns bisher angesehen haben. Was würde geschehen, wenn mitten in der Ausführung ihres Codes ein anderer Spieler denselben Befehl eingeben würde, sodass derselbe Code wieder von Anfang an ausgeführt werden muss?

Sieh dir die folgende Abbildung an. Jeder Pfeil und jedes Codefragment stehen für einen Satz von Anweisungen, die der Computer zur selben Zeit ausführt. Diese einzelnen Sätze bezeichnen wir als *Threads*, wörtlich also als »Fäden«. Du kannst dir das tatsächlich so ähnlich vorstellen wie einen einzelnen Handlungsfaden in einem vielschichtigen Roman oder wie einen Gesprächsfaden in einer umfassenden Unterhaltung während der Mittagspause.

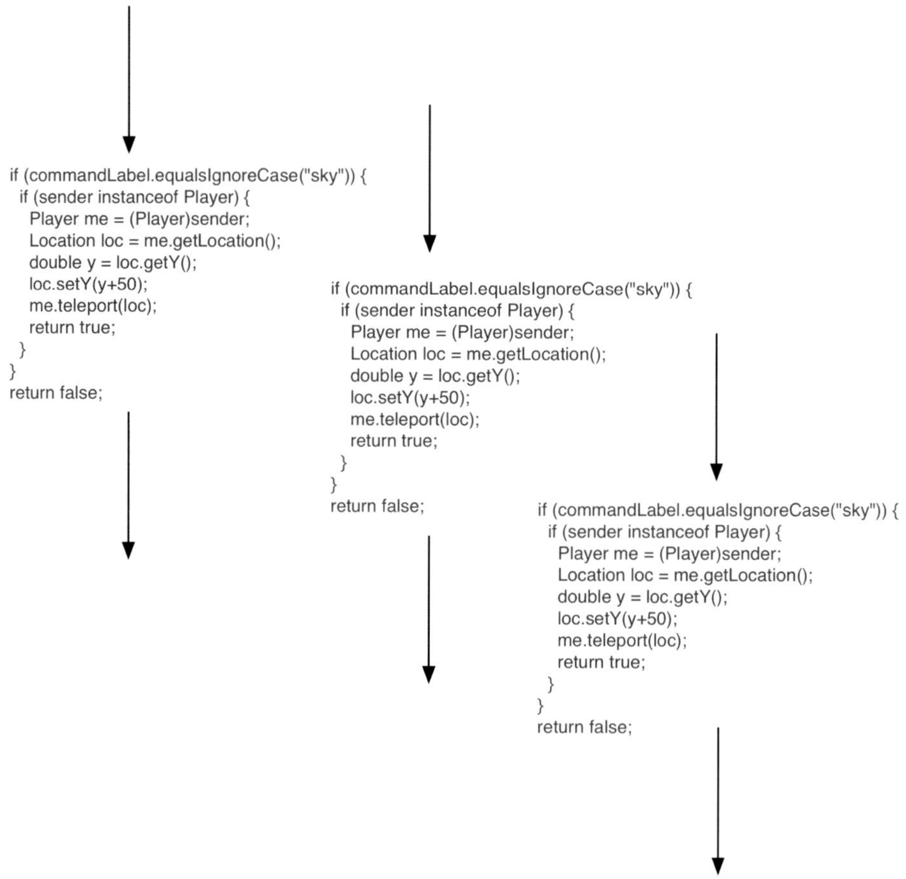

Abbildung 10.1: Codeausführung in verschiedenen Threads

Üblicherweise stellt man sich vor, dass ein Computer den Code einmal durchläuft wie im linken Teil dieses Diagramms. In diesem Bild führt der Computer die Anweisungen eine nach der anderen von oben nach unten aus, und während dieser Zeit passiert nichts anderes. Das wäre ein einziger Ausführungsthread (vergleichbar mit einem einzigen Gesprächsfaden).

In Wirklichkeit ist das aber nicht der Fall. Der Computer kann eine Reihe verschiedener Ausführungsthreads abarbeiten, und zwar scheinbar alle gleichzeitig. Kann dein Code auch auf diese Weise funktionieren? Was würde geschehen, wenn dein Code gleichzeitig von mehreren Threads ausgeführt würde?

Wenn du nur lokale Variablen verwendest und nicht versuchst, irgendwelche gemeinsamen Elemente in der Minecraft-Welt zu ändern, wäre das wahrscheinlich möglich. Jede Version des ausgeführten Codes hätte ihre eigenen Kopien der Variablen, und nichts Schlimmes würde passieren. Was geschieht aber, wenn du eine statische Variable verwendest, etwa eine große Hashmap für die Spieler und ihre Punktzahlen? Dann kann es vorkommen, dass zwei Codeteile gleichzeitig in dieser Map lesen und schreiben, was normalerweise zur Katastrophe führt.

Stell dir vor, du willst den Gesundheitswert eines Spielers um 10 Punkte verringern. Dazu liest du in einem Thread den Gesundheitswert und erfährst, dass er 50 Punkte beträgt. Unbemerkt von dir setzt ein zweiter Thread den Gesundheitswert aber auf 0, wodurch der Spieler getötet wird. Da du das nicht weißt, ziehst du deine 10 Punkte ab und setzt den Wert damit auf 40. Der zweite Thread ist der Überzeugung, den Spieler getötet zu haben, doch statt 0 Gesundheitspunkten hat er auf wundersame Weise plötzlich 40! Das ist nur ein einfaches und noch recht gutartiges Beispiel. Es können noch viel schlimmere Dinge geschehen, die deinen Code – und sogar den Server – zum Absturz bringen können.

Es gibt Möglichkeiten, um Code so zu schreiben, dass er gefahrlos in mehreren Threads ausgeführt werden kann. Viele Bibliotheken sind jedoch nicht dafür ausgelegt, und das gilt auch für einen Großteil der Canary-API.

Das ist so wichtig, dass ich es hier gleich noch einmal sage: *Die Canary-API und ihr Plugin-Code, der diese API nutzt, ist nicht zur Ausführung in mehreren Threads geeignet.* Wenn du das versuchst, wird es schiefgehen.

Wenn wir Code nun also »später« laufen lassen wollen, können wir ihn nicht zu einer beliebigen Zeit ausführen, insbesondere nicht zu einem Zeitpunkt, an dem anderer eigener Code oder der Servercode ausgeführt werden.

Stattdessen müssen wir den Server bestimmen lassen, wann der Code ausgeführt wird. Das macht er fast genauso, als sei er ein Spieler, der einen Befehl eingibt, oder als reagiere er auf ein Spielereignis. Der Code ist in diesem Fall das Einzige, was zu dem jeweiligen Zeitpunkt ausgeführt wird. Wir sprechen hier von einer *synchronen* Aufgabe. In diesem Kapitel lernst du, solche Aufgaben zu erstellen.

Bevor du das tun kannst, musst du aber zunächst einmal wissen, wie du eine eigene Klasse anlegst.

Code in eine eigene Klasse stellen

Als Erstes wirst du hier die richtigen Begriffe kennenlernen. Im Java-Quellcode deklarierst du ein Plugin als `public class` (»öffentliche Klasse«). Das heißt so viel wie: »Dies ist ein Rezept. Ich kann zur Laufzeit Objekte dieser Klasse anlegen.« Ich habe bisher zwar locker von Rezepten und Elternrezepten gesprochen, doch ich werde mir jetzt angewöhnen, den korrekten Java-Begriff zu verwenden, nämlich *Klassen*. Ein »Rezept« ist eine Klasse.

Bis jetzt haben wir immer ein bisschen gemogelt: Wir haben nämlich jeglichen neuen Code in eine einzige Plugin-Klasse in einer einzigen Quellcodedatei gesteckt. Der Minecraft-Server macht aus der Klassendatei ein Objekt und verwendet es.

Wenn du dir andere Plugins (und sonstige Programme) im Internet ansiehst, wirst du aber feststellen, dass sie aus mehreren verschiedenen Klassen bestehen, die zusammenwirken. Die Hauptklassendatei enthält das eigentliche Plugin, während andere Klassendateien für damit verbundene Objekte, für zu planende Aufgaben oder irgendwelchen Hilfscode zuständig sind, den das Plugin braucht. Bis jetzt haben wir allen Code zu unserer Hauptklasse hinzugefügt, aber bei planbaren Aufgaben werden wir das nicht tun. Den Code dafür definieren wir in einer eigenen Klasse.

Rein mechanisch ist es ganz einfach, eine weitere Quellcodedatei anzulegen. Klicke einfach in deinem Texteditor auf *Datei → Speichern* (oder den entsprechenden Befehl) und erstelle eine neue Datei. Solange du die neue Datei im richtigen Verzeichnis ablegst, kann das Build-System sie finden und weiß, was es damit tun soll. Das reicht aber alles noch nicht aus. Du musst auch wissen, wie du dein Plugin über die neue Datei informierst – und die neue Datei über das Plugin!

Was gehört in eine Klasse?

Manche Programmieranfänger stellen sich eine Klasse wie einen Kasten vor, in dem sie Funktionen und Daten unterbringen können. Das ist aber eine schlechte Vorgehensweise. Ebenso wie auf chaotischen Dachböden hast du dann am Ende eine Menge Kästen, aus denen irgendwelcher Krimskrams hervorquillt, der ineinander verheddert ist.

Stattdessen sollte jede Klasse, die du erstellst, nur für genau einen Zweck da sein. Mit anderen Worten: Änderungen an einer Klasse dürfen jeweils nur aus einem einzigen Grund notwendig sein. Wenn eine Klasse für viele Dinge verantwortlich ist, dann kann es auch viele Gründe geben, um sie zu ändern. Sie ist dann sehr störanfällig, und das führt zu Problemen.

In unserem Fall gibt uns die Canary-API schon die richtige Richtung vor. Wir erstellen unsere Klasse für das Plugin, aber um eine geplante Aufgabe einzurichten, legen wir eine weitere Klasse an. Zusätzlich müssen wir dafür sorgen, dass diese beiden Klassen gut zusammenarbeiten.

Sehen wir uns also an, was erforderlich ist, um eine Aufgabe zu erstellen, deren Ausführung wir zeitlich planen können (für einen Zeitpunkt, an dem der Server der Meinung ist, dass die Aufgabe problemlos erledigt werden kann). Als Erstes kümmern wir uns um die Einzelheiten, und dann sehen wir uns an, wie wir daraus ein tolles Plugin machen.

Eine ausführbare Aufgabe erstellen

Der folgende einfache Code erstellt eine Aufgabe, die einfach nur eine Nachricht sendet. Das ist nicht viel, aber du kannst diesen Code als Ausgangspunkt und Vorlage für eigene Aufgaben verwenden.

Füge einfach den von dir gewünschten Code im Rumpf der Funktion `run` hinzu, ändere den Paketnamen und importiere alle Bibliotheken, die du benötigst. (Die gebräuchlichen sind in Anhang 7 aufgeführt, und weitere findest du in der Dokumentation zu Canary und Java.)

```
package examplepackage;  ❶
import net.canarymod.Canary;
import net.canarymod.tasks.ServerTask;
import com.pragprog.ahmine.ez.EZPlugin;

public class ExampleTask extends ServerTask {  ❷

   private final EZPlugin plugin;

   public ExampleTask(EZPlugin plugin) {  ❸
      super(Canary.getServer(), 0, true); // Verzögerung, läuft die ganze
                                          // Zeit
      this.plugin = plugin;
      // Du kannst wie hier eine Referenz auf dein Plugin, aber auch auf
      // jede andere übergebene Variable beibehalten
   }
```

```
    public void run() {
        // Macht irgendetwas Interessantes ...
        Canary.instance().getServer().broadcastMessage("Surprise!");
    }
}
```

Diesen Code musst du in eine eigene Datei namens `ExampleTask.java` schreiben (passend zu dem Namen bei ❷), die in einem Verzeichnis mit dem Namen des Pakets steht (passend zu ❶).

So weit, so gut. Aber was hat es mit der interessant aussehenden Funktion auf sich, die keinen Rückgabetyp hat, aber mit `ExampleTask` den gleichen Namen trägt wie unsere Klasse? Erinnere dich daran, dass dies ein *Konstruktor ist*, also die Funktion, die Java aufruft, während es ein neues `ExampleTask`-Objekt erstellt.

Um unser `ExampleTask`-Objekt zu erstellen, musst du also ein `EZPlugin` an `new` übergeben (das an den Konstruktor weitergegeben wird). Mit anderen Worten: Du musst dein Plugin-Hauptobjekt übergeben. Dadurch bekommt die Aufgabe alle Serveraspekte zur Verfügung gestellt, die sie eventuell braucht, z. B. die Welt, die Spieler usw. Das ist nicht zwingend erforderlich, aber sehr nützlich.

Du hast jetzt also eine Aufgabe, die etwas Interessantes tut (nun ja, in diesem Fall noch nicht so richtig). Wie kannst du sie nun zeitlich planen?

Zur späteren Ausführung einplanen

Zurück zu unserem Haupt-Plugin: Nachdem du die Aufgabe in ihrer eigenen Klasse definiert hast, kannst du mit `new` ein Objekt dieser Klasse vom Haupt-Plugin aus erstellen und es mit `addSynchronousTask()` so einrichten, dass es zu einem späteren Zeitpunkt ausgeführt wird.

```
ExampleTask task = new ExampleTask(plugin);
Canary.getServer().addSynchronousTask(task);
```

`plugin` ist eine Variable, die auf dein Haupt-Plugin gesetzt ist. Wenn du diesen Code in deinem Plugin in eine nicht statische Funktion packst, kannst du das Java-Schlüsselwort `this` verwenden, das dann »dieses Plugin-Objekt« bedeutet. Befindet sich der Code dagegen in einer statischen Funktion, musst du eine statische Variable (hier `plugin`) verwenden, die zuvor auf das Plugin gesetzt wurde. In einer Objektfunktion (oder *Methode*) wie einem Konstruktor oder `enable` schreibst du beispielsweise `plugin = this`.

Du könntest zwar weiterhin die Variable `task` verwenden, aber das ist nicht notwendig. Mit oder ohne diese Variable hast du eine Beispielaufgabe erstellt, deren Funktion `run` so eingerichtet ist, dass sie irgendwann in der Zukunft ausgeführt wird.

Zur einmaligen oder kontinuierlichen Ausführung einplanen

Um festzulegen, wie die Aufgabe ausgeführt werden soll, gibst du eine Verzögerung bis zu ihrem Start an und bestimmst, ob sie nur einmal oder kontinuierlich laufen soll. Sieh dir unsere erste Maßnahme im Konstruktor an, nämlich den Aufruf von `super` bei ❸). Dadurch wird wiederum der Konstruktor `ServerTask` der Elternklasse mit den erforderlichen Informationen aufgerufen.

Der Konstruktor `ServerTask` nimmt drei Argumente entgegen: den Server selbst, die Wartezeit vor der Ausführung und ein boolesches Flag, das du auf `true` setzt, wenn die Aufgabe kontinuierlich laufen soll, bzw. auf `false`, wenn du sie nur einmalig ausführen lassen willst. Bei kontinuierlicher Ausführung läuft die Aufgabe so lange, bis du sie abbrichst.

Um das vorstehende Beispiel so zu ändern, dass die Aufgabe nach einer Verzögerung von 60 Sekunden nur einmal läuft, schreiben wir Folgendes:

```
super(Canary.getServer(), 1200, false);
```

Da auf eine Sekunde etwa 20 Serverticks kommen, entsprechen 1200 Ticks etwa 60 Sekunden, also einer Minute.

Plugin: CowShooter

Wir wissen jetzt genug, um ein wirklich lustiges Plugin zu erstellen, nämlich den `CowShooter`. Wenn du in der Spielwelt ein Stück Leder zur Hand hast, kannst du klicken, um damit eine brennende, fliegende Kuh in der Welt erscheinen zu lassen. Wenn die Kuh am Boden auftrifft, explodiert sie in einem Feuerball und lässt Hamburger zurück.

Dieses Plugin unterscheidet sich von den vorherigen, da es keinen `@Command`-Abschnitt gibt. Es wird komplett über Ereignisse gesteuert.

Ein Problem bei brennenden Kühen besteht darin, dass sie nicht ewig in Flammen stehen, ja nicht einmal für längere Zeit. Wenn eine Kuh Feuer fängt, stirbt sie, und das Feuer geht aus. Das reicht für unsere Zwecke nicht aus. Die Kuh muss so lange in Flammen stehen, wie sie durch die Luft fliegt.

Um das zu ermöglichen, planen wir eine Aufgabe, die so lange wiederholt wird, wie die Kuh sich in der Luft befindet. In dieser Aufgabe halten wir die Kuh am Leben und in Brand, bis sie am Boden aufschlägt.

Der Code für den Haupt-Ereignislistener sieht wie folgt aus:

```
@HookHandler
public void onInteract(ItemUseHook event) {

   Player player = event.getPlayer();

   if (player.getItemHeld().getType() == ItemType.Leather) {
      Location loc = player.getLocation();
      loc.setY(loc.getY() + 2);

      Cow victim = (Cow)spawnEntityLiving(loc, EntityType.COW);   ❶

      Canary.getServer().addSynchronousTask(new CowTask(victim));

      fling(player, victim, 3);
      victim.setFireTicks(600);
   }
}
```

Listing 10.1: CowShooter/src/cowshooter/CowShooter.java

Das Ereignis `ItemUseHook` bedeutet, dass der Spieler irgendeinen von vielen möglichen Gegenständen verwendet hat, weshalb wir als Erstes prüfen, ob es sich um ein Stück Leder handelt. Lautet die Antwort nein, ignorieren wir das Ereignis einfach. In diesem Fall geht das Leben weiter, ohne dass irgendetwas passiert.

Ist die Antwort aber ja, dann erhöhen wir mit der Hilfsmethode `fling` die Geschwindigkeit der Kuh. Wir wollen sie in die Richtung schleudern, in die der Spieler blickt. Dazu erhöhen wir die Geschwindigkeit um den Faktor 3, weil das ziemlich cool aussieht.[1] Bei ❶ spawnen wir also die Kuh, fügen dann die neue geplante Aufgabe hinzu, legen die Geschwindigkeit mit `fling` fest und setzen die Kuh in Brand.

Woher kriegst du ein Stück Leder?

Es kann sein, dass du zum Testen oder Spielen gerade kein Stück Leder zur Hand hast. Beschaffe es dir wie folgt:

- Gib `/gamemode c` ein, um in den Kreativmodus zu wechseln.
- Drücke **E**.
- Das Symbol in der oberen rechten Ecke ist die Suchleiste. Klicke darauf.
- Beginne mit der Eingabe von `leather`. Daraufhin erscheint das Material Leder.

→

1 Manchmal muss man einfach experimentieren.

- Klicke einmal und dann ein weiteres Mal auf deine Schnellzugriffsleiste (das ist die untere Reihe von Feldern im Inventar), um es dort abzulegen.
- Schließe das Inventar, indem du **Esc** drückst.
- Drücke die entsprechende Zahlentaste (**1** bis **9**), um das Feld mit dem Leder auszuwählen.

Es kann sein, dass beim Wechsel in den Kreativmodus eine Fehlermeldung angezeigt wird, die besagt, dass du keine Berechtigungen hast. In diesem Fall musst du dir selbst Operatorrechte geben.

Wie gesagt, gibt es bei brennenden Kühen (und ganz allgemein brennenden Objekten) das Problem, das sie nicht lange in Flammen stehen, sondern verbrennen und sterben. Darum kümmert sich unsere geplante Aufgabe: Sie hält die Kuh am Leben und wartet darauf, dass sie landet.

Die ausführbare Aufgabe steht in der folgenden eigenen Klasse:

```
package cowshooter;

import net.canarymod.Canary;
import net.canarymod.api.entity.EntityType;
import net.canarymod.api.world.position.Location;
import net.canarymod.api.entity.living.animal.Cow;
import net.canarymod.api.world.position.Vector3D;
import net.canarymod.api.world.blocks.Block;
import net.canarymod.api.world.blocks.BlockType;
import net.canarymod.tasks.ServerTask;
import com.pragprog.ahmine.ez.EZPlugin;

public class CowTask extends ServerTask {

private Cow cow;

   public CowTask(Cow myCow) {
      super(Canary.getServer(), 0, true); // delay, isContinuous
      cow = myCow;
   }

   public void run() {
      if (cow.isOnGround()) {
         Location loc = cow.getLocation();
         cow.setHealth(0);
         cow.kill();
         cow.getWorld().makeExplosion(cow,
```

```
                loc.getX(), loc.getY(), loc.getZ(),
                2.0f, true);
            Canary.getServer().removeSynchronousTask(this);
        } else {
            cow.setFireTicks(600);
            cow.setHealth((float)cow.getMaxHealth());
        }
    }
}
```

Listing 10.2: CowShooter/src/cowshooter/CowTask.java

Wenn die Kuh am Boden aufschlägt (was wir mit `cow.isOnGround()` testen), lassen wir sie explodieren und entfernen unsere Aufgabe, damit sie nicht weiterläuft. Damit sind wir fertig. Fliegt die Kuh aber nach wie vor durch die Luft, halten wir sie mit `cow.setFireTicks(600)` in Brand und setzen ihre Gesundheitspunkte auf den Maximalwert, um sie noch ein bisschen länger am Leben zu erhalten. Hm, das klingt in dieser Beschreibung viel grausamer, als es ist ...

Das Ergebnis? Wenn du das Stück Leder wie einen Zauberstab schwenkst, fliegen brennende Kühe durch die Luft und explodieren beim Aufschlagen.

Den vollständigen Code von `CowShooter.java` und `CowTask.java` findest du in `code/CowShooter/src/cowshooter`.

Das macht mehr Spaß, als einfach nur `Hello, World` auszugeben, nicht wahr?

Weiter geht's!

In diesem Kapitel hast du einige Mechanismen von Java kennengelernt. Du hast erfahren, wie du eine neue Klasse anlegst und Objekte aus Klassen erstellst. Viel spannender ist es jedoch, dass du nun Aufgaben im Hintergrund kontinuierlich ausführen kannst. Damit kannst du witzige Dinge wie brennende, explodierende Kühe gestalten.

Als Nächstes sehen wir uns an, wie du Daten speicherst und sie auch dann noch abrufen kannst, wenn das Spiel heruntergefahren, neu gestartet oder ausgeschaltet wurde.

Der Inhalt deines Werkzeugkastens

Dein Werkzeugkasten ist jetzt zu 68 % gefüllt. Du kannst nun Folgendes tun:

- die Kommandozeilenshell nutzen
- Programme mit Java und `javac` erstellen
- einen Minecraft-Server ausführen
- ein Plugin bereitstellen
- Verbindung zu einem lokalen Server aufnehmen
- Java-Variablen für Zahlen und Strings verwenden
- Java-Funktionen verwenden
- `if`-, `for`- und `while`-Anweisungen verwenden
- Java-Objekte verwenden
- Java-Pakete importieren
- Objekte mit `new` erstellen
- Plugins Befehle hinzufügen
- mit `Location`-Objekten arbeiten
- Blöcke und Entitäten finden
- lokale Variablen verwenden
- globale Variablen auf Klassenebene verwenden

→

- Arraylisten verwenden
- Hashmaps verwenden
- die Schlüsselwörter `private` und `public` verwenden, um die Sichtbarkeit zu steuern
- Minecraft-Blöcke bearbeiten
- Entitäten ändern und spawnen
- auf Spielereignisse lauschen und reagieren
- Plugin-Berechtigungen verwalten
- neue, getrennte Klassen erstellen
- Aufgaben zur späteren Ausführung einplanen
- Aufgaben zur kontinuierlichen Ausführung einplanen

Kapitel 11

Konfigurationsdateien verwenden und Spieldaten speichern

Dein Werkzeugkasten

Jetzt werden wir deinen Werkzeugkasten um ein paar Speichermöglichkeiten erweitern und uns außerdem ein paar fortgeschrittenere Java-Sprachmittel anschauen. In diesem Kapitel fügst du deinem Werkzeugkasten folgende Fähigkeiten hinzu:

- vom Benutzer bearbeitbare Konfigurationsdaten in einer lokalen Datei speichern und laden
- private Spieldaten in einer Datenbank speichern und laden
- anspruchsvollen Code aus kleineren Funktionen aufbauen
- mithilfe des Canary-Objekts DataAccess auf die eingebauten Datenbankfunktionen zugreifen
- Java-Ausnahmen und Annotationen nutzen

So langsam nimmt die Sache Form an. Mit dem, was du bereits gelernt hast, kannst du auf Ereignisse lauschen, Aufgaben zur späteren Ausführung einplanen, Daten in Listen und Hashmaps vorhalten und dein Plugin nutzen, solange der Server läuft. Damit bist du schon in der Lage, einige wirklich großartige Plugins zu schreiben. Allerdings besteht dabei immer noch eine wichtige Einschränkung: Server laufen nicht ständig.

Jeder Minecraft-Server (auch deiner!) kann irgendwann anhalten. Du selbst hast deinen Server mehrere Male angehalten, nur um Plugins zu installieren. Außerdem kann es immer mal vorkommen, dass der Computer abstürzt oder dass du einfach deinen Laptop zuklappst. Jedes Mal, wenn der Server anhält, vergisst dein Plugin aber alles, was es jemals gewusst hat – die Daten sind verloren.

Wir brauchen also eine Möglichkeit, um wichtige Daten irgendwo auf der Festplatte festzuhalten, sodass wir sie so oft wie möglich speichern und bei Bedarf wieder laden können.

Es gibt zwei verschiedene Arten von Daten, um die du dich dabei kümmern musst:

- Konfigurationsdaten: Das sind die Daten, die festlegen, wie das Plugin arbeiten soll. Meistens werden sie nur einmal festgelegt und nur selten aktualisiert, aber sie werden bei jeder Ausführung des Plugins gelesen. Wahrscheinlich hast du schon in anderen Plugins oder bei der Servereinrichtung für Minecraft Konfigurationsdateien verwendet.
- Spieldaten: Das sind Angaben wie die Punktestände von Spielern, das Inventar oder andere Dinge, die sich im Verlauf des Spiels häufig ändern. Der Umgang mit diesen Daten ist ein bisschen knifflig, wie du in Kürze sehen wirst.

Sehen wir uns nun an, wie du diese beiden Arten von Dateien speicherst und lädst.

Konfigurationsdateien verwenden

Viele Plugins und der Server selbst verwenden *Konfigurationsdateien*, um verschiedene Werte einzustellen und Verhalten auszuwählen. Dabei handelt es sich um einfache Textdateien, die unmittelbar von einem Menschen gelesen und bearbeitet werden können. Damit kannst du die einzelnen Aspekte eines Plugins anpassen, ohne in den Quellcode eingreifen oder irgendetwas neu kompilieren zu müssen. Ob Endbenutzer, Serveroperatoren oder Entwickler, alle können diese Art von Dateien nutzen. Du selbst kannst es gleich auch.

Im Folgenden ändern wir ein Plugin so ab, dass es eine Konfigurationsdatei nutzt. In Kapitel 6 haben wir ein Plugin erstellt, das eine Ladung Tintenfische an der aktuellen Position abregnete – genau, die »Tintenfischbombe«! Wir werden dem Plugin `SquidBomb` nun folgende Konfigurationsoptionen hinzufügen:

- die Anzahl der abzuwerfenden Tintenfische
- die Höhe, aus der die Tintenfische herabfallen
- die Möglichkeit, die Tintenfische auf saubere Art und Weise wieder loszuwerden oder indem wir sie in Brand setzen (eine neue Funktion!)

Glücklicherweise gibt es für Canary-Plugins einen eingebauten und betriebsbereiten Mechanismus für Konfigurationsdateien. Er funktioniert wie folgt:

Die Konfigurationsdatei selbst muss den Namen *Plugin-Name*`.cfg` tragen und sich unter `Server/config` in einem Unterverzeichnis befinden, das ebenfalls den Namen des Plugins trägt. Der Pfad für die Konfigurationsdatei unseres Plugins namens `SquidBombConfig` lautet also wie folgt:

```
~/Desktop/server/config/SquidBombConfig/SquidBombConfig.cfg
```

Die Konfigurationsdatei selbst sieht folgendermaßen aus:

```
numSquids=6
squidDropHeight=5.0
setFire=false
```

Diese Datei folgt einem sehr einfachen Format, das du sogar schon die ganze Zeit benutzt hast – es ist das gleiche Format, das auch in der Datei `Canary.inf` verwendet wird.

Jede Zeile steht für eine Einstellung und besteht nur aus dem Namen dieser Einstellung (ohne Leerzeichen im Namen!), einem Gleichheitszeichen und dann dem Wert. Du kannst hier Strings, Integer, boolesche Werte (`true` und `false`), `double`-Fließkommazahlen usw. festlegen.

Wenn beim Start des Plugins keine `cfg`-Datei vorhanden ist, wird eine Standardkonfigurationsdatei auf der Grundlage der in dem Plugin festgelegten Werte erstellt. Das ist eine bequeme Vorgehensweise, um einen Ausgangspunkt zu haben: Sobald diese Datei auf der Festplatte angelegt ist, kannst du (oder ein Benutzer oder Serveroperator) sie öffnen und Änderungen darin vornehmen.

Sehen wir uns nun an, wie du den Code eines Plugins ändern musst, damit es eine Konfigurationsdatei verwendet. Wichtig dafür ist die Funktion `enable()`. Beim ersten Start bezieht sie die Werte aus der Konfigurationsdatei und legt sie in einigen wenigen statischen Variablen ab, die das Plugin verwenden kann. Zur Tintenfischbombe habe ich Folgendes hinzugefügt:

```
private static int numSquids;
private static double squidDropHeight;
private static boolean setFire;

// Server/config/SquidBombConfig/SquidBombConfig.cfg:
//
// numSquids=6
// squidDropHeight=5
// setFire=false

public boolean enable() {
   super.enable();// Wenn du diese Funktion nicht aufrufst,
                  // macht es der Compiler
   logger.info("Getting config data");
   PropertiesFile config = getConfig();
   numSquids = config.getInt("numSquids", 6);
   squidDropHeight = config.getDouble("squidDropHeight", 5.0);
   setFire = config.getBoolean("setFire", false);
   config.save(); // Legt bei Bedarf eine neue Datei an
   return true;
}
```

Listing 11.1: SquidBombConfig/src/squidbombconfig/SquidBombConfig.java

Als Erstes rufen wir `getConfig()` auf, um das `PropertiesFile`-Objekt für unser Plugin abzurufen. (Wenn es diese Datei noch nicht gibt, erhältst du stattdessen ein leeres Objekt.) Damit können wir nun die Werte aus der Konfigurationsdatei abrufen.

Jeder Aufruf zum Lesen von Daten hat die Form `config.get`*`Typ`*`()`, wobei *Typ* hier für den Typ der betreffenden Daten steht. Du verwendest also Anweisungen wie `getInt`, `getDouble`, `getBoolean`, `getString` usw.

Beachte, dass du hier die CamelCase-Schreibweise der Datentypen verwenden musst, also `getInt` statt `getint`, `getBoolean` statt `getboolean` usw.[1]

Funktionen mit Namen wie `get`*`XXX`* und `set`*`XXX`* zum Lesen bzw. Speichern von Variablen sind in Java üblich. Wir sprechen hier von *Getter-* und *Setter-Funktionen* (zugegeben, das sind nicht sehr originelle Bezeichnungen).

Bei allen Get-Funktionen für Konfigurationsdateien kannst du einen Standardwert angeben, der verwendet werden soll, wenn die Einstellung nicht in der Datei erwähnt wird. Beispielsweise kannst du folgenden Aufruf durchführen:

```
numSquids = config.getInt("numSquids", 6);
```

Damit wird `numSquids` automatisch auf 6 gesetzt, wenn in der Konfigurationsdatei keine Einstellung für die Anzahl der Tintenfische vorhanden ist oder wenn es die Datei gar nicht gibt. Enthält die Konfigurationsdatei aber die entsprechende Einstellung, so wird `numSquids` auf den dort angegebenen Wert gesetzt.

Am Ende unserer Funktion rufen wir `save()` auf. Falls noch keine Konfigurationsdatei vorhanden war, wird sie dadurch mit den Standardwerten angelegt. Gibt es die Datei bereits und haben wir keinen der Werte geändert, so geschieht nichts.

Weiter hinten in dem Plugin verwenden wir diese statischen Klassenvariablen anstelle der hartkodierten Zahlen aus der früheren Version:

```
double y = loc.getY();
loc.setY(y + squidDropHeight);
me.chat("Spawning " + numSquids + " squid.");
// Spawnt einige Tintenfische. Igitt.
for (int i = 0; i < numSquids; i++) {
   spawnEntityLiving(loc, EntityType.SQUID);
}
```

Listing 11.2: SquidBombConfig/src/squidbombconfig/SquidBombConfig.java

Kinderleicht!

1 CamelCase ist die Bezeichnung für die Verwendung von GroßBuchStaben mitten im Wort. Das Auf und Ab der Buchstaben erinnert ein bisschen an die Höcker eines Kamels.

Probiere es selbst aus!

Führe build.sh für das neue Plugin SquidBombConfig aus und teste den Befehl squidbombc (beachte das zusätzliche c am Ende!). Der Befehl sollte immer noch genauso funktionieren wie in der früheren Version.

Im Verzeichnis config des Servers findest du jetzt das neue Verzeichnis SquidBomb Config und darin die Datei SquidBombConfig.cfg:

```
~/Desktop/server$ cd config
~/Desktop/server/config$ ls
SquidBombConfig    motd.txt     plugin_priorities.cfg worlds
db.cfg              ops.cfg     server.cfg
~/Desktop/server/config$ cd SquidBombConfig/
~/Desktop/server/config/SquidBombConfig$ ls
SquidBombConfig.cfg
~/Desktop/server/config/SquidBombConfig$ cat SquidBombConfig.cfg
numSquids=6
squidDropHeight=5.0
setFire=false
```

Den Inhalt der Datei habe ich hier mit dem Befehl cat ausgegeben.

Bearbeite diese Datei und erhöhe die Anzahl der Tintenfische, z. B. auf 12. Speichere die Datei und starte den Server neu.

Wenn du jetzt den Befehl squidbombc gibst, wirst du mit einem Dutzend Tintenfische überschüttet.

Herzlichen Glückwunsch! Deine Benutzer haben jetzt die Möglichkeit, dein Plugin anzupassen, ohne auf den Quellcode zugreifen zu müssen.

Da diese Haufen von Tintenfischen nicht gerade eine Zier sind, brauchen wir eine schnelle Möglichkeit, um sie wieder aus der Welt zu schaffen. Für das große Tintenfisch-Aufräumen habe ich dem Plugin den Befehl squidpurge hinzugefügt (dessen Quellcode wir uns gleich ansehen werden). Probiere ihn aus.

Du kannst nicht nur Grenzwerte und Mengen ändern, sondern auch das Verhalten von Plugins. Setze die Einstellung setFire in der Datei SquidBombConfig.cfg auf true. Starte den Server neu. Wenn du jetzt Tintenfische entfernst, sterben sie nicht einfach, sondern gehen in Flammen auf.

Ein rundes Dutzend brennender Tintenfische!

Plugin: SquidBombConfig

Hier siehst du den vollständigen Code der endgültigen Version von SquidBombConfig:

```
package squidbombconfig;

import java.util.Collection;
import java.util.Iterator;
import net.canarymod.plugin.Plugin;
import net.canarymod.logger.Logman;
import net.canarymod.Canary;
import net.canarymod.commandsys.*;
import net.canarymod.chat.MessageReceiver;
import net.canarymod.api.entity.living.humanoid.Player;
import net.canarymod.api.world.position.Location;
import net.canarymod.api.world.blocks.Block;
import net.canarymod.api.world.blocks.BlockType;
import net.canarymod.api.entity.EntityType;
import net.canarymod.api.entity.living.EntityLiving;
import net.canarymod.api.entity.living.animal.Squid;
import com.pragprog.ahmine.ez.EZPlugin;
import net.visualillusionsent.utils.PropertiesFile;

public class SquidBombConfig extends EZPlugin {
   private static int numSquids;
   private static double squidDropHeight;
   private static boolean setFire;

   // Server/config/SquidBombConfig/SquidBombConfig.cfg:
   //
   // numSquids=6
   // squidDropHeight=5
   // setFire=false

   public boolean enable() {
      super.enable();
      logger.info("Getting config data");
      PropertiesFile config = getConfig();
      numSquids = config.getInt("numSquids", 6);
      squidDropHeight = config.getDouble("squidDropHeight", 5.0);
      setFire = config.getBoolean("setFire", false);
      config.save(); // Legt bei Bedarf eine neue Datei an
      return true;
   }

   @Command(aliases = { "squidbombc" },
         description = "Drop a configurable number of squid on your head.",
```

```
        permissions = { "" },
        toolTip = "/squidbombc")
   public void squidbombCommand(MessageReceiver caller, String[] args) {
      if (caller instanceof Player) {
         Player me = (Player)caller;
         Location loc = me.getLocation();
         double y = loc.getY();
         loc.setY(y + squidDropHeight);
         me.chat("Spawning " + numSquids + " squid.");
         // Spawnt einige Tintenfische. Igitt.
         for (int i = 0; i < numSquids; i++) {
            spawnEntityLiving(loc, EntityType.SQUID);
         }
      }
   }

   @Command(aliases = { "squidpurge" },    ❶
          description = "Get rid of squid.",
          permissions = { "" },
          toolTip = "/squidpurge")
   public void squidpurgeCommand(MessageReceiver caller, String[] args) {
      if (caller instanceof Player) {
         Player me = (Player)caller;

         Collection<EntityLiving> squidlist =
                                 me.getWorld().getEntityLivingList();
         for (EntityLiving entity : squidlist) {
            if (entity instanceof Squid) {
               Squid victim = (Squid)entity;
               if (setFire) {
                  victim.setFireTicks(600);
               } else {
                  victim.setHealth(0.0f);
               }
            }
         }
      }
   }  ❷
}
```

Listing 11.3: SquidBombConfig/src/squidbombconfig/SquidBombConfig.java

Den Befehl `squidpurge` habe ich zwischen ❶ und ❷ hinzugefügt. Mit `me.getWorld().getEntityLivingList()` rufe ich eine Liste sämtlicher Tintenfische in der Welt ab und durchlaufe sie dann mit einem Iterator[2]. Je nach Einstellung in der Konfigurationsdatei habe ich dann zwei Möglichkeiten. Erstens kann ich jeden Tintenfisch in Brand setzen:

2 Eigentlich hole ich mir die Liste aller Lebewesen und bearbeite dann aber nur die Squid-Entities.

```
victim.setFireTicks(600);
```

Ich kann ihn auch einfach töten, indem ich seinen Gesundheitswert schlagartig auf 0 setze:

```
victim.setHealth(0.0f);
```

Mit einer schlichten `if`-Anweisung und einer Konfigurationsdatei hast du jetzt dafür gesorgt, dass die Benutzer das Verhalten des Plugins ohne Änderungen am Quellcode abwandeln können.

Spieldaten in einer Datenbank speichern

Die bisher vorgeführte Vorgehensweise ist zwar großartig für Konfigurationsdaten, eignet sich aber nicht so gut für Spieldaten, also Daten, die sich im Verlauf des Spiels ändern, wie z. B. Punktzahlen und Statuswerte von Spielen, Inventar, Gesundheit usw. Der Zugriff auf diese Art von Daten muss auf andere Weise erfolgen, und wir müssen auch in der Lage sein, Spieldaten nicht nur zu lesen, sondern auch zu schreiben.

Bei der Speicherung gibt es jedoch eine wichtige Einschränkung: Du kannst nur einfache Datentypen speichern und laden, also Strings, Integer, Fließkommazahlen und boolesche Werte, aber keine Minecraft-spezifischen Objekte wie `Location`- oder `Player`-Objekte. Es ist zwar möglich, den Spielernamen als String festzuhalten oder eine Position als einen Satz von `x`-, `y`- und `z`-Koordinaten im `double`-Format, aber Minecraft-Objekte als solche lassen sich nicht speichern.

Das ist jedoch eine vernünftige Einschränkung, denn es wäre auch gar nicht gut, `Player`-Objekte, Welten, `Location`-Objekte oder andere »Live«-Elemente im Spiel zu speichern.

Denke daran, dass das Spiel in Echtzeit abläuft. Spieler melden sich ab oder ändern ihren Standort, Blöcke ändern ihren Typ, Elemente fangen Feuer, stürzen, werden dem Inventar hinzugefügt oder daraus entnommen – und all das geschieht, während dein Code läuft. Wenn du ein `Player`-Objekt auf der Festplatte oder auch nur in einer Liste im Arbeitsspeicher festhalten würdest, gäbe es keine Garantie dafür, dass es auch noch gültig ist, wenn du es am nächsten Tag oder in einer Woche benutzen möchtest. Im Gegenteil: Es ist ziemlich wahrscheinlich, dass es *nicht* mehr gültig ist. Ein Spieler muss nicht mehr tun, als sich abzumelden und wieder neu anzumelden, und schon ist das alte `Player`-Objekt nicht mehr gültig!

Statt des `Player`-Objekts speicherst du daher den Namen des Spielers. Wenn du die Daten erneut laden und verwenden möchtest, solltest du jedoch sicherstellen, dass der betreffende Spieler auch tatsächlich online ist.

In Canary hast du zwei Möglichkeiten, um Spieldaten zu speichern und zu laden. Die eine ist eine SQL-Datenbank mit allen Schikanen (wie SQLite oder MySQL), die zur Suche nach Daten und zu deren Speicherung die Sprache SQL nutzt. Das ist aber viel zu kompliziert, um es hier auf wenigen Seiten zu erklären. Wenn du es mit Tausenden von Benutzern auf einem großen Server und kompliziert verschachtelten Daten zu tun hast, dann solltest du dich jedoch mit den SQL-Techniken vertraut machen.[3]

Wenn du dagegen relativ einfache Daten in einer flachen Struktur und nur Hunderte von Benutzern hast, dann bietet Canary eine geeignetere Option für dich: `DataAccess`-Objekte und das Front-End `Database`.

Die Begriffe zur Beschreibung von Datenbanken unterscheiden sich ein wenig von denen, die wir für den Code verwenden. Beim Code haben wir es mit Klassen oder Datensätzen zu tun, die aus Variablen oder Feldern bestehen. In Datenbanken gibt es diese Dinge auch, allerdings heißen die Felder hier *Spalten*, wobei mehrere Spalten zu einer *Tabelle* gruppiert werden.

Da die Suche nach Datensätzen in einer Datenbank ziemlich aufwendig wäre, gibt es ein besonderes Element für die gezielte Suche, nämlich ein Tabellenfeld, das als *Primärschlüsssel* bezeichnet wird. Jeder Datensatz in der Tabelle weist einen anderen Wert für den Primärschlüssel auf. Beispielsweise gibt `player_name` einen guten Primärschlüssel ab, da jeder Benutzer über einen eindeutigen Namen verfügt, anhand dessen es einfach ist, den Spieler zu finden.

»DataAccess«-Objekte

In der Canary-API kannst du ein `DataAccess`-Objekt erstellen, mit dem du festlegst, was in der Datenbank gespeichert wird. Nehmen wir beispielsweise an, du möchtest die Position eines Spielers in Form von x-, y- und z-Koordinaten festhalten und in der Lage sein, die einzelnen Datensätze anhand der Spielernamen zu speichern und abzurufen.

Dazu brauchst du eine eigene, von `DataAccess` abgeleitete Klasse, die nur die Daten enthält, an denen du interessiert bist:

```
public class AllPlayerLocations extends DataAccess {
   public String player_name;
   public double x;
   public double y;
   public double z;
}
```

3 Ein offizielles Tutorial findest du auf *http://docs.oracle.com/javase/tutorial/jdbc/basics/processingsqlstateprocessingsqlstatements.html*. Dieses Thema ist aber sehr anspruchsvoll und möglicherweise verwirrend, selbst für Profis.

Das beschreibt die Daten, aber Canary benötigt noch einige weitere Angaben, bevor du sie in einer Datenbank nutzen kannst.

Als Erstes muss Canary wissen, wie die Felder in der Datenbank heißen und welche Datentypen sie enthalten. Den Datenbankfeldern für die x-, y- und z-Koordinaten geben wir dieselben Namen wie den Variablen. All diese Werte sind double-Fließkommazahlen. Solche Angaben kannst du mithilfe einer @Column-Anmerkung machen:

```
@Column(columnName = "x",
   dataType = DataType.DOUBLE)
public double x;
```

Damit weiß das System, wie es die einzelnen Koordinaten speichern soll. Für den Spielernamen gehen wir fast genauso vor:

```
@Column(columnName = "player_name",
   dataType = DataType.STRING)
public String player_name;
```

Hier müssen wir den Datentyp String angeben. Außerdem ist für player_name noch eine kleine Besonderheit erforderlich, denn dieses Feld in der Datenbank soll eindeutig sein, also als Primärschlüssel fungieren. Für jeden Spielernamen darf es immer nur einen einzigen Datensatz mit Koordinaten in der Datenbank geben. Dazu legst du den Spaltentyp mit columnType fest:

```
@Column(columnName = "player_name",
   columnType = Column.ColumnType.PRIMARY,
   dataType = DataType.STRING)
public String player_name;
```

Nach der Festlegung der Spalten musst du der Datenbanktabelle, die diese Datensätze enthalten soll, einen Namen geben. Das erledigst du im Konstruktor:

```
public AllPlayerLocations() {
   super("all_player_locations");
}
```

Dadurch erfährt die Datenbank, dass die Felder in einer Datenbanktabelle namens all_player_locations gespeichert werden sollen.

Schließlich musst du deine Klasse noch gegenüber ihrer Elternklasse DataAccess erweitern, indem du ihr die Methode getInstance hinzufügst, die ein Objekt dieser Klasse zurückgibt. Deine endgültige DataAccess-Klasse sieht also wie folgt aus:

```
package locationsnapshot;

import net.canarymod.database.Column;
import net.canarymod.database.Column.DataType;
import net.canarymod.database.DataAccess;
```

```
public class AllPlayerLocations extends DataAccess {
   @Column(columnName = "player_name",
      columnType = Column.ColumnType.PRIMARY, dataType = DataType.STRING)
   public String player_name;

   @Column(columnName = "x", dataType = DataType.DOUBLE)
   public double x;

   @Column(columnName = "y", dataType = DataType.DOUBLE)
   public double y;

   @Column(columnName = "z", dataType = DataType.DOUBLE)
   public double z;

   public AllPlayerLocations() {
      super("all_player_locations");
   }

   public DataAccess getInstance() {
      return new AllPlayerLocations();
   }
}
```

Listing 11.4: LocationSnapshot/src/locationsnapshot/AllPlayerLocations.java

Sehen wir uns nun an, wie wir diesen Code in einem Plugin verwenden.

Plugin: LocationSnapshot

Das folgende Beispiel zeigt, wie du ein DataAccess Objekt (hier AllPlayerLocations) in einem neuen Plugin verwendest. In diesem Plugin namens LocationSnapshot stellen wir zwei neue Befehle bereit:

- /savelocations
- /loadlocations

Eine solche Funktion kannst du beispielsweise in einem Minecraft-Wettkampf einsetzen, um am Ende alle Spieler wieder zu ihrer Ausgangsposition zurückzubringen.

Wie der Name schon sagt, speichert der Befehl savelocations die aktuellen Positionen aller Spieler, die online sind, auf der Festplatte. Der Befehl loadlocations liest diese Positionsangaben und teleportiert alle Spieler wieder zurück an die gespeicherten Standorte. In unserem DataAccess-Objekt AllPlayerLocations verwenden wir die Database-Funktionen von Canary, um eine Hashmap der Spieler (Player) und ihrer Positionen (Locations) zu speichern und zu laden.

Das Plugin besteht aus den beiden Hauptteilen saveLocations und loadLocations. Um Ordnung zu halten, stellen wir den Code für jeden dieser Teile in eine eigene Funktion. Diese Vorgehensweise solltest du dir angewöhnen.

saveLocations

Die Logik für saveLocations sieht folgendermaßen aus:

```
private void saveLocations() {
   List<Player> playerList = Canary.getServer().getPlayerList();
   // Für alle Spieler ...
   for (Player player : playerList) {
      // Speichert Rohkoordinaten, keine Location-Objekte
      AllPlayerLocations apl = new AllPlayerLocations();
      apl.player_name = player.getDisplayName();
      Location loc = player.getLocation();
      apl.x = loc.getX();
      apl.y = loc.getY();
      apl.z = loc.getZ();

      HashMap<String, Object> search = new HashMap<String, Object>();   ❶
      search.put("player_name", player.getDisplayName());

      try {
         Database.get().update(apl, search);   ❷
      } catch (DatabaseWriteException e) {
         logger.error(e);
         logger.info("error");
      }
   }
}
```

Listing 11.5: LocationSnapshot/src/locationsnapshot/LocationSnapshot.java

In diesem Code gehen wir die Liste aller Spieler durch, die online sind, wobei wir deren Namen jeweils mit den zugehörigen x-, y- und z-Koordinaten in ein neues AllPlayerLocations-Objekt stellen. Dieses Objekt wird durch den Aufruf von update() bei ❷ in der Datenbank gespeichert.

Woher weiß die Datenbank, welche Daten sie aktualisieren soll? Du musst ihr eine Hashmap übergeben, die den zu aktualisierenden Datensatz angibt (bzw. den zu erstellenden Datensatz, wenn die Speicherung zum ersten Mal erfolgt). Daher bauen wir bei ❶ eine Hashmap auf, die die Datenbank anweist: »Aktualisiere den Datensatz, dessen Feld player_name mit dem Ergebnis von getDisplayName() für diesen Spieler identisch ist.«

Jetzt können wir die Aktualisierungsfunktion der Datenbank aufrufen, die wie folgt aussieht:

```
try {
   Database.get().update(apl, search);
} catch (DatabaseWriteException e) {
   logger.error(e);
   logger.info("error");
}
```

Code wie diesen hast du in unseren bisherigen Beispielen noch nie gesehen. Wozu ist er da?

Ausnahmen abfangen

Sieh dir den Codeblock an, der von den Schlüsselwörtern `try` und `catch` eingeschlossen wird. Die Datenbankfunktionen sind so deklariert, dass sie »Ausnahmen auslösen«, wenn irgendetwas schiefgeht, etwa wenn es beim Schreiben der Datei zu einem Fehler kam, weil die Festplatte voll ist. Was sind aber »Ausnahmen«?

Eine *Ausnahme* (Exception) unterbricht den Code, der zurzeit ausgeführt wird, verwirft den Rest der Funktion und springt zum `catch`-Block vor. Das ist so ähnlich, als würde gerade jetzt der Feueralarm losgehen: Anstatt diese Seite zu Ende zu lesen, springst du sofort auf und verlässt das Haus.

Wenn kein Fehler auftritt, wird der `catch`-Block nicht ausgeführt.

Zur Vereinfachung fängt unser Code die Ausnahme `DatabaseWriteException` nur ab und protokolliert den Fehler, was im Grunde genommen bedeutet, dass er ihn ignoriert. Das ist jedoch »Ausnahmebehandlung für Anfänger«. Solche Fehler solltest du eigentlich nicht ignorieren. Frage dich stattdessen: »Wessen Problem ist das, und wer kann es lösen?«

Code, den du in einer Bibliothek aufrufst, hat normalerweise keine Vorstellung davon, wofür du ihn verwendest. Wenn irgendetwas Unvorhergesehenes geschieht, weiß er nicht, was nötig ist, um das Problem zu lösen. Muss der ganze Server beendet werden? Soll der Benutzer eine Fehlermeldung bekommen? Ist es vielleicht nötig, einige Variablen zu ändern und rückgängig zu machen, was du gerade versucht hast zu tun? Der Bibliothekscode weiß es nicht und versucht daher auch nicht, Abhilfe zu schaffen. Er reißt nur die Hände hoch und gibt auf.

Wenn Ausnahmen auftreten, hast du zwei Möglichkeiten: Du kannst entweder die Verantwortung für den Fehler übernehmen und die Ausnahme selbst abfangen und behandeln, oder du kannst ebenfalls die Hände hochreißen und die Ausnahme an den Aufrufer übergeben. Um Letzteres zu tun, musst du lediglich deklarieren, dass *deine* Funktion ebenfalls eine Ausnahme auslöst (durch die Angabe von z. B. `throws`

`DatabaseWriteException` bzw. den jeweils passenden Typ von Ausnahme). Dann brauchst du keinen `try-catch`-Block mehr, denn nun ist diese Ausnahme das Problem von jemand anderem.

Laut Theorie jedoch sollten Ausnahmen ausschließlich für außergewöhnliche Geschehnisse verwendet werden. Wenn du eine Kuh spawnst und stattdessen ein Creeper erscheint, wäre das schon außergewöhnlich – eine unerwartete Katastrophe. Auch wenn du einen Spieler zu einer Spielerliste hinzufügst und die Länge der Liste danach immer noch null beträgt, liegt ein außergewöhnlicher und katastrophaler Fall vor.

Wenn du dagegen in der Datenbank nach etwas suchst, was nicht da ist, hast du es mit einem durchaus gewöhnlichen Vorfall zu tun, der keine außergewöhnliche Katastrophe darstellt. In einem solchen Fall kannst du die Ausnahme einfach abfangen und ignorieren.

Was aber geschieht, wenn der Versuch fehlschlägt, wie hier etwas in eine Datenbank zu schreiben? Das kann auf ein ernsthaftes Problem hindeuten, beispielsweise auf einen Mangel an Speicherplatz auf dem Server. Was solltest du tun?

Wenn es mein Server wäre, würde ich in einem solchen Fall versuchen, ihn so sauber wie möglich herunterzufahren. Ein totes Programm richtet weit weniger Schaden an als ein defektes Programm, das weiterläuft. Wenn du Code für professionelle Systeme schreibst, ist das fast immer die beste Vorgehensweise: ein schneller, aber lauter Ausfall.

Aber es muss nicht unbedingt unser eigener Server sein. Dieses Plugin kann auch jemand anderes ausführen, und es wäre ziemlich unhöflich von uns, wenn wir dessen Server herunterfahren, nur weil es uns nicht möglich ist, eine Datei zu schreiben. Daher protokollieren wir nur eine Fehlermeldung in der Minecraft-Konsole und machen weiter.

loadLocations

Wenn du später den Befehl `loadlocations` eingibst, durchläufst du wieder die Liste der Spieler, die online sind, und schlägst deren gespeicherte Positionen in der Datenbank nach. Die x-, y- und z-Koordinaten werden dann in echte `Location`-Objekte zurückverwandelt, und die Spieler werden dorthin teleportiert.

```
private void loadLocations() {
   // Durchläuft die Spielerliste und teleportiert diejenigen, die in der
   // Hashmap vorhanden sind.
   List<Player> playerList = Canary.getServer().getPlayerList();
   for (Player player : playerList) {
      String name = player.getDisplayName();
```

```
        AllPlayerLocations apl = new AllPlayerLocations();
        HashMap<String, Object> search = new HashMap<String, Object>();
        search.put("player_name", name);

        try {
           Database.get().load(apl, search);
        } catch (DatabaseReadException e) {
           logger.info(name + " is not online");
           continue;
        }

        // Rekonstruiert ein Location-Objekt aus den Koordinaten
        Location loc = new Location(apl.x, apl.y, apl.z);
        logger.info("Teleporting " + name + " to " + printLoc(loc));
        player.teleportTo(loc);
     }
  }
```

Listing 11.6: LocationSnapshot/src/locationsnapshot/LocationSnapshot.java

Zur Speicherung müssen wir offensichtlich die Liste der Spieler durchgehen, die online sind, und es ist am einfachsten, auch zum Laden auf diese Weise vorzugehen. Wir könnten auch die Liste der Spieler durchgehen, die in der Datenbank gespeichert sind, und dabei jeweils prüfen, ob sie jetzt online sind – aber die hier verwendete Vorgehensweise ist wahrscheinlich einfacher. In jedem Fall sind vermutlich einige der Spieler, die beim Speichern online waren, jetzt nicht mehr im Spiel und umgekehrt.

Wir müssen also lediglich den Spieler in der Datenbank finden, wozu wir abermals eine Such-Map sowie die Funktion `load` einsetzen. Wenn wir bereit sind, einen Spieler zu teleportieren, erstellen wir auf der Grundlage der gespeicherten Koordinaten ein neues `Location`-Objekt und schicken den Spieler los.

Kompiliere und installiere `LocationSnapshot` und probiere das Plugin aus. Stelle dazu zunächst eine Verbindung von deinem Client her und führe den Befehl `/save locations` aus.

Beende dann den Client, halte den Server an und starte beide neu. Gehe an irgendeine andere Stelle im Spiel und gib den Befehl `/loadlocations` ein. Daraufhin wirst du (und jeder andere Spieler auf dem Server) an den gespeicherten Standort zurückversetzt.

XML oder SQLite?

In der Serverkonfigurationsdatei `server/config/server.cfg` kannst du das Backend auswählen, auf das die Datenbank zum Laden und Speichern zurückgreift. Standardmäßig wird eine Datei im XML-Format im Verzeichnis `server/db` verwendet.[4]

Du kannst jedoch auch MySQL oder SQLite verwenden, indem du die folgende Zeile der Serverkonfigurationsdatei bearbeitest:

```
data-source=xml
```

Um eine bessere Leistung zu erzielen, kannst du diese Option einfach ohne jegliche weitere Konfigurationsänderungen auf `sqlite` umstellen. Wenn du die Option `mysql` verwenden willst, die eine noch höhere Leistung bietet, musst du sie jedoch auch in `server/config/db.cfg` einrichten und außerdem einen MySQL-Server betreiben.

Plugin: BackCmd mit Speicheroption

Mit den Prinzipien, die wir für `LocationSnapshot` verwendet haben, werden wir nun unserem Plugin `BackCmd` Möglichkeiten zur Datenspeicherung hinzufügen, sodass die Positionen auch nach einem Serverneustart noch erhalten bleiben. Ich gebe die groben Umrisse und Signaturen der Funktionen vor, aber die Funktionsrümpfe, also den Code, der etwas bewirkt, schreibst du selbst. Los geht's!

`BackCmd` ist ein wenig komplizierter als unser einfaches Plugin `LocationSnapshot`. Wie du in Kapitel 9 gelesen hast, merkt sich `BackCmd` nicht nur eine Position pro Spieler, sondern einen Stack von `Location`-Objekten.

Denke daran, dass das Datenbanksystem keine `Location`-Objekte als solche speichern kann. Es kann eine Liste festhalten, die wir als Stack verwenden können, aber es kann darin nur einfache Datentypen speichern. In der Datenbank kannst du auch keine Listen aus getrennten x-, y- und z-Koordinaten oder Listen aus Arrays ablegen. Daher müssen wir ein bisschen schummeln: Wir speichern die Koordinaten beim Schreiben als String und entnehmen sie beim Lesen wieder aus diesem String, um sie in `double`-Werte umzuwandeln.

---

4 Ein Backend ist ein Programm oder ein Stück Code, das der Benutzer normalerweise nicht zu sehen bekommen muss. Es liegt weiter hinten (back) und wird vor dem Benutzer durch das Frontend (hier durch die `DataAccess`-Klasse) verborgen. Siehe auch *http://de.wikipedia.org/wiki/Front-End_und_Back-End*.

Zum Schreiben des Codes hast du folgende Aufgaben:

- Erstelle ein `SavedLocation`-Objekt für die gespeicherten Positionen. Dabei handelt es sich um ein `DataAccess`-Objekt.
- Im Haupt-Plugin geht es um Spieler. Es fügt ihnen nur ein neues `Location`-Objekt hinzu und ruft jeweils den letzten Standort eines Spielers ab. Daher ist es sinnvoll, `SavedLocation` wie einen Stack mit den Methoden `pop` und `push` zu gestalten.
- Da `SavedLocation` für das Plugin einfach wie ein Stack aussieht, erledigt es die Lade- und Speicherfunktionen in der Datenbank intern (als private Funktionen). Daher musst du die privaten Funktionen in `SavedLocation` schreiben, die `Database` aufrufen und eine Prüfung auf Ausnahmen durchführen.
- Schreibe eine Konvertierungsfunktion, die ein `Location`-Objekt entgegennimmt und einen String zurückgibt, der die einzelnen Koordinaten durch Kommas getrennt enthält.
- Schreibe eine Konvertierungsfunktion, die einen String aus kommagetrennten Koordinaten entgegennimmt und daraus ein `Location`-Objekt erstellt.

Das ist nur eine erste Übersicht über deine Aufgaben. Im Verlauf der Arbeit kann es sich herausstellen, dass noch andere Aufgaben dazukommen. Mach dir deswegen jedoch keine Sorgen, denn das ist der übliche Verlauf der Softwareentwicklung.

Scheue dich auch nicht, `logger.info()`-Meldungen hinzuzufügen, um zu verfolgen, was das Plugin macht.

Damit hast du schon alle Hände voll zu tun. Fangen wir also an.

Die Klasse »SavedLocation« erstellen

Da es nicht möglich ist, einen Stack aus `Location`-Objekten direkt auf der Festplatte zu speichern, musst du ein Objekt erstellen, das sich dort ablegen lasst – ein `DataAccess`-Objekt. Daher legst du ein Objekt für gespeicherte Positionen an (`SavedLocation`), in dem du eine Liste von Strings für jeden Spieler speicherst.

Um mit dem Schreiben des Codes zu beginnen, suche das Verzeichnis `src/backcmd` des Plugins `BackCmd` auf, und lege dort die neue Datei `SavedLocation.java` an. Darin brauchst du als Erstes eine Paketanweisung und einige Importe.

Der Anfang unserer Klasse SavedLocation sieht wie folgt aus:

```
package backcmdsave;

import java.util.ArrayList;
import java.util.HashMap;
import net.canarymod.database.Column;
import net.canarymod.database.Column.DataType;
import net.canarymod.database.DataAccess;
import net.canarymod.database.exceptions.*;
import net.canarymod.api.entity.living.humanoid.Player;
import net.canarymod.api.world.position.Location;
import net.canarymod.api.world.World;
import net.canarymod.database.Database;
import net.canarymod.Canary;

public class SavedLocation extends DataAccess {
```

Listing 11.7: BackCmdSave/src/backcmdsave/SavedLocation.java

Gib das in deine neue Datei ein.

Als Nächstes brauchst du die @Column-Annotationen, um die Felder zu beschreiben, die du in der Datenbank speichern möchtest. Denke daran, dass du zwei Felder benötigst:

- player_name – ein String und der Primärschlüssel, ganz wie im Plugin Location Snapshot
- location_strings – eine Liste aus Strings. Um eine Liste als Feld verwenden zu können, musst du der Annotation den Parameter isList = true hinzufügen und die Variable als Liste von Strings deklarieren, also als ArrayListey<String> statt einfach als String.

Versuche es! Dabei sollte etwas wie das Folgende herauskommen:

```
@Column(columnName = "player_name",
   columnType = Column.ColumnType.PRIMARY,
   dataType = DataType.STRING)
public String player_name;

@Column(columnName = "location_strings",
   dataType = DataType.STRING,
   isList = true)
public ArrayList<String> location_strings;
```

Listing 11.8: BackCmdSave/src/backcmdsave/SavedLocation.java

Bevor dieser Code auch nur kompiliert werden kann, musst du – ebenso wie im Plugin LocationSnapshot – noch zwei weitere Dinge tun:

- Füge einen Standardkonstruktor hinzu, der einen Namen für die Tabelle in der Datenbank angibt (nennen wir sie hier `saved_player_locations`).
- Füge die Funktion `getInstance` hinzu, die eine neue Instanz eines dieser Objekte zurückgibt.
- Zusätzlich solltest du noch etwas tun: Füge einen Konstruktor hinzu, der einen String mit einem Spielernamen annimmt. Im Rumpf des Konstruktors musst du wie im Standardkonstruktor `super` aufrufen. Nimm dann die Zuweisung zu `player_name` vor.

Wenn du fertig bist, sollte dein Code wie folgt aussehen:

```
public SavedLocation() {
   super("saved_player_locations");
}

public SavedLocation(String name) {
   super("saved_player_locations");
   player_name = name;
}

public DataAccess getInstance() {
   return new SavedLocation();
}
```

Listing 11.9: BackCmdSave/src/backcmdsave/SavedLocation.java

Stelle sicher, dass der Code so weit kompiliert wird. Verwende dazu wie üblich `build.sh`.

In der Datenbank lesen und schreiben

So weit die Datenbank weiß, arbeiten wir nur mit zwei Feldern, nämlich `player_name` und `location_string`, wobei `player_name` als Schlüssel dient.

Aus `LocationSnapshot` kannst du die Datenbankfunktionen `load` und `update` einschließlich der Ausnahmebehandlung kopieren und damit hier zwei neue Funktionen anlegen:

```
private void myRead(final String name) {
}

private void myWrite() {
}
```

In jeder dieser Funktionen musst du die Such-Hashmap einrichten und dann den Lade- bzw. Aktualisierungsvorgang der Datenbank in einem `try-catch`-Block angeben.

Versuche das jetzt. Das Ergebnis sollte wie folgt aussehen:

```
private void myRead(final String name) {
   player_name = name;

   HashMap<String, Object> search = new HashMap<String, Object>();
   search.put("player_name", name);

   try {
      Database.get().load(this, search);
   } catch (DatabaseReadException e) {
      // Nicht unbedingt ein Fehler, könnte noch nicht vorhanden sein
   }
   if (location_strings == null) {
      player_name = name;
      location_strings = new ArrayList<String>();
   }
}

private void myWrite() {
   HashMap<String, Object> search = new HashMap<String, Object>();
   search.put("player_name", player_name);

   try {
      Database.get().update(this, search);
   } catch (DatabaseWriteException e) {
      // Fehler, Schreiben nicht möglich!
      System.err.println("Update failed");
   }
}
```

Listing 11.10: BackCmdSave/src/backcmdsave/SavedLocation.java

Stelle sicher, dass der Code so weit kompiliert wird. Verwende dazu wie üblich `build.sh`.

Damit verfügst du jetzt über eine `DataAccess`-Klasse, die die Datenbank aktualisiert und Daten aus ihr laden kann. Es gibt aber noch keine richtige Verbindung zum Plugin. Darum müssen wir uns noch kümmern.

Umwandlung zwischen Location und String

Bevor wir weitermachen, sollten wir zunächst die Konvertierungsfunktionen für `Location`-Objekte fertigstellen, da wir sie benötigen, bevor wir uns um das Stackverhalten kümmern.

Die Umwandlung eines `Location`-Objekts in einen String ist einfach: Du musst einfach nur einen String aus den Ergebnissen von `getX()`, `getY()` und `getZ()` kombinieren und die Zahlen dabei durch ein nicht numerisches Zeichen trennen. Als Trennzeichen bieten sich sowohl Leerzeichen als auch Kommas an, wobei ich jedoch Letztere bevorzuge, da sie das Lesen vereinfachen.

Schreibe die Funktion `locationToString`, die ein `Location`-Objekt entgegennimmt und einen String zurückgibt.

Wie aber gehen wir in umgekehrter Richtung vor? Wie kannst du einen String wie `"110,75,220"` in drei Teile für die einzelnen Zahlen zerlegen?

Hier kommt uns Java zu Hilfe: In der Java-Dokumentation findest du unter `String` die Funktion `split`, die einen String entgegennimmt und ihn in ein Array aufteilt. Wenn wir den String `str="110,75,220"` haben, dann gibt `str.split(",")` ein Array mit den drei Strings `"110"`, `"75"` und `"220"` zurück. Danach musst du nur noch `Double.parseDouble(string)` anwenden, um aus den einzelnen Strings `double`-Fließkommazahlen zu machen, und daraus wiederum kannst du ein neues `Location`-Objekt erstellen.

Damit kannst du nun die Funktion `stringToLocation` schreiben, die einen String entgegennimmt und ein `Location`-Objekt zurückgibt.

Das sollte wie folgt aussehen:

```
private String locationToString(Location loc) {
   return loc.getX() + "," +
          loc.getY() + "," +
          loc.getZ();
   }

private Location stringToLocation(String str) {
   String[] arr = str.split(",");
   double x = Double.parseDouble(arr[0]);
   double y = Double.parseDouble(arr[1]);
   double z = Double.parseDouble(arr[2]);
   return new Location(x, y, z);
}
```

Listing 11.11: BackCmdSave/src/backcmdsave/SavedLocation.java

Stelle sicher, dass der Code so weit kompiliert wird. Verwende dazu wie üblich `build.sh`.

Stackverhalten

Wir haben es hier zwar mit einem `DataAccess`-Objekt zu tun, aber wir können ihm auch durchaus weitere Funktionen und Daten hinzufügen, um unser Plugin zu verwirklichen. Da sich das `SavedLocation`-Objekt für einen Spieler aus der Sicht des

Haupt-Plugins wie ein Stack von Location-Objekten verhalten soll, müssen wir zumindest öffentliche push- und pop-Funktionen bereitstellen.

Dabei stoßen wir jedoch gleich auf die erste Schwierigkeit: Die Variable location_strings für einen Spieler ist nicht als Stack deklariert, sondern als ArrayList<String>. Wie implementieren wir push und pop für eine einfache Liste?

Die push-Funktion lässt sich einfach umsetzen: Die Arraymethode add fügt am Ende der Liste einen neuen Eintrag hinzu. Das können wir als push nutzen.

Um den letzten Eintrag aus der Liste zu entfernen, müssen wir zunächst einmal auf ihn zugreifen. Es handelt sich dabei um das Element, dessen Index size() minus 1 beträgt. Wenn du dieses Element hast, kannst du es von der Liste entfernen.

Das klingt sinnvoll. In der öffentlichen push-Funktion müssen wir also den Stack des Spielers aus der Datenbank lesen, eine interne, private Funktion aufrufen, um die Position auf diesen Stack zu legen, und den Stack dann wieder in der Datenbank speichern. Bei pop gehen wir ähnlich vor: Wir lesen von der Datenbank, entfernen eine Position und schreiben den neuen Stack in die Datenbank zurück. Beim Plugin BackCmd reichte es jedoch nicht aus, einfach nur den letzten Wert zu entfernen: Wir mussten mithilfe der Funktion equalsIsh feststellen, ob wir uns weit genug vom Teleportationsort entfernt hatten.

Insgesamt sehen die öffentlichen Funktionen in SavedLocation also wie folgt aus:

```
public void push(Location loc) {
   myRead(player_name);
   // Prüft, ob die vorherige Position vorhanden und ausreichend
   // unterschiedlich von der jetzigen ist
   if (peek_stack() == null ||
      !equalsIsh(peek_stack(), loc)) {
      push_stack(loc);
      myWrite();
   }
}

public Location pop(Location here) {
   myRead(player_name);
   if (location_strings.size() == 0) {
      return null;
   }
   Location loc = pop_stack();

   myWrite();
   return loc;
}
```

Listing 11.12: BackCmdSave/src/backcmdsave/SavedLocation.java

Es gibt noch einige weitere Dinge, die du schreiben musst, nämlich die internen Funktionen push_stack, pop_stack und peep_stack sowie die Datenbankfunktionen myRead und myWrite. Die Funktion equalsIsh kannst du einfach aus dem Plugin BackCmd kopieren.

Beginnen wir mit den internen Stackfunktionen. Wir möchten push ein Location-Objekt übergeben und von peek und pop ein Location-Objekt zurückerhalten. Daher müssen wir die Konvertierungsfunktionen locationToString und stringToLocation verwenden.

Versuche dich zunächst selbstständig an diesen Aufgaben. Prüfe anschließend, ob dein Ergebnis ähnlich aussieht wie meines:

```
private void push_stack(Location loc) {
   String s = locationToString(loc);
   location_strings.add(s);
}

private Location peek_stack() {
   if (location_strings.isEmpty()) {
      return null;
   }
   String s = location_strings.get(location_strings.size()-1);
   return stringToLocation(s);
}

private Location pop_stack() {
   Location loc = peek_stack();
   location_strings.remove(location_strings.size()-1);
   return loc;
}
```

Listing 11.13: BackCmdSave/src/backcmdsave/SavedLocation.java

Stelle sicher, dass der Code so weit kompiliert wird. Verwende dazu wie üblich build.sh.

Speicher- und Ladefunktionen zu »BackCmd« hinzufügen

Du hast jetzt ein SavedLocation-Objekt, das einzelne Positionen für einen Spieler auf den Stack legen und davon entfernen kann. Nun musst du zu BackCmd.java Code hinzufügen, der dieses Objekt nutzt.

Öffne BackCmd.java und nimm folgende Änderungen daran vor:

- Lösche in onTeleport den gesamten Code im else-Abschnitt des Blocks und ersetze ihn durch Code, der ein neues SavedLocation-Objekt erstellt und dessen push-Funktion mit der Position des Spielers aufruft.
- Rufe in backCommand den Zielort für die Teleportation dadurch ab, dass du ein neues SavedLocation-Objekt erstellst und dessen pop-Funktion aufrufst, um an den letzten Wert zu gelangen.

Die neue Hauptklasse des Plugins sollte nun wie folgt aussehen:

```
package backcmdsave;

import java.util.ArrayList;
import java.util.HashMap;
import java.util.List;
import java.util.Stack;
import net.canarymod.plugin.Plugin;
import net.canarymod.logger.Logman;
import net.canarymod.Canary;
import net.canarymod.commandsys.*;
import net.canarymod.chat.MessageReceiver;
import net.canarymod.api.entity.living.humanoid.Player;
import net.canarymod.api.world.position.Location;
import net.canarymod.hook.HookHandler;
import net.canarymod.hook.player.TeleportHook;
import net.canarymod.plugin.PluginListener;
import com.pragprog.ahmine.ez.EZPlugin;

public class BackCmdSave extends EZPlugin implements PluginListener {
   private static List<Player> isTeleporting = new ArrayList<Player>();

   @Override
   public boolean enable() {
      Canary.hooks().registerListener(this, this);
      return super.enable(); // Ruft auch die Version der Elternklasse auf.
   }

   @HookHandler
   public void onTeleport(TeleportHook event) {
      Player player = event.getPlayer();
      if (isTeleporting.contains(player)) {
         isTeleporting.remove(player);
      } else {
         SavedLocation sp = new SavedLocation(player.getName());
         sp.push(player.getLocation());
      }
   }
```

```
    @Command(aliases = { "dback" },
          description = "Go back to previous places that you teleported to.",
          permissions = { "" },
          toolTip = "/dback")
    public void backCommand(MessageReceiver caller, String[] args) {
       if (caller instanceof Player) {
          Player me = (Player)caller;

          SavedLocation sp = new SavedLocation(me.getName());
          Location loc = sp.pop(me.getLocation());

          if (loc != null) {
             isTeleporting.add(me);
             me.teleportTo(loc);
          } else {
             me.chat("You have not teleported yet.");

          }
       }
    }
}
```

Listing 11.14: BackCmdSave/src/backcmdsave/BackCmdSave.java

Den Befehl habe ich hier in dback umbenannt, um ihn von dem vorhandenen BackCmd-Befehl zu unterscheiden. Du kannst diese Umbenennung übernehmen, aber auch einfach den neuen back-Befehl anstelle des alten verwenden.

Kompiliere und installiere nun alles mit build.sh. Damit ist das Plugin fertig zum Ausprobieren!

Testen

Wenn bis hierhin alles funktioniert hat, kannst du das Plugin jetzt testen:

1. Starte den Server.
2. Stelle vom Client aus die Verbindung her.
3. Teleportiere an eine andere Stelle, entweder mit /tp oder indem du eine Enderperle wirfst. Wiederhole das mehrmals.
4. Trenne die Verbindung und fahre den Server herunter.
5. Starte den Server neu und stelle die Verbindung wieder her.
6. Gib im Client den Befehl /back ein. Der Teleportationsverlauf ist gespeichert und wird von der Festplatte geladen, weshalb du nacheinander zu jedem einzelnen Teleportationsort zurückspringen kannst.

Probiere es selbst aus!

Weißt du, was jetzt noch fehlt? Ein `clearback`-Befehl, um den Teleportverlauf zu löschen. (Da es in Canary bereits einen `clear`-Befehl gibt, müssen wir unserem Befehl einen anderen Namen geben.)

Implementiere diesen Befehl. Da er neu ist, brauchst einen neuen `@Command`-Abschnitt und eine neue Funktion. Im Code musst du lediglich den Stack für den Spieler leeren und wieder in der Datenbank speichern.

Weiter geht's!

Das hat Spaß gemacht, nicht wahr? Außerdem bist du jetzt fast am Ende angelangt. Dies war das letzte Bündel Java-Techniken, die du brauchst. Du kannst jetzt Daten in einer Datenbank speichern und darin lesen, und du kannst Java-Dateifunktionen nutzen und Java-Ausnahmen behandeln. Damit bist du gut in Form!

Im folgenden Kapitel gehen wir auf den nächsten Level. Anstatt Code zu schreiben, sehen wir uns Techniken an, um den geschriebenen Code zu verwalten. Dabei wirst du einen umfassenden »Undo-Schalter« für deinen Plugin-Projektcode erstellen.

Danach bist du bereit für eine Zusammenfassung. Dabei gehen wir ein Beispiel dafür durch, wie du eigene Plugins von Grund auf erstellst.

Der Inhalt deines Werkzeugkastens

Dein Werkzeugkasten ist jetzt zu 81 % gefüllt. Du kannst nun Folgendes tun:

- die Kommandozeilenshell nutzen
- Programme mit Java und `javac` erstellen
- einen Minecraft-Server ausführen
- ein Plugin bereitstellen
- Verbindung zu einem lokalen Server aufnehmen
- Java-Variablen für Zahlen und Strings verwenden
- Java-Funktionen verwenden

→

- `if`-, `for`- und `while`-Anweisungen verwenden
- Java-Objekte verwenden
- Java-Pakete importieren
- Objekte mit `new` erstellen
- Plugins Befehle hinzufügen
- mit `Location`-Objekten arbeiten
- Blöcke und Entitäten finden
- lokale Variablen verwenden
- globale Variablen auf Klassenebene verwenden
- Arraylisten verwenden
- Hashmaps verwenden
- die Schlüsselwörter `private` und `public` verwenden, um die Sichtbarkeit zu steuern
- Minecraft-Blöcke bearbeiten
- Entitäten ändern und spawnen
- auf Spielereignisse lauschen und reagieren
- Plugin-Berechtigungen verwalten
- neue, getrennte Klassen erstellen
- Aufgaben zur späteren Ausführung einplanen
- Aufgaben zur kontinuierlichen Ausführung einplanen
- Konfigurationsdaten speichern und laden
- Komplizierten Code aus einfachen Funktionen aufbauen
- Plugin-Spieldaten speichern und laden
- die Datenbank mit `DataAccess` nutzen
- Java-Ausnahmen auslösen und abfangen

Kapitel 12

Code sicher aufbewahren

Dein Werkzeugkasten

In diesem Kapitel lernst du Git kennen. Damit kannst du deinen Code ändern, ohne befürchten zu müssen, irgendetwas zu verlieren oder kaputt zu machen. Git gibt dir auch eines der wertvollsten Werkzeuge überhaupt an die Hand, nämlich eine Art »Undo-Schalter« für deine Projekte. Im Einzelnen fügst du deinem Werkzeugkasten folgende Fähigkeiten hinzu:

- Git installieren
- Codeänderungen mit Git verfolgen
- zu früheren Versionen des Codes zurückkehren (»Undo«)
- mehrere Codeversionen gleichzeitig pflegen
- Code in der Cloud sichern

Beim Programmieren hast du vielleicht schon die frustrierende Erfahrung gemacht, dass zunächst alles wunderbar lief, du dann in einigen Dateien ein paar Zeilen Code hinzugefügt hast und daraufhin nichts mehr funktionierte. Welche Änderungen hattest du doch gleich vorgenommen? Welche davon hat den Schaden verursacht? War das jetzt in dieser Datei oder in der anderen?

Wäre es nicht großartig, einen umfassenden »Undo-Schalter« zur Verfügung zu haben, mit dem du einfach solche katastrophalen Änderungen rückgängig machen und zu dem funktionierenden Code zurückkehren könntest, den du noch vor ein paar Minuten hattest?

Ja? Dann habe ich gute Nachrichten für dich.

Mit dem Programm Git kannst du genau das tun – und noch einiges mehr. Git funktioniert wie ein riesiger Speicher, der sich alle Änderungen an deinem Code merkt. Du kannst dann anschließend zu jedem früheren Zustand zurückkehren, sogar wenn du versehentlich eine Datei gelöscht oder umbenannt, Code von einer Datei in eine andere verschoben hast usw. – Git verfolgt sämtliche Änderungen. Außerdem kannst du Git so einrichten, dass eine Kopie seiner Daten in der Cloud gesichert wird. Selbst wenn dein Computer komplett den Löffel abgibt oder gestohlen wird, hättest du so noch deinen gesamten Quellcode mit allen Änderungen zur Verfügung. Diese Sicherung kannst du dann auf einem anderen Computer wiederherstellen und damit weiterarbeiten.

Es ist nicht zwingend erforderlich, ein solches Tool zu verwenden, aber ich möchte dir sehr, sehr dringend dazu raten. Git einzurichten ist nicht schwer. Und dieses bisschen Mühe hat sich schon gelohnt, wenn du so auch nur ein einziges Mal verhinderst, dass du dir eine Datei aus Versehen rettungslos zerschießt.

Im Web findest du haufenweise Tutorials und Anleitungen für Git, und es gibt auch eine Menge Bücher darüber. Hier sehen wir uns nur kurz die Grundlagen an, damit du einen Ausgangspunkt hast.

Git installieren

Als Erstes musst du die Git-Software für Windows, Mac oder Linux von *http://git-scm.com* herunterladen und installieren.

Danach solltest du Git global mit deinem Namen und deiner E-Mail-Adresse konfigurieren:

```
$ git config --global user.name "Your Name"
$ git config --global user.email "you@example.com"
```

Git auf Windows

Die Git-Distribution für Windows enthält eine gut gemeinte, aber problematische Version der Bash-Shell. Von Lesern habe ich schon gehört, dass sie nicht gut funktioniert. Daher solltest du im Git-Installer für Windows *Run Git from Windows command prompt* statt der Standardoption *Git bash* wählen.

Es kann auch Warnmeldungen über unterschiedliche Zeilenendezeichen geben. Windows kennzeichnet das Ende einer Zeile mit den Zeichen `CR` und `LF`, während andere Systeme nur `LF` verwenden. Java und die meisten Editoren können mit beiden Varianten umgehen. Git warnt dich, dass es versucht, die Zeilenendungen zu konvertieren. Darüber musst du dir jedoch keine Sorgen machen.

Du musst Git für jedes einzelne Projekt einrichten. Probieren wir das gleich für das Plugin `CowShooter` aus. Wechsele mit `cd` zum obersten `CowShooter`-Verzeichnis und gib `git init` ein:

```
$ cd CowShooter/
$ ls
Canary.inf Manifest.txt bin build.sh dist src
$ git init
Initialized empty Git repository in /Users/andy/Desktop/code/CowShooter/.git/
```

Dadurch wird ein verstecktes Verzeichnis namens `.git` erstellt, in dem Git seine Erinnerungen speichert – das sogenannte *Repository*. Das musst du für jedes einzelne Projekt tun, in unserem Fall also für jedes Plugin.

Änderungen festhalten

Nachdem du Git jetzt zur Verfügung hast, musst du ihm mitteilen, welche Dateien es sich merken soll. Das sind nämlich nicht zwingend alle Dateien deines Projekts.

Normalerweise solltest du in Git keine `.class`- und `.jar`-Dateien festhalten, da diese immer wieder neu erstellt werden können. Was sich Git dagegen unbedingt merken muss, sind deine gesamten `.java`-Quellcodedateien, deine Plugin-Konfigurationsdateien und Build-Skripts.

Räume daher als Erstes das Plugin-Verzeichnis auf und entferne alles Überflüssige:

```
$ rm -r bin
$ rm -r dist
```

Damit hast du die generierten `.class`- und `.jar`-Dateien entfernt. Jetzt hast du einen sauberen Verzeichnisbaum mit den Dateien zur Hand, die Git sich merken soll und in denen es Änderungen verfolgen soll.

Verwende nun `git add` *Dateien*, wobei du statt *Dateien* die tatsächlichen Datei- oder Verzeichnisnamen angibst. Da wir hier sämtliche Inhalte des aktuellen Verzeichnisses einschließen wollen, kannst du einfach `git add .` angeben:

```
$ git add .
```

(Wie du weißt, steht der einzelne Punkt für das aktuelle Verzeichnis.) Jetzt weiß Git, dass es all diese Dateien beobachten soll.

Allerdings hat es bis jetzt noch keine Momentaufnahme des aktuellen Zustands dieser Dateien angefertigt. Dazu musst du die Änderungen mit einem *Commit* bestätigen:

```
$ git commit -a -m 'My first commit'
```

Dieser Befehl zeichnet den aktuellen Zustand deines Quellcodes im Repository von Git auf. Der Schalter `-a` bedeutet, dass die Änderungen in *allen* beobachteten Dateien mit Commit bestätigt werden sollen. Über `-m` kannst du eine Meldung angeben.

Diese Meldung ist sehr wichtig, denn damit kannst du dich selbst daran erinnern, was du bei der Änderung der Dateien getan hast. Wenn du dafür jedoch einen so herrlich aussagekräftigen Text wie »Hab da was geändert« nimmst, ergibt das wenig Sinn.

Spielen wir damit noch ein wenig herum. Erstelle im Verzeichnis `CowShooter` die neue Datei `README.txt`. Schreibe in diese Datei einfach, was du willst, z. B. einen Kommentar zu dem Plugin, deine Neujahrsvorsätze, irgendwelchen Nonsens oder was auch immer.

Füge die Datei nun hinzu und bestätige diesen Vorgang:

```
$ git add README.txt
$ git commit -a -m "Add my personal screed"
[master 50847c8] Add my personal screed
 1 file changed, 1 insertion(+)
 create mode 100644 README.txt
```

Um dir den Verlauf deiner Commit-Meldungen anzusehen, verwende `git log`:

```
$ git log
commit 50847c8a3e60dbfc8f441894202765eb23fbd9a5
Author: Andy Hunt <andy@toolshed.com>
Date:   Fri Jan 7 15:51:22

   Add my personal screed

commit aa58dfa87fa79b01e2c7ce172bbcdd41b7e962d6
Author: Andy Hunt <andy@toolshed.com>
Date:   Tue Jan 7 15:50:31

   First Commit
```

Die Ausgabe zeigt den vollständigen Protokolleintrag mit der langen Version der Commit-ID, dem Autor, dem Datum und der Meldung. Die langen, wie zufällig zusammengewürfelt wirkenden Strings (bei denen es sich übrigens um kryptografisch interessante SHA1-Hashes handelt) dienen zur Kennzeichnung der einzelnen Commits. Allerdings sind sie wirklich ziemlich lang. Gewöhnlich reicht es, die ersten vier bis acht Zeichen dieses Hashs zu verwenden, sofern sie einen eindeutigen String bilden.

Einen kompakteren Bericht mit den gleichen Informationen erhältst du wie folgt:

```
$ git log --oneline
50847c8 Add my personal screed
aa58dfa First Commit
```

Gewöhnlich ist diese Kurzversion des Commit-Hashs alles, was du brauchst.

Wenn du also eine neue Datei erstellst, die Git beobachten soll, musst du daran denken, folgenden Befehl zu geben:

```
$ git add myNewFile.java
```

Bestätige die Änderung dann, um eine Momentaufnahme aller Dateien im Repository anzulegen. Mit dem folgenden Befehl kannst du jederzeit prüfen, welche Dateien Git kennt, welche noch nicht, was mit Commit bestätigt wurde und was noch nicht:

```
$ git status
# On branch master
# Untracked files:
#   (use "git add <file>..." to include in what will be committed)
#
#       bin/
#       dist/
nothing added to commit but untracked files present (use "git add" to track)
```

Hoppla! Da habe ich wohl zwischendurch irgendetwas kompiliert, denn die Verzeichnisse `bin` und `dist` sind wieder da! Das ist kein Problem, da wir sie schließlich nicht von Git beobachten lassen wollen, allerdings möchten wir auch nicht, dass sich Git jedes Mal darüber beschwert.

Wenn du an diesen Dateien interessiert wärest, würdest du Git einfach mit `git add` anweisen, sie zu beobachten. Hier aber soll Git diese Verzeichnisse einfach ignorieren. Das erreichen wir auf folgende Weise:

1. Erstelle in diesem Verzeichnis die Datei `.gitignore` (sofern sie noch nicht vorhanden ist; `mkplugin.sh` erstellt eine leere Datei dieser Art).
2. Gib in die Datei die Namen der Dateien und Verzeichnisse ein, die ignoriert werden sollen.
3. Füge die Datei in Git hinzu, und bestätige das mit einem Commit.

In unserem Fall sieht die Datei `.gitignore` wie folgt aus:

```
bin
dist
```

Anschließend fügen wir diese Datei hinzu und bestätigen sie, indem wir statt des üblichen Schalters `-a` den Dateinamen angeben:

```
$ git add .gitignore
$ git commit .gitignore -m 'ignoring bin and dist'
```

```
[master cc0e424] ignoring bin and dist
 1 file changed, 2 insertions(+)
 create mode 100644 .gitignore
```

Sehen wir nach, was `git status` jetzt ausgibt:

```
$ git status
# On branch master
nothing to commit, working directory clean
```

Großartig! Wir haben die beruhigende Meldung erhalten, dass das Arbeitsverzeichnis sauber ist und es nichts gibt, für das ein Commit erforderlich wäre (»nothing to commit, working directory clean«). Das ist die Meldung, die du sehen willst, wenn du die Programmierung vorläufig abschließt.

Füge nun weiteren Text am Ende von `README.txt` hinzu, speichere die Datei und wende erneut `git status` an:

```
$ git status
# On branch master
# Changes not staged for commit:
#   (use "git add <file>..." to update what will be committed)
#   (use "git checkout -- <file>..." to discard changes in working directory)
#
#       modified: README.txt
#
no changes added to commit (use "git add" and/or "git commit -a")
```

Praktisch, nicht wahr? Git erkennt, dass du Änderungen an der Datei `README.txt` vorgenommen hast und dass diese Änderungen noch nicht gespeichert sind. Dem kannst du mit einem Commit abhelfen. Daraufhin erhältst du erneut die beruhigende Meldung »nothing to commit, working directory clean«:

```
$ git status
# On branch master
nothing to commit, working directory clean
```

Merke dir daher die folgende wichtige Regel:

Beende die Arbeit erst, wenn das Arbeitsverzeichnis sauber ist.

Eine einfache Undo-Möglichkeit

Stell dir vor, du löscht versehentlich eine Datei aus deinem Plugin-Verzeichnis oder nimmst eine Reihe von Änderungen vor, die sich als ziemlich blöde Idee erweisen, und willst das rückgängig machen. Nur keine Angst: Das ist uns allen schon passiert.

Tatsächlich werden wir das jetzt absichtlich machen, um zu sehen, wie wir Abhilfe schaffen können. Als Beispiel verwenden wir das Plugin `CowShooter`, für das du ja schon ein Git-Repository eingerichtet hast.

Öffne `CowShooter/src/cowshooter/CowTask.java` und schreibe irgendwo mitten in die Datei Blödsinn wie: »Zombie cows are coming! Run for your life! Braaaainsss....« Das reicht als Beispiel für einen Fehler. Java weiß natürlich nichts mit unserer Warnung über die kommende Zombiekuh-Apokalypse anzufangen. Wenn du versuchst, das Plugin jetzt mit `build.sh` zu kompilieren, erhältst du einen Haufen zorniger Fehlermeldungen:

```
src/cowshooter/CowTask.java:20: illegal start of type
   Zombie cows are coming! Run for your life! Braaaainsss....
                                                             ^
src/cowshooter/CowTask.java:20: <identifier> expected
   Zombie cows are coming! Run for your life! Braaaainsss....
                                                              ^
src/cowshooter/CowTask.java:22: ';' expected
   public void run() {
         ^
src/cowshooter/CowTask.java:22: invalid method declaration;
return type required
   public void run() {
```

Na, so was – irgendetwas, das wir eingegeben haben, hat dem Compiler nicht gefallen! In der Praxis wüssten wir natürlich nicht, dass es die bescheuerte Zombiewarnung war, die wir eingegeben haben. Daher stellt sich die interessante Frage: Was hat sich gegenüber dem letzten Commit (also der letzten Momentaufnahme) in unseren Dateien geändert?

Das kannst du mit `git diff` herausfinden:

```
$ cd src
$ cd cowshooter
$ git diff CowTask.java
diff --git a/src/cowshooter/CowTask.java b/src/cowshooter/CowTask.java
index 4894201..556d0d3 100644
--- a/src/cowshooter/CowTask.java
+++ b/src/cowshooter/CowTask.java
@@ -16,6 +16,8 @@ public class CowTask extends ServerTask {
         cow = myCow;
      }
+
+Zombie cows are coming! Run for your life! Braaaainsss....

     public void run() {
       if (cow.isOnGround()) {
```

In dieser Ausgabe steht zunächst eine Menge konfuses Zeug, aber dann folgen Zeilen aus der Mitte von CowTask.java, von denen zwei mit einem Pluszeichen markiert sind. Das sind die Zeilen, die wir hinzugefügt haben. Dort also liegt das Problem. Diese Zeilen einzufügen war offensichtlich keine gute Idee. Am besten wäre es, alles wegzuwerfen, was seit dem letzten Commit hinzugekommen ist, und die Datei in den vorherigen Zustand zurückzuversetzen.

Wenn du eine Datei noch nicht mit einem Commit bestätigt hast, kannst du sie wie folgt wieder in den Zustand des letzten Commits zurückbringen (auf ähnliche Weise, wie du zu einem gespeicherten Spielstand zurückkehrst):

```
$ git checkout MyMessedUpFile.java
```

Dadurch wird MyMessedUpFile.java wieder in den vorherigen Zustand zurückversetzt. Alles, was du seit dem letzten Commit eingegeben hast, ist weg.

Wir können also folgendermaßen vorgehen:

```
$ cd src/cowshooter
$ ls
CowShooter.java CowTask.java
$ git checkout CowTask.java
```

Jetzt befindet sich CowTask.java wieder in einem als funktionierend bekannten Zustand. Wir können die Datei sogar wieder kompilieren:

```
$ cd ~/Desktop/code/CowShooter
$ ./build.sh
Compiling with javac...
Creating jar file...
Deploying jar to /Users/andy/Desktop/server/plugins...
Completed Successfully.
```

Großartig. Wie du siehst, ist es also ganz einfach, schlechte Änderungen zu verwerfen und wieder zum letzten gespeicherten Zustand zurückzukehren.

Was tust du aber, wenn du schon einen Commit für die schlechten Änderungen vorgenommen hast und erst später bemerkst, dass sie ein Problem darstellen? In diesem Fall kannst du ebenfalls den Befehl checkout verwenden, musst dabei aber angeben, welcher Commit wiederhergestellt werden soll.

Probiere das nun aus. Füge die Zombie-Zeile wieder zu CowTask.java hinzu und bestätige die Änderungen diesmal:

```
$ git commit -a -m 'Added zombie warning'
[master e4ee198] Added zombie warning
 1 file changed, 2 insertions(+)
```

Machen wir es noch schlimmer! Suche die folgende Zeile und lösche sie:

```
private Cow cow;
```

Bestätige auch diese Änderung:

```
$ git commit -a -m 'Deleted variable declaration'
[master 44b39f3] Deleted variable declaration
 1 file changed, 3 deletions(-)
```

Sehen wir uns nun an, was das Protokoll zu `CowTask.java` (im Verzeichnis `src/cowshooter`) zu sagen hat:

```
$ cd ~/Desktop/code/CowShooter/src/cowshooter
$ git log --oneline CowTask.java

44b39f3 Deleted variable declaration
e4ee198 Added zombie warning
aa58dfa First Commit
```

Die Commit-IDs in den einzelnen Zeilen werden bei dir anders sein als bei mir. Zur Veranschaulichung verwende ich in diesem Beispiel trotzdem weiterhin meine.

In diesem Fall möchten wir zur letzten funktionierenden Version der Datei zurückkehren. Das heißt, wir müssen die letzten Commits 44b39f3 und e4ee198 überspringen und die Datei mit der Commit-ID aa58dfa verwenden, die noch in Ordnung ist:

```
$ git checkout aa58dfa CowTask.java
```

(Denke daran, dass die Commit-IDs bei dir anders sein werden.)

Damit wird `CowTask.java` heimlich, still und leise in den Zustand vor der Ergänzung der Zombiewarnung und der Löschung der Variablen zurückversetzt.

Dadurch hast du die Datei aber geändert – gerade so, als hättest du sie manuell bearbeitet –, weshalb du diese letzte Änderung wieder mit einer passenden Meldung (etwa »Das war eine schlechte Idee, daher habe ich die Datei zurückgesetzt«) per Commit bestätigen musst:

```
$ git commit -a -m 'That was a bad idea'
[master 0b6b051] That was a bad idea
 1 file changed, 3 insertions(+), 2 deletions(-)
```

Der schlechte Code ist jedoch nicht vergessen. Ebenso wie ein schlechter Tag in der Schule oder eine miserable Note in einer Klassenarbeit gehört er zur Geschichte, wie `git log` zeigt:

```
$ git log --oneline CowTask.java
0b6b051 That was a bad idea
44b39f3 Deleted variable declaration
e4ee198 Added zombie warning
aa58dfa First Commit
```

Wenn du wolltest, könntest du sogar die schlechten Versionen des Codes beim Commit 44b39f3 oder e4ee198 wiederherstellen. Das ist das Tolle an Git: Es merkt sich alles, sowohl das Gute als auch das Schlechte, und du kannst zu jedem früheren Zustand zurückkehren.

Diese Vorgehensweise kannst du auch für mehrere Dateien anwenden, die in einem Commit bestätigt wurden, indem du nicht nur eine dieser Dateien angibst, sondern alle. Das kannst du sogar für alle Dateien eines Projekts machen, indem du bei `git checkout` keine Datei nennst. Der Befehl arbeitet dann mit dem gesamten Projektrepository.

Zwischen mehreren Realitäten wechseln

Die Möglichkeit, zu einem früheren Commit zurückzukehren, ist großartig – fast wie eine Zeitreise. Du kannst immer wieder die Vergangenheit aufsuchen. Aber warum nur eine Vergangenheit?

Git hat noch eine andere, wirklich praktische Funktion, nämlich die sogenannten »Branches« (engl. für »Zweige«). Das sind jedoch weniger Äste oder Zweige an einem Baum, sondern eher Verzweigungen im Raum-Zeit-Kontinuum, wie alternative Realitäten oder Zeitlinien in Science-Fiction-Geschichten.

Wozu sind solche Verzweigungen gut? Stell dir vor, alles funktioniert und du hast dein Plugin sogar schon in die freie Wildbahn entlassen. Nun möchtest du noch ein bisschen mit dem einen oder anderen Merkmal herumexperimentieren, willst aber gleichzeitig die aktuelle Version des Plugins für den Fall aufbewahren, dass du den Benutzern Patches zur Verfügung stellen musst. Du brauchst also zwei verschiedene »Zeitlinien«: In der einen bleibt das Plugin größtenteils so, wie es ist (von einigen Korrekturen abgesehen), in der anderen erweiterst du es um neue Merkmale. Es kann sogar sein, dass du noch eine weitere Zeitlinie hinzunimmst, um neue Merkmale auf ganz andere Weise auszuprobieren.

Alles kein Problem!

Mit dem Git-Befehl `branch` kannst du auf einfache Weise eine neue Zeitlinie erstellen. Wenn du diesen Befehl ohne weitere Zusätze eingibst, werden alle aktuellen Branches deines Projekts angezeigt:

```
$ git branch
* master
```

Standardmäßig gibt es nur einen Branch, der den Namen `master` trägt und in dessen Zeitlinie du dich jetzt befindest. Zweiteilen wir nun das Universum, indem wir eine alternative Realität eröffnen! Das ist sogar ganz einfach. (Bitte warte noch einen Moment mit dem Eintippen. Wir kommen gleich dazu.)

```
$ git branch cow-plane
```

Damit hast du auch schon eine neue Zeitlinie angelegt. Allerdings befindest du dich noch nicht darin, sondern immer noch in `master`. (Wenn du `git branch` eingibst, steht das Sternchen in der Ausgabe nach wie vor bei `master`!) Um zu der anderen Zeitlinie zu wechseln, gehst du folgendermaßen vor:

```
$ git checkout cow-plane
```

Ja, wir verwenden wieder unseren guten alten Freund git `checkout`. Es ist ein sehr vielseitiges Zauberwort: Es hat dich jetzt sogar in eine andere Realität versetzt. Nichts von dem, was du dort tust, hat Einfluss auf die Zeitlinie `master`. Du kannst dort nach Herzenslust Dateien bearbeiten, löschen und hinzufügen und Commits vornehmen – einfach alles. Aber all dies geschieht im `cow-plane`-Universum. Wenn du zu `master` zurückkehren möchtest, ist das jederzeit möglich:

```
$ git checkout master
```

Jetzt siehst du wieder die Welt, wie sie in der Zeitlinie `master` aussieht – ohne deine Änderungen im `cow-plane`-Universum. Hier kannst du nun Fehler beheben und eine neue Version des Plugins freigeben, ohne dadurch das zu beeinträchtigen, was du in der `cow-plane`-Zeitlinie getan hast.

Probiere es selbst aus!

Vollziehe all dies nun für `CowShooter` nach. Dazu erstellst du den neuen Branch `play` und nimmst sowohl in `master` als auch in `play` Änderungen vor. Anschließend übernimmst du die Änderungen aus `play` in `master`. Das kannst du dir wie folgt vorstellen:

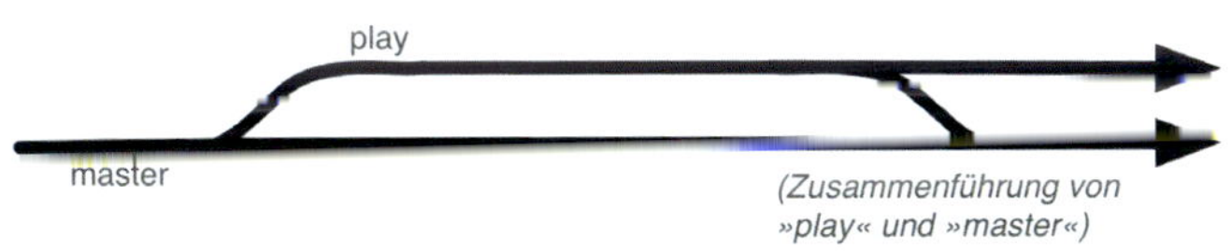

Die Zeitlinie `master` läuft für sich allein weiter. Wir erstellen nun einen neuen Branch, um darin herumzuspielen, und nennen ihn `play`:

```
$ cd ~/Desktop/code/CowShooter
$ git branch play
```

Schalte nun mit `git checkout` zu diesem Branch um:

```
$ git checkout play
Switched to branch 'play'
```

Wenn du nicht sicher bist, wo du dich befindest, gib einfach `git branch` ohne Argumente ein. Die Ausgabe zeigt dir, welche Branches vorhanden sind, und markiert denjenigen, in dem du gerade bist, mit einem Sternchen:

```
$ git branch
  master
* play
```

Es gibt jetzt also zwei Branches, und wir befinden uns in `play`. Zurzeit haben beide Branches noch den gleichen Inhalt. Das werden wir jetzt ändern.

Bearbeite `CowShooter.java`. Ziemlich weit unten in der `if`-Anweisung (die prüft, ob der Spieler ein Stück Leder in der Hand hält) siehst du den Aufruf der Hilfsfunktion `fling`:

```
...
Canary.getServer().addSynchronousTask(new CowTask(victim));

fling(player, victim, 3);
victim.setFireTicks(600);
...
```

Davon wollen wir nun eine eigene Version erzeugen. Erstelle in dem Plugin die neue Funktion `myFling`. Kopiere die Version aus `EZPlugin` in den Rumpf der Funktion, sodass sie wie folgt aussieht:

```
public static void myFling(LivingBase player,
                           LivingBase entity, double factor) {
   double pitch = (player.getPitch() + 90.0F) * Math.PI / 180.0D;
   double rot = (player.getRotation() + 90.0F) * Math.PI / 180.0D;
   double x = Math.sin(pitch) * Math.cos(rot);
   double z = Math.sin(pitch) * Math.sin(rot);
   double y = Math.cos(pitch);

   entity.moveEntity(x * factor, y + 0.5, z * factor);
}
```

Ändere den Wert `0.5` in der letzten Zeile, z. B. in `1.5`.

Rufe dann `myFling` statt `fling` auf:

```
...
Canary.getServer().addSynchronousTask(new CowTask(victim));

myFling(player, victim, 3);
victim.setFireTicks(600);
...
```

Führe `build.sh` aus, um sicherzustellen, dass der Code immer noch funktioniert, und bestätige die Änderungen mit einem Commit:

```
$ git commit -a -m 'Moved vector calculation'
[play 411208c] Moved vector calculation
 1 file changed, 9 insertions(+), 1 deletion(-)
```

Wir haben nun eine Momentaufnahme im Branch `play`. Schau dir jetzt wieder das Original an:

```
$ git checkout master
Switched to branch 'master'
```

Die Version von `CowShooter.java` auf der Festplatte ist die Version der `master`-Realität. Schau selbst nach! Aber Achtung: Git hat die Textdatei auf der Festplatte geändert. Die Version im Puffer deines Editors ist möglicherweise die alte. Die meisten Editoren können erkennen, ob eine Datei hinter ihrem Rücken geändert wurde, aber das ist von Editor zu Editor unterschiedlich.

Zurück in `master` wollen wir `CowShooter` jetzt so ändern, dass Creeper anstelle von Kühen durch die Luft geschleudert werden.

Füge sowohl in `CowShooter.java` als auch in `CowTask.java` einen Importvorgang für `Creeper` am Ende der Importliste hinzu:

```
import net.canarymod.api.entity.living.monster.Creeper; // Hinzufügen
```

Ändere dann in `CowShooter.java` die Spawn-Zeile, sodass ein Creeper anstelle einer Kuh erzeugt wird:

```
Creeper victim = (Creeper)spawnEntityLiving(loc, EntityType.CREEPER);
```

Großartig. Ändere nun noch die Variable oben in `CowTask.java`:

```
private Cow cow;           // Lösche diese Zeile
private Creeper creeper; // Füge diese Zeile hinzu
```

Ändere wiederum alle Verweise auf `cow` in `creeper` (es gibt eine Menge davon).

Wenn ein erfolgreicher Build von diesem Code erstellt werden kann, führe einen Commit durch:

```
$ git commit -a -m 'Changed to shoot creepers'
[master ea618af] Changed to shoot creepers
 2 files changed, 13 insertions(+), 13 deletions(-)
```

Für die Arbeit in `master` wäre es schön, die Fling-Änderungen aus `play` zu übernehmen. Dazu verwendest du `git merge`:

```
$ git merge play -m 'Bringing over vector calc'
Auto-merging src/cowshooter/CowShooter.java
Merge made by the 'recursive' strategy.
 src/cowshooter/CowShooter.java | 8 ++++++++
 1 file changed, 8 insertions(+)
```

Wenn du dir jetzt die Datei `CowShooter.java` ansiehst, wirst du feststellen, dass die Änderungen aus dem Zweig `play` eingearbeitet wurden. `master` enthält jetzt also sowohl den Wechsel zu `myFling` als auch die Änderung von `Cow` zu `Creeper`.

Die Einarbeitung aller Änderungen aus `play` bedeutet nicht, dass dieser Branch jetzt aufgelöst worden ist. Es gibt ihn nach wie vor, und du kannst weiterhin darin herumspielen, solange du willst. Wenn du ihn aber wirklich nicht mehr brauchst, kannst du ihn wie folgt löschen:

```
$ git branch -d play
Deleted branch play (was f3e6538).
```

Wie `git branch` zeigt, ist der Branch jetzt ganz unfeierlich aus der Welt entfernt worden:

```
$ git branch
* master
```

Sicherung in der Cloud

Dies ist ein ziemlich anspruchsvolles Thema. Du kannst es bei der ersten Lektüre dieses Buches ruhig überspringen. Allerdings solltest du es irgendwann auf jeden Fall lesen. Schließlich kann es immer vorkommen, dass Festplatten ausfallen, Laptops kaputt gehen und USB-Sticks verloren gehen.

Git hält eine lokale Kopie all deiner Dateien und aller Änderungen in seinem Repository fest. Du kannst aber auch dafür sorgen, dass eine Kopie dieses Repositorys in der Cloud gespeichert wird. Um Änderungen an die Cloud zu senden, verwendest du den Befehl `git push`. Danach hat das Repository in der Cloud den gleichen Inhalt und kennt die gleichen Änderungen wie die lokale Version.

Um das einzurichten, brauchst du ein Konto auf einem Git-Host.

Der beliebteste Host ist *GitHub*, viele Programmierer verwenden jedoch auch *Bitbucket*.[1] GitHub ist der Standardort für Code, den du mit anderen teilst oder als Open-Source-Code zur Verfügung stellen willst. Bitbucket dagegen ist besser für private Projekte geeignet, die du nicht vor aller Welt ausbreiten möchtest.

Beide Git-Host-Dienste bieten wirklich einfache Webschnittstellen für den schnellen Einstieg. Nachdem du ein GitHub-Konto eröffnet hast, kannst du beispielsweise einfach auf die Schaltfläche zum Anlegen eines neuen Repositorys klicken und siehst dann die folgende Anzeige:

1 *http://github.com, http://bitbucket.com*

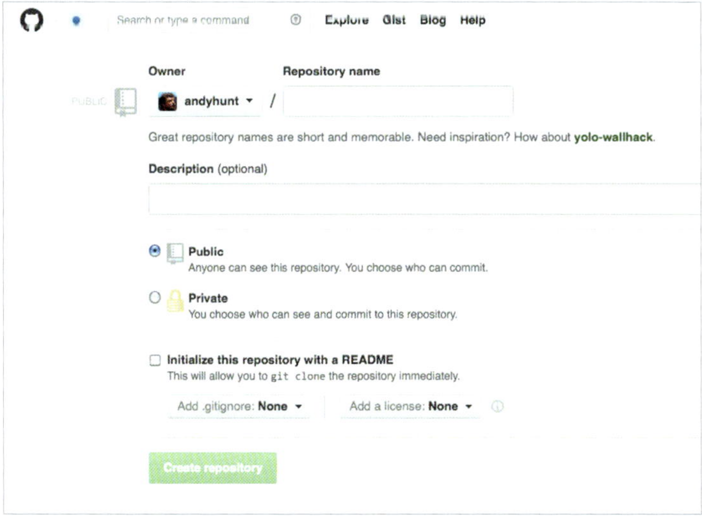

Gib einen Namen für das Projekt ein und wähle *Public* oder *Private*.[2] Initialisiere das Repository nicht, da du bereits ein lokales initialisiertes Repository hast. Klicke einfach auf *Create repository*, und schwupp, schon ist es erledigt.

Daraufhin wird eine Anleitung für die nächsten Schritte angezeigt.

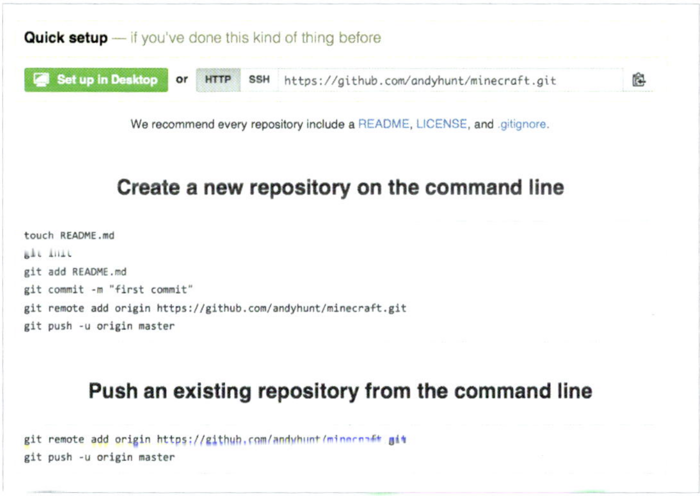

Kopiere und speichere den oben in dem Fenster angegebenen URL zu deinem Repository, in diesem Beispiel *https://github.com/andyhunt/minecraft.git*.

2 Öffentliche Repositorys auf GitHub sind kostenlos, private dagegen gebührenpflichtig. Bitbucket dagegen bietet unbegrenzt kostenlose private Repositorys an.

Da du bereits ein lokales Repository hast, folge den Anweisungen zum Übertragen dieses Repositorys an der Kommandozeile, die du unter der Überschrift »Push an existing repository from the command line« findest. Bei mir sieht das wie folgt aus:

```
$ git remote add origin https://github.com/andyhunt/minecraft.git
$ git push -u origin master
```

Der erste Befehl richtet das Remoteverzeichnis `origin` ein und verknüpft es mit dem angegebenen URL. Der `push`-Befehl mit der Option `-u` legt dann fest, dass der `master`-Branch in `origin` verfolgt werden soll. Sobald du einen guten Haltepunkt gefunden hast, kannst du jetzt `git push` ausführen, um deinen Code und alle Änderungen sicher in der Cloud zu speichern.

Mit `git clone` kannst du (und im Fall eines öffentlichen Repositorys kann das auch jeder andere) eine Kopie des Codes und des Änderungsverlaufs beziehen. Durch diesen Befehl wird eine Kopie des Repositorys in einem leeren Verzeichnis angelegt:

```
$ mkdir newcopy
$ cd newcopy
$ git clone https://github.com/andyhunt/minecraft.git .
```

Code bereitstellen

Code über GitHub zu verbreiten ist eine sehr beliebte Möglichkeit, um ihn weltweit zur Verfügung zu stellen. Dazu musst du lediglich den GitHub-Projekt-URL weitergeben (in diesem Fall also *https://github.com/andyhunt/minecraft.git*). Damit kann jeder mithilfe von `git clone` eine eigene Kopie deines Codes anfertigen und sie ändern, kompilieren, installieren usw.

Einer der Vorteile dieser Vorgehensweise besteht darin, dass andere Programmierer dir helfen können, neue Merkmale hinzuzufügen und Fehler zu korrigieren.

Sowohl GitHub als auch Bitbucket verfügen über praktische Webschnittstellen, die dich dabei unterstützen.

Sauberer Code

Wenn du Code schreibst, den du mit anderen teilen willst – was bedeutet, dass du ihn weltweit zur Verfügung stellst –, musst du dich ein bisschen mehr anstrengen, um sauberen Code zu schreiben:

- Ordnung ist das halbe Leben. Schreibe die geschweiften Klammern dorthin, wo sie hingehören, und versuche nicht, alles in eine Zeile zu quetschen.

→

Verwende gleichmäßige Einrückungen. Die Formatierung des Codes kann für menschliche Leser genauso wichtig sein wie der Code selbst.

- Schreibe kompakt. Mache Zeilen und Funktionen nicht übermäßig lang.
- Kommentiere deine Funktionen. Erkläre, *warum* eine Funktion da ist und *was* sie tun soll. Beschreibe aber nicht, *wie* sie das macht – dazu ist der Code da.
- Beachte Namenskonventionen. In Java werden IDs in CamelCase-Schreibweise (also mit Binnenmajuskel in der Form `camelCase`) bevorzugt. In anderen Sprachen können dagegen Namen mit Unterstrichen oder andere Konventionen üblich sein. Benenne Variablen so, dass die Leser sofort erkennen können, wozu sie da sind. Variablennamen aus einem einzigen Buchstaben (insbesondere `i`) werden zwar häufig für Schleifenzähler verwendet, aber das ist nicht sehr aussagekräftig. Es ist aber noch viel schlimmer, `i` (was normalerweise ein Index ist) als String oder als `Location`-Objekt zu verwenden! Halte dich an die Konventionen!

Nehmen wir an, Anna, einer deiner Fans, hat Code für eine Erweiterung deines Plugins und möchte ihn gern darin aufnehmen. Sie würde dann einen eigenen »Fork« (eine Kopie) deines Repositorys anlegen und die vorgeschlagenen Änderungen in einem benannten Branch ihres Repositorys vornehmen. Durch die Zaubertricks von GitHub (oder Bitbucket) kann Anna dir dann ihre Änderungen in diesem Branch als *Pull-Anforderung* übermitteln. So fordert sie dich auf, ihren Branch in dein Repository aufzunehmen und zu verwenden.

In der Webschnittstelle kannst du mit Fragen und Kommentaren auf Pull-Anforderungen reagieren und ausgedehnte Diskussionen über die Änderungen führen. Wenn du sie tatsächlich übernehmen willst, klickst du einfach auf *Merge Pull Request*. Falls der neue Code ohne Konflikte übernommen werden kann, ist damit auch schon alles erledigt. Anderenfalls klickst du auf *Command Line*, um Anweisungen für das weitere Vorgehen einzuholen.

In diesem Kapitel haben wir nur an der Oberfläche von Git gekratzt. Dieses Werkzeug ist sehr leistungsfähig, manchmal aber auch ziemlich kompliziert. Es gibt ganze Bücher, die ausschließlich Git gewidmet sind (darunter *Git* aus dem dpunkt.verlag, ISBN 978-3-86490-130-0). Ich hoffe aber, dass dieses Kapitel ausreicht, um dir die ersten Schritte in Git zu ermöglichen.

Weiter geht's!

Git ist ein leistungsfähiges Werkzeug, und das nicht nur, weil es dir einen projektweiten »Undo-Schalter« zur Verfügung stellt, sondern weil es dir ermöglicht, herumzuexperimentieren, ohne dir Sorgen machen zu müssen. Du musst keine Angst haben, irgendetwas kaputt zu machen. Wenn du tatsächlich alles kaputt gemacht hast, kannst du mit Git einfach zu dem Zustand zurückkehren, in dem noch alles funktionierte. Mithilfe von Branches kannst du sogar unterschiedliche Vorgehensweisen in deinem Code ausprobieren. Bist du nicht sicher, ob du ein Array oder eine Hashmap verwenden solltest oder ob der Listener besser in eine eigene Klasse gehört? Verwende Branches, um das auszuprobieren.

Da du nun all diese Freiheiten hast, bist du bereit für den letzten Schritt.

`git config --global user.email` *E-Mail-Adresse*	Gibt deine E-Mail-Adresse an.
`git config --global user.name` *"Name"*	Gibt deinen Namen an.
`git init`	Initialisiert ein Git-Repository im aktuellen Verzeichnis.
`git add` *Dateien*	Fügt die Dateien (oder Verzeichnisse) hinzu, die Git beobachten soll.
`git commit -a -m '`*Commit-Meldung*`'`	Bestätigt Änderungen durch Commit (mit `-a` für alle Dateien).
`git log --online` *Dateien*	Zeigt Commit-Meldungen für eine oder mehrere Dateien an.
`git status`	Zeigt an, welche Dateien du geändert hast, welche Dateien erstellt wurden, Git aber unbekannt sind (die also nicht verfolgt werden) usw.
`git diff` *Dateien*	Zeigt die Unterschiede zwischen Versionen an.
`git checkout` *Dateien*	Verwirft lokale Änderungen der angegebenen Dateien. (Verwende dies nur mit Vorsicht!)
`git checkout` *Name*	Wechselt zu dem angegebenen Branch.
`git branch`	Führt alle Branches auf.
`git branch` *Name*	Legt den angegebenen Branch an.
`git remote add origin` *URL*	Fügt ein Remote-Repository als `origin` hinzu.
`git push -u origin master`	Kopiert Änderungen im `master`-Branch in das Remote-Repository `origin`.

Als Letztes sehen wir uns im nächsten Kapitel an, wie du eigene Plugins von Grund auf gestaltest und erstellst.

Der Inhalt deines Werkzeugkastens

Dein Werkzeugkasten ist jetzt zu 92 % gefüllt. Du kannst nun Folgendes tun:

- die Kommandozeilenshell nutzen
- Programme mit Java und `javac` erstellen
- einen Minecraft-Server ausführen
- ein Plugin bereitstellen
- Verbindung zu einem lokalen Server aufnehmen
- Java-Variablen für Zahlen und Strings verwenden
- Java-Funktionen verwenden
- `if`-, `for`- und `while`-Anweisungen verwenden
- Java-Objekte verwenden
- Java-Pakete importieren
- Objekte mit `new` erstellen
- Plugins Befehle hinzufügen
- mit `Location`-Objekten arbeiten
- Blöcke und Entitäten finden
- lokale Variablen verwenden
- globale Variablen auf Klassenebene verwenden
- Arraylisten verwenden
- Hashmaps verwenden
- die Schlüsselwörter `private` und `public` verwenden, um die Sichtbarkeit zu steuern
- Minecraft-Blöcke bearbeiten
- Entitäten ändern und spawnen

→

- auf Spielereignisse lauschen und reagieren
- Plugin-Berechtigungen verwalten
- neue, getrennte Klassen erstellen
- Aufgaben zur späteren Ausführung einplanen
- Aufgaben zur kontinuierlichen Ausführung einplanen
- Konfigurationsdaten speichern und laden
- komplizierten Code aus einfachen Funktionen aufbauen
- Plugin-Spieldaten speichern und laden
- die Datenbank mit `DataAccess` nutzen
- Java-Ausnahmen auslösen und abfangen
- Änderungen im Code mit Git verfolgen
- zu früheren Versionen des Codes zurückkehren (»Undo«)
- mehrere Versionen des Codes gleichzeitig pflegen
- Code in der Cloud sichern

Kapitel 13

Ein eigenes Plugin entwerfen

Dein Werkzeugkasten

In diesem Kapitel erstellst du selbstständig ein komplettes Plugin und fügst deinem Werkzeugkasten die letzten Fähigkeiten hinzu. Hier lernst du Folgendes:

- Zuständigkeiten zu Klassen zuordnen
- Zuständigkeiten in Form von Funktionen umsetzen
- ein bisschen Gestaltung, ein bisschen Codierung und etwas Testen – alles im Laufe dieses Kapitels

Anschließend kannst du mit der Arbeit an deinen eigenen Plugins beginnen.

Bei allen bisherigen Plugins habe ich dich an die Hand genommen und dir gezeigt, was du tun sollst. In diesem Kapitel mache ich dir nur einige Vorschläge und gebe dir Hinweise, damit du selbstständig ein Plugin von Anfang an entwickeln kannst. Gemeinsam durchlaufen wir die Schritte für ein neues Plugin und sehen uns an, wie es funktioniert.

Dabei richten wir uns mehr oder weniger nach den folgenden Schritten:

1. Eine Idee haben: Ich möchte ein Plugin erstellen, das ______________________ tun soll.
2. Das Material zusammenstellen
3. Das Material anordnen
4. Die einzelnen Teile ausprobieren
5. Die einzelnen Teile zusammenfügen
6. Erfolg haben!

Wichtiger Hinweis: Ich habe die Schritte in dieser Reihenfolge angegeben, und wir arbeiten sie auch in dieser Reihenfolge durch, aber in der Praxis läuft es gewöhnlich nicht so programmgemäß.

Kreativität und Einfallsreichtum nehmen selten den direkten Weg von der Idee zur Ausführung. Stattdessen stellt man meistens mittendrin fest, dass irgendetwas nicht so funktioniert, wie man sich das vorgestellt hat. Es kann sein, dass der Code, den du geschrieben hast, völlig falsch ist – oder dass er zwar richtig ist, aber nicht das tut, was du wirklich brauchst. Das ist völlig normal und der übliche Ablauf beim Programmieren.

Es kann immer wieder vorkommen, dass du irgendetwas von dem, was du bereits fertiggestellt hast, wegwerfen und neu beginnen musst, sogar das ganze bisherige Projekt. Die Regierungen machen so etwas sogar mit 100-Milliarden-Euro-Projekten, also können wir uns das wohl auch leisten.

Professionelle Programmierer gehen daher in sehr kleinen Schritten vor. Mach es genauso: Erstelle immer nur ein kleines Häppchen Code, stelle dann sicher, dass es funktioniert, und gehe erst dann zum nächsten über. Wenn du dabei feststellst, dass du einen Fehler begangen oder irgendetwas falsch eingeschätzt hast, solltest du das Problem sofort beheben. Schiebe es nicht auf, denn du wirst dich später nicht mehr daran erinnern – glaube mir.

Legen wir nun damit los, ein neues Plugin zu erstellen. Ich führe dir die genannten Schritte für *mein* Plugin vor, und du solltest dabei die entsprechenden Schritte für *dein* Plugin erledigen. Denke dir dazu am besten etwas völlig anderes aus. Es spielt überhaupt keine Rolle, ob es etwas länger dauert. Dieses Kapitel ist nicht dazu gedacht, dass du es an einem Abend auf die Schnelle durcharbeitest.

Eine Idee haben

Bevor du anfängst, musst du eine Idee haben, was für ein Plugin du schreiben willst. Diese Idee muss weder besonders großartig noch perfekt sein. Es geht hier schließlich um *Soft*ware, weshalb du deine Vorstellungen auch noch im Nachhinein ändern kannst. Wir brauchen zunächst einmal nur einen Ausgangspunkt.

Ich möchte gern »Creeper-Kühe« zufällig erscheinen lassen, also Kühe, die herumspringen, angreifen und explodieren, wenn sie auf dich drauf springen. Das könnte ganz spaßig sein.

Vorläufig habe ich jedoch noch keine Ahnung, wie ich mit so etwas auch nur beginnen könnte.

Probiere es selbst aus!

Und was für eine Idee hast du? Schreibe sie einfach auf. Wenn dir nichts einfallen sollte, schaue dir einfach die Plugins von anderen Leuten an oder blättere in der Dokumentation von Canary, um dich inspirieren zu lassen.

Das Material zusammenstellen

Wenn du eine Idee hast, musst du als Nächstes das Material zusammenstellen. Das ist ähnlich wie beim Basteln oder Heimwerken, für das du dir das Rohmaterial (Leim, Holz, Papier, Wackelaugen, Plutonium) und die Werkzeuge (Schere, Hammer, Schweißgerät, Kühlturm – was auch immer) zurechtlegst. Wir müssen dasselbe tun. Welche Materialien brauchen wir aber?

Als Erstes müssen wir überlegen, was für Daten wir in dem Plugin benötigen, wie wir sie festhalten und wie das Plugin gesteuert wird – über Befehle, über Ereignisse oder mithilfe eines Timers? Die folgenden Fragen sind dabei sehr hilfreich:

- Welche Daten müssen wir verfolgen?
- Wie lange müssen wir sie speichern? (Während der Ausführung eines Befehls, während der Server läuft, über Serverneustarts hinweg usw.)
- Welche Auslöser verwenden wir? (Vom Benutzer eingegebene Befehle, Ereignisse im Spiel, interne Zustände, Timer, Kombinationen daraus ...)
- Mit welchen Teilen des Spiels musst du zusammenarbeiten (Blöcke, Spieler, Tränke, Inventar usw.), und welche Canary- oder Java-Funktionen brauchst du dazu?
- Was kann schiefgehen?

Es kann sein, dass du zu Anfang noch nicht alle Fragen beantworten kannst. Davon wollen wir uns aber nicht aufhalten lassen. Legen wir gleich los (hier am Beispiel meiner Creeper-Kuh-Idee).

Welche Daten müssen wir verfolgen? Bestimmt müssen wir speichern, welche Kühe wir spawnen. Vielleicht sollten wir verfolgen, welche Spieler von den einzelnen Kühen angegriffen werden, aber möglicherweise können wir das auch für jede einzelne Kuh herausfinden. Welche dieser Vorgehensweisen wir verwenden werden, ist noch nicht klar. Noch etwas? Ja, wir wollen, dass die Spawn-Punkte für die Kühe zufällig erzeugt werden. Weißt du noch, welche Java-Funktion wir verwendet haben, um Zufallszahlen zu generieren?

Wie lange müssen wir die Daten speichern? Da es sich um zufällig generierte Monsterkühe handelt, müssen wir sie uns nicht merken, wenn der Server herunterfährt. Wir können anschließend einfach neue generieren. Allerdings müssen wir sie im Auge behalten, solange der Server läuft, sodass wir mindestens eine Art statische Liste oder eine Hashmap der gespawnten Kühe brauchen. Lies dazu bei Bedarf noch einmal Kapitel 7, »Stapelweise Variablen: Arrays«, und Kapitel 11, »Konfigurationsdateien verwenden und Spieldaten speichern«.

Welche Auslöser verwenden wir? Es wäre Unsinn, wenn man extra einen Befehl eingeben müsste, um sich von Creeper-Kühen angreifen zu lassen. Die Funktion `@Command` werden wir daher nicht verwenden. Stattdessen brauchen wir ein Ereignis, das das Erscheinen einer Kuh auslöst, und vielleicht noch einen Timer, um die Kuh angreifen und schließlich explodieren zu lassen. Dazu müssen wir uns noch ein passendes Ereignis überlegen. Einzelheiten findest du in Kapitel 9, »Ändern, spawnen und lauschen in Minecraft«, und 10, »Zeitgesteuerte Ereignisse«.

Mit welchen Teilen des Spiels musst du arbeiten? Wir müssen die Killer-Kühe bewegen und in die Luft sprengen. Wie du dazu vorgehen musst, hast du schon in den vorherigen Plugins gelernt. Allerdings musst du dazu auch den Spieler explodieren lassen, den die Kuh angreift. Reicht es dazu aus, ihn zu sprengen, wenn sich die Kuh neben ihm befindet, oder müssen wir ihn ausdrücklich töten (indem wir seinen Gesundheitswert auf 0 setzen, ihn in Flammen aufgehen lassen oder irgendetwas anderes tun)? Um das herauszufinden, werden wir ein wenig experimentieren müssen.

Was kann schiefgehen? Diese Frage musst du dir *ständig* stellen, wenn du ein Plugin schreibst. Schon jetzt wird klar, dass unsere Kühe beim Angreifen durcheinanderkommen und irgendwo hängen bleiben könnten oder dass es gar keine Spieler in der Nähe gibt, die sie angreifen könnten. Mit diesen Problemen müssen wir uns also auf jeden Fall befassen. Es ist außerdem sinnvoll, die Anzahl der gespawnten Kühe zu beschränken, damit wir nicht unbeabsichtigt eine Kuhsintflut auslösen.

Das ist zwar noch nicht viel, aber es ist ein Anfang. Hier ist eine Liste der bereits bekannten Punkte:

- Wir brauchen eine statische Liste oder Hashmap der gespawnten Kühe.
- Wir benötigen die Java-Funktion für Zufallszahlen. (Welche war das noch gleich?)
- Wir brauchen ein Ereignis, um Kühe zu spawnen.
- Wir wissen, dass jede Kuh einen Timer braucht, damit sie eine Gelegenheit hat, um Spieler zu finden und anzugreifen.
- Wir wissen auch, dass eine Kuh nicht im Gelände hängen bleiben darf. (Was passiert, wenn es keinen Spieler in der Nähe gibt?)
- Wir müssen die Anzahl der Kühe begrenzen.

Probiere es selbst aus!

Gehe nun diese Punkte für das Plugin durch, das du selbst schreiben willst, und stelle deine eigene »Materialliste« auf.

Notiere dir dabei auch ruhig die Dinge, bei denen du dir nicht ganz sicher bist. Es gibt keinen Punktabzug dafür, etwas auf die Liste zu schreiben, das du später doch nicht benutzt.

Das Material anordnen

Bevor wir das Plugin erstellen und Code schreiben, müssen wir überlegen, was an welche Stelle gehört. Wir müssen uns also fragen, ob alles in eine Funktion oder auch nur in eine Klasse passt. Brauchen wir mehrere Funktionen oder Klassen? Wenn ja, was stellen wir dann in welche Funktion oder Klasse? Was müssen die einzelnen Klassen über die anderen wissen? Wenn du eine Auffrischung zum Thema Funktionen und Objekte benötigst, schlage in Kapitel 4, »Variablen, Funktionen und Schlüsselwörter«, bzw. Kapitel 5, »Objekte«, nach.

Stelle dir also folgende Fragen:

- Was gehört wohin? Welche Funktionen und Klassen brauchst du?
- Wozu benötigst du die einzelnen Funktionen (bzw. Klassen)? Was ist wofür zuständig?
- Wer muss noch etwas über die betreffende Funktion oder Klasse wissen?

Eine Möglichkeit, um sich darüber klarzuwerden – insbesondere bei komplizierten Plugins – besteht darin, altmodische Karteikarten als sogenannte CRC-Karten zu verwenden (»Class-Responsibility-Collaborators«, also »Klassen-Zuständigkeiten-Mitwirkende«), die übrigens von unseren Freunden Ward Cunningham und Kent Beck erfunden wurden. Teile die Karten jeweils in drei Abschnitte auf: Oben steht der Name der Klasse, links eine Liste der Dinge, für die die Klasse verantwortlich ist, und rechts eine Liste anderer Klassen, mit denen sie zusammenarbeiten muss.

Für die Hauptklasse unseres Plugins sieht das bis jetzt so aus:

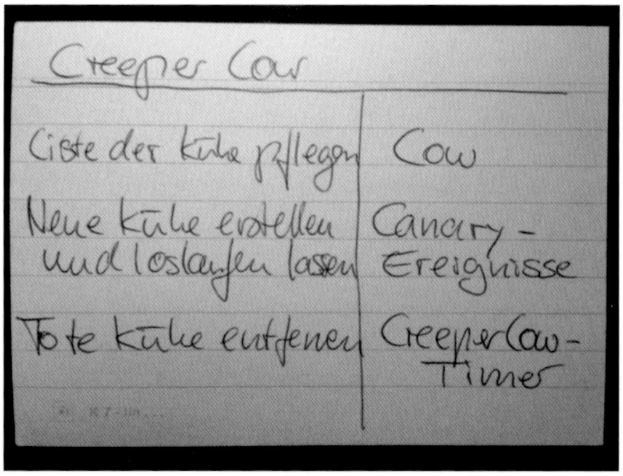

Außerdem brauchen wir noch die Klasse `CreeperCowTimer` für die einzelnen Kühe, die sich um alles kümmert, was eine angreifende Kuh tun muss:

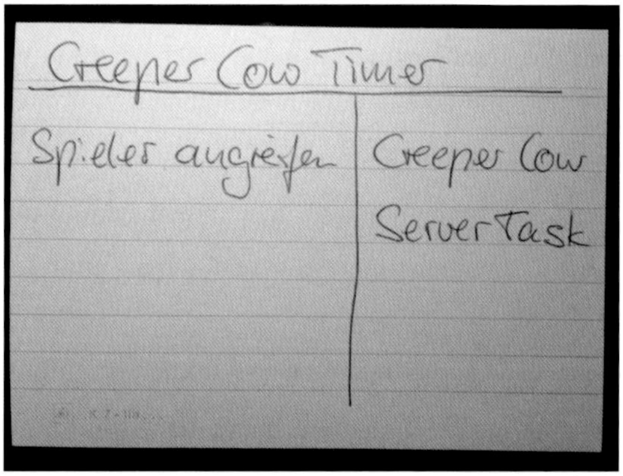

Beachte, dass wir hier noch nicht in die Einzelheiten irgendwelcher konkreter Funktionen gehen. Was du zunächst einmal brauchst, ist eine feste Vorstellung davon, *warum* eine bestimmte Klasse notwendig ist. Wofür ist sie zuständig?

Versuche dann auszuarbeiten, was die Klasse tun muss, um die einzelnen Zuständigkeiten zu erfüllen. Damit du dich nicht in Java-Syntax und -Problemen verlierst, schreibst du einfach in Worten auf, was Schritt für Schritt zu tun ist. Schreibe nieder, *was* geschehen muss, aber zerbrich dir noch nicht den Kopf darüber, *wie* es geschehen soll.

Jeden dieser einzelnen Schritte wandelst du dann in eine Funktion um – oder in *mindestens eine Funktion*. Es kann auch durchaus sein, dass du einen Schritt in eine Reihe einfacherer Funktionen und/oder Klassen aufteilst.

1. Liste der Kühe erstellen
2. Creeper-Kühe erstellen und zu der Liste hinzufügen
3. Jede Creeper-Kuh mit einem Timer versorgen
4. Auf Ereignisse lauschen, um Kühe zu erstellen und zu entfernen

Das war der einfache Teil. Aber was soll eine Creeper-Kuh tun? Wir haben festgehalten, dass sie dafür zuständig ist, Spieler anzugreifen. Aber was bedeutet das konkret? Wie wäre es damit:

1. Den nächstgelegenen Spieler finden (Möglicherweise ist aber keiner in der Nähe!)
2. Zum nächstgelegenen Spieler springen (Nicht beim Aufschlag sterben!)
3. Explodieren, wenn die Kuh den Spieler getroffen hat

Um zu überlegen, was für Code wir schreiben müssen, nehmen wir nun also die Materialliste und die Liste der erforderlichen Schritte für unser Creeper-Kuh-Plugin zur Hand und denken uns einige Funktionsnamen aus:

- `CreeperCow` (Hauptklasse):
  - `cowList`: eine statische Liste der erstellten Kühe
  - `Math.random()`: Wir brauchen eine Zufallszahl. Laut Java-Dokumentation gibt diese Funktion einen `double`-Wert zwischen 0 und 1 zurück.[1]
  - `spawnCows()`: Erstellt eine zufällige Anzahl von Kühen bis zu einem festgelegten Grenzwert. Außerdem müssen wir für jede Kuh einen `CreeperCow Timer` erstellen und in Gang setzen.
  - `eventListener()`: ein Listener für den Aufruf von `spawnCows()`
- `CreeperCowTimer` (einer pro Kuh).
  - `findClosestPlayer()`: Findet den nächstgelegenen Spieler. Es kann sein, dass es keinen Spieler in der Nähe gibt.
  - `jump(Locaton loc)`: Springen heißt, durch die Luft zu fliegen, ohne beim Aufschlag zu sterben.
  - `explode()`: Wenn die Kuh einen Spieler trifft (oder ihm nahe genug kommt), soll sie explodieren. Dabei müssen wir das PlugIn anweisen, die Kuh zu entfernen.

Es gibt eine Menge Dinge, die wir noch nicht herausgefunden haben, aber wenigstens haben wir jetzt genug Informationen, um schon einmal mit dem Schreiben des Codes anzufangen. Das wiederum wird uns dabei helfen, den Rest herauszufinden ... und wahrscheinlich neue Fragen aufwerfen. So geht es Schritt für Schritt weiter.

1 *http://docs.oracle.com/javase/7/docs/api/java/lang/Math.html#random%28%29*

Probiere es selbst aus!

Schnappe dir einen Stapel Karteikarten oder einige Blätter Papier und notiere deine Hauptklasse und deren Zuständigkeiten sowie alle Canary-Elemente, die sie benötigt. Falls du noch weitere Klassen brauchst (z. B. zur Planung von Aufgaben) oder irgendetwas anderes verfolgen musst, lege auch dafür Karteikarten an.

Schreibe für jede Zuständigkeit eine Liste von Schritten auf, die sich wie eine kleine Geschichte liest. Gehe dann deine Materialliste durch und versuche, eine erste Liste der Funktionen und Variablen aufzustellen, wobei du dir dieselben Fragen stellst, wie wir es hier weiter oben getan haben.

Wenn du die Liste abgeschlossen hast, ist es an der Zeit, mit dem Schreiben des Codes zu beginnen – allerdings schreibst du nicht alles auf einmal, wie du im nächsten Abschnitt sehen wirst.

Die einzelnen Teile ausprobieren

Wir beginnen jetzt mit dem Schreiben des Codes. Das klingt spannend, und du willst sicher gleich loslegen, aber wir wollen es langsam angehen lassen. Denn unabhängig davon, ob du mein Beispiel nachvollziehen oder dein eigenes Plugin schreiben willst, solltest du immer nur einen kleinen Schritt auf einmal tun – überstürze nichts!

Als Erstes legen wir ein neues Verzeichnis und die üblichen Dateien an, die jedes Plugin benötigt. Verwende dazu wieder das Skript `mkplugin.sh`. Denke daran, dass das Plugin unter deinem Desktop-Verzeichnis angelegt wird. Meine Version befindet sich in `Desktop/code`.

```
~/Desktop$ ./mkplugin.sh CreeperCow
~/Desktop$ cd CreeperCow
~/Desktop/CreeperCow$ ls -a
.            .gitignore   Manifest.txt   build.sh   src
..           Canary.inf   bin            dist
```

Diesmal verfolgen wir unsere Arbeit von Anfang an in Git. (Zur Auffrischung schlage in Kapitel 12, »Code sicher aufbewahren«, nach.)

Dankenswerterweise legt das Skript `mkplugin.sh` eine `.gitignore`-Datei an, um die Verzeichnisse `bin/` und `dist/` zu ignorieren. Nun erstellen wir unsere ersten Dateien und bestätigen sie per Commit, um einen Ausgangszustand herzustellen.

```
~/Desktop/CreeperCow$ git init
Initialized empty Git repository in /Users/andy/Desktop/CreeperCow/.git/
~/Desktop/CreeperCow$ git add .gitignore build.sh Canary.inf Manifest.txt src
~/Desktop/CreeperCow$ git commit -a -m First
[master (root-commit) 2e483f1] First
```

```
 5 files changed, 95 insertions(+)
create mode 100644 .gitignore
create mode 100755 build.sh
create mode 100644 Canary.inf
create mode 100644 Manifest.txt
create mode 100644 src/creepercow/CreeperCow.java
```

(Wenn du mit einem Remote-Repository verbunden bist, kannst du nun auch den Befehl `git push` geben.)

Nun aber zum Code.

Wir brauchen die statische Liste `cowList` und die Methode `spawnCows()` und müssen auf irgendwelche Ereignisse lauschen. Fangen wir in `CreeperCow.java` also damit an. Die interessanten Teile (ohne die sonstigen Importe und andere übliche Bestandteile) sehen wie folgt aus:

```
//...
import net.canarymod.plugin.PluginListener;
import net.canarymod.api.entity.living.animal.Cow;
import java.util.ArrayList;
import com.pragprog.ahmine.ez.EZPlugin;

public class CreeperCow extends EZPlugin implements PluginListener {

   private static ArrayList<Cow> cowList = new ArrayList<Cow>();

   public void spawnCows() {

   }
//...
```

Wir haben aus der Hauptklasse des Plugins also einen `PluginListener` gemacht und die Variable `cowList` sowie den Beginn der Funktion `spawnCows()` hinzugefügt. Bevor wir noch mehr tun, testen wir *nur dies*, um herauszufinden, ob ein Build von diesem Code erstellt werden kann, und führen die (leere) Funktion `spawnCows` aus.

Denke daran, dass wir immer nur kleine Schritte gehen. Da wir noch keinen Ereignislistener haben (tatsächlich wissen wir noch nicht einmal, auf welches Ereignis wir überhaupt lauschen wollen), wenden wir einen Trick an.

Wir fügen zu `@Command` einen Befehl hinzu, der nicht für die Benutzer da ist, sondern nur für uns während der Plugin Entwicklung, damit wir Schritt für Schritt testen können, was wir hinzugefügt haben.

Bevor wir irgendwelchen Code zu `spawnCows` hinzufügen, wollen wir erst diesen Befehl einrichten:

```
@Command(aliases = { "testspawncows" },
   description = "Test cow spawning",
   permissions = { "" },
   toolTip = "/testspawncows")
public void testSpawnCommand(MessageReceiver caller, String[] args) {
   if (caller instanceof Player) {
      Player me = (Player)caller;
      Location loc = me.getLocation();
      spawnCows();
   }
}
```

(Außerdem müssen wir noch `net.canarymod.api.world.position.Location` importieren.)

Damit können wir uns beim Spiel anmelden und den Befehl `/testSpawnCows` ausführen, um Kühe zu spawnen und zu überprüfen, ob alles korrekt funktioniert.

Zurzeit spawnen wir aber noch keine Kühe. Prüfe jedoch, ob der bisherige Code mit `build.sh` fehlerfrei erstellt werden kann, bevor du weiteren Code hinzufügst.

```
~/Desktop/CreeperCow$ build.sh
Compiling with javac...
Creating jar file...
Deploying jar to /Users/andy/Desktop/server/plugins...
Completed Successfully.
```

Dieser Zeitpunkt ist eine gute Gelegenheit, um zu prüfen, ob die Importe und alles andere richtig vorgenommen wurden und sich keine Tippfehler eingeschlichen haben. Da alles richtig funktioniert, führe ich `git commit` aus.

Probiere es selbst aus!

Führe die beschriebenen Vorgänge nun selbstständig durch: Erstelle mit `mkplugin.sh` ein neues Plugin-Verzeichnis, richte ein Git-Repository dafür ein, und füge alle Funktionen und Daten hinzu, die du brauchst. Wenn du eine Auffrischung zu irgendeiner Aufgabe benötigst, schlägst du in den entsprechenden Kapiteln nach.

Füge Testbefehle zu `@Command` hinzu, und zwar auch, wenn du dein Plugin über echte Benutzerbefehle steuern willst. Gehe ebenfalls in kleinen Schritten vor. Lege kleine, eigenständige Funktionen an und sorge dafür, dass sie korrekt sind, bevor du fortfährst. Formuliere die Funktionen noch nicht aus, sondern verwende wie hier zunächst nur die leeren Funktionsrümpfe.

Vergiss auch nicht, `git commit` zu verwenden, um deinen »Spielstand« zu sichern.

Jetzt geht es ins Detail: die Funktion »spawnCows()«

Da wir nun eine Möglichkeit haben, die Funktion `spawnCows()` zu testen, wollen wir uns näher mit ihr beschäftigen. Wie wir schon festgestellt haben, soll sie Folgendes tun:

1. Eine Liste der Kühe erstellen
2. Creeper-Kühe erstellen und zu der Liste hinzufügen
3. Jede Creeper-Kuh mit einem Timer versorgen
4. Auf Ereignisse lauschen, um Kühe zu erstellen und zu entfernen

Gehen wir diese Schritte einen nach dem anderen an. Da wir bereits eine einfache statische Liste für die Kühe aufgestellt haben, sehen wir uns als Nächstes den Spawnvorgang an.

Wir müssen Kühe zufällig erstellen. Das wirft die Frage auf, wo wir sie platzieren sollten. Überall im Spiel verteilt? In deiner Nähe? Über dem Kopf deines Freundes? All diese Möglichkeiten haben etwas für sich.

Wenn du beim Programmieren Entscheidungen treffen musst, besteht eine der besten Vorgehensweisen darin, diese Entscheidungen aufzuschieben. In vielen Fällen kennst du die »richtige« Antwort noch nicht, und es kann sogar noch eine Weile dauern, bis du sie kennst. Es ist sogar möglich, dass du sie niemals erfährst. Dafür gibt es schließlich Funktionsparameter: Anstatt einen einzelnen Aspekt konkret festzulegen, übergeben wir ihn als Parameter. Dadurch bist du nicht gezwungen, eine Entscheidung zu treffen, denn die Funktion kann mit vielen verschiedenen Formen dieses Aspekts arbeiten.

Wir müssen nun also die vorläufige Deklaration von `spawnCows()` ändern, um eine Information über den gewünschten Entstehungsort der Kühe übergeben zu können. Wie soll diese Angabe aussehen?

Versuchen wir es mit einem `Location`-Objekt, das die Position einer Ecke eines großen Quadrats angibt, und einem Zahlenwert für die Anzahl der Blöcke, die sich dieses Quadrat in x- und z-Richtung erstreckt. Daher müssen wir die Funktionssignatur wie folgt ändern:

```
public void spawnCows(Location start, int size) {
```

So können wir später entscheiden, welche Position wir übergeben wollen. Zum Testen können wir einfach den Standort des Spielers und eine beliebige Zahl nehmen. Das wollen wir nun tun.

Allerdings hat die Sache einen kleinen Haken: Eine Befehlsfunktion übergibt die Argumente als Array aus `String`-Objekten an den Benutzerbefehl. Wir wollen `testSpawnCows()` jedoch keine Strings übergeben, sondern `int`-Werte. Wie wurde diese Konvertierung doch gleich vorgenommen?

Mit einer Google-Suche nach »java convert string to int« finden wir die Zauberformel schnell heraus:[2]

```
int foo = Integer.parseInt("1234");
```

Damit können wir den Befehl jetzt so weit fertig stellen, dass wir `spawnCows` über unseren Testbefehl aufrufen können:

```
@Command(aliases = { "testspawncows" },
   description = "Test cow spawning",
   permissions = { "" },
   min = 2, // Anzahl der Argumente
   toolTip = "/testspawncows <number to spawn>")
public void testSpawnCommand(MessageReceiver caller, String[] args) {
   if (caller instanceof Player) {
      Player me = (Player)caller;
      Location loc = me.getLocation();
      spawnCows(loc, Integer.parseInt(args[1]));
   }
}
```

Damit können wir jetzt endlich gefahrlos Code zum Implementierung von `spawnCows` hinzufügen. Das ist die Art und Weise, wie Profis arbeiten: Sie richten zunächst eine Möglichkeit ein, um ihren Code zu testen, bevor sie den Code selbst schreiben.[3] Wir können das nicht alles automatisch tun lassen, sondern müssen uns immer noch manuell beim Spiel anmelden und uns mit unseren eigenen Augen davon überzeugen, dass Creeper-Kühe gespawnt werden. Aber das Grundprinzip ist das gleiche.

Also müssen wir damit anfangen, Kühe zu erzeugen. Dazu verwenden wir eine `for`-Schleife, die Ausgangsposition und die Größe des Gebiets, in dem die einzelnen Kühe gespawnt werden. Wie viele Kühe wollen wir spawnen? Hoppla, das haben wir völlig vergessen. Das müssen wir noch zur Funktionssignatur hinzufügen:

```
public void spawnCows(Location start, int size, int number) {
```

Außerdem müssen wir die Anzahl zu Testzwecken von `testSpawnCommand()` aus übergeben:

```
spawnCows(loc, Integer.parseInt(args[1]), Integer.parseInt(args[2]));
```

Jetzt können wir in `spawnCows` Code einfügen, um mit einer `for`-Schleife Kühe zu erzeugen und unserer Kuhliste hinzuzufügen:

2 Es funktioniert auch, wenn du nach »java string nach int wandeln« suchst. Du findest allerdings in der Regel viel mehr, wenn du nach englischen Begriffen suchst.

3 Das wird als »Test Driven Development« oder auch als »Test First« bezeichnet und bedeutet, dass die Programmierung mit dem Testen beginnt.

```
public void spawnCows(Location target, int size, int count) {
   World world = target.getWorld();
   double x = target.getX();
   double z = target.getZ();
   for (int i=0; i< count; i++) {
      Location loc = new Location(world,
         x + (Math.random() * size),
         0,
         z + (Math.random() * size),
         0,0
      );
      loc.setY(world.getHighestBlockAt((int)loc.getX(),
                                       (int)loc.getZ()) + 2);
      Cow cow = (Cow)spawnEntityLiving(loc, EntityType.COW);
   }
}
```

Zur Wiederholung: Wir multiplizieren die Zufallszahl (zwischen 0 und 1) mit der Seitenlänge des Quadrats, sodass wir eine Zahl zwischen 0 und der Seitenlänge bekommen. Diese Ergebnisse verwenden wir als x- und z-Koordinate von der Ausgangsecke des Quadrats. Anschließend rufen wir den höchsten Block an diesem Punkt vom Server ab und verwenden dessen Höhe als y-Koordinate. Damit haben wir die Position der Kuh bestimmt, die wir spawnen wollen.

Als Nächstes kompilieren wir dies, erstellen einen Build und testen es.

Dazu habe ich mich am Spiel angemeldet und den Befehl `/testspawncows 10 8` gegeben. Dadurch wurden in einem Quadrat der Größe 10 × 10, das sich von meinem aktuellen Standort aus erstreckt, acht Kühe gespawnt.

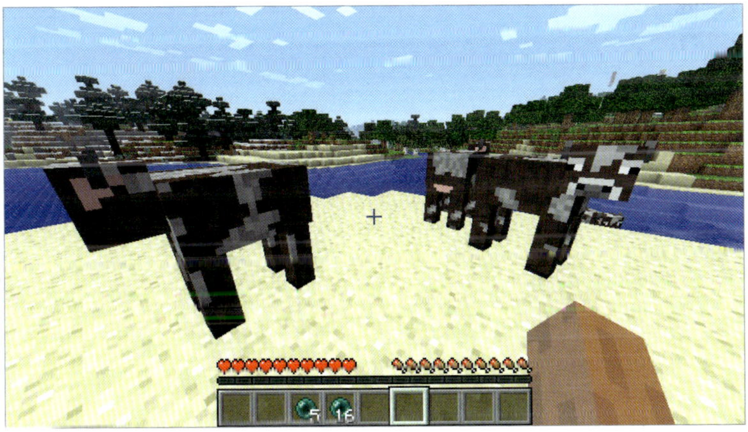

Hurra, wir haben Kühe erschaffen! Sie sind allerdings alles andere als Furcht einflößend, sondern stehen einfach so herum, wie Kühe es eben tun. Nun müssen wir sie dazu bringen, herumzuspringen und anzugreifen.

Nachdem ich ein wenig Code geschrieben und getestet habe, gebe ich wieder den Befehl `git commit`, um den jetzigen Zustand zu sichern, bevor ich weitermache.

Probiere es selbst aus!

Du bist am Zug! Arbeite deine Funktionen aus, wie ich es hier getan habe. Du musst noch nicht *alles* tun, sondern nur genug, um einen Ausgangspunkt zu haben (so wie unsere Kühe noch nicht springen).

Richte für jede Funktion, die du erstellst, einen Testbefehl ein, damit du sie im Spiel ausprobieren kannst.

Vergewissere dich, dass die Testbefehle für alles funktionieren, was du schon erledigt hast. Vergiss nicht, deine Änderungen in Git zu speichern.

Weitere Details: CreeperCowTimer

In einer früheren Phase haben wir uns schon entschieden, den Code für die springenden, angreifenden und explodierenden Kühe in eine eigene Klasse namens `CreeperCowTimer` zu stellen, die wir über ein Ereignis in der Hauptklasse `CreeperCow` auslösen werden.

Zunächst aber brauchen wir eine Funktion, um die Kühe springen und angreifen zu lassen. Diese Funktion werden wir als Erstes erstellen und testen.

Aus dem Unterschied zwischen den x- und z-Koordinaten des Ziels und unserer Kuh können wir ein neues `Vector3D`-Objekt erstellen, das den Versatz zwischen Kuh und Ziel angibt. Die Zahl ist aber zu groß für eine Geschwindigkeit, weshalb wir sie mit einer passenden Zahl (0,075) multiplizieren, die ich durch Experimentieren herausgefunden habe. Das Ergebnis legen wir als die Geschwindigkeit fest, mit der sich die Kuh entlang des 3D-Vektors bewegen soll.

```
public class CreeperCowTimer {
   private Cow cow;

   public void jump(Location target) {
      Location cowLoc = cow.getLocation();
      double multFactor = 0.075;
      Vector3D v = new Vector3D(
         (target.getX() - cowLoc.getX()) * multFactor,
         0.8,
```

```
        (target.getZ() - cowLoc.getZ()) * multFactor
    );
    cow.moveEntity(v.getX() + (Math.random() * -0.1),
        v.getY(),
        v.getZ() + (Math.random() * -0.1));
  }
}
```

Damit meine Änderungen aufgezeichnet werden können, gebe ich für die neue Datei `CreeperCowTimer.java` den Befehl `git add`.

So weit, so gut. Jetzt brauchen wir noch eine Möglichkeit, um das private Kuhobjekt festzulegen. Wir werden dazu später eine Verbindung zur Funktion `spawnCows` herstellen, aber vorläufig übergeben wir einfach eine bereits gespawnte Kuh. Dazu verwenden wir die Konstruktorfunktion:

```
CreeperCowTimer(Cow aCow) {
  cow = aCow;
}
```

Damit wir dies testen können, fügen wir unserem Plugin einen Befehl zum Springen hinzu. Dabei müssen wir auf die Funktion `spawnCows` zurückgreifen und die gespawnten Kühe zu der Arrayliste hinzufügen. Im Springbefehl können wir dann die Liste durchlaufen und dafür sorgen, dass alle gespawnten Kühe auf uns zuspringen.

Dazu beginnen wir wie folgt:

```
Cow cow = (Cow)spawnEntityLiving(loc, EntityType.COW);
cowList.add(cow);
```

Nun fügen wir unseren Testbefehl hinzu:

```
@Command(aliases = { "testjump" },
    description = "Test cow jumping",
    permissions = { "" },
    min = 1, // Anzahl der Argumente
    toolTip = "/testjump")
public void testJumpCommand(MessageReceiver caller, String[] args) {
    if (caller instanceof Player) {
        Player me = (Player)caller;
        for (Cow c : cowList) {
            c.jump(me.getLocation());
        }
    }
}
```

Hoppla – das funktioniert nicht!

Anstatt eine Liste der Kühe zu pflegen, müssen wir die `CreeperCowTimer`-Objekte verfolgen, denn diese Objekte stellen uns die `jump()`-Funktion, die anderen noch zu schreibenden Mechanismen und das `Cow`-Objekt selbst bereit.

Wenn wir das tun, sollten wir auch eine Hashmap anstelle einer Arrayliste verwenden, damit wir die `CreeperCowTimer`-Objekte anhand der `Cow`-Objekte nachschlagen können, denn diese sind es, die wir von den Ereignissen, Spawnmethoden usw. zurückbekommen. Daher müssen wir nun einige Dinge umkonstruieren.

Schreibe auf, was wir dazu alles ändern müssen, und lies weiter, wenn du selbst eine solche Liste hast.

Erforderliche Änderungen

Meine Liste sieht folgendermaßen aus:

1. Wir müssen `import java.util.ArrayList;` in `import java.util.HashMap;` ändern.
2. Wir müssen `cowList` von `public static ArrayList<Cow> cowList = new ArrayList<Cow>();` in etwas ändern, das eine Hashmap verwenden kann, also in `public static HashMap<Cow, CreeperCowTimer> allCows = new HashMap<Cow, CreeperCowTimer>();`. Außerdem habe ich den Namen in `allCows` geändert, damit der Name nicht mehr den Listentyp enthält.
3. Da es nun erforderlich ist, eine Hashmap auf den Stack zu legen, müssen wir `cowList.add(cow);` in `allCows.put(cow, new CreeperCowTimer(cow));` ändern.
4. Wir müssen die `for`-Schleife so ändern, dass sie die Hashmap durchläuft:

```
for (Cow c : allCows.keySet()) {
   CreeperCowTimer superCow = allCows.get(c);
   superCow.jump(me.getLocation());
}
```

Das mag jetzt alles ziemlich entmutigend wirken. Mach dir aber keine Sorgen: Es ist nicht wichtig, auf Anhieb alles richtig zu machen. Und abgesehen davon, dass man selten gleich alles richtig macht, bringt es auch kaum Vorteile. Entscheidend ist es, beim *letzten* Mal alles richtig zu machen.

Nachdem wir alle Änderungen vorgenommen haben, können wir jetzt die Sprungfunktion testen. Ich starte den Server, stelle die Verbindung zum Client her und beginne den Test, indem ich zunächst eine einzige Kuh spawne. Anschließend gebe ich den Befehl `testjump`, um zu sehen, ob die Kuh auf mich zuspringt.

```
/testspawncows 5 1
```

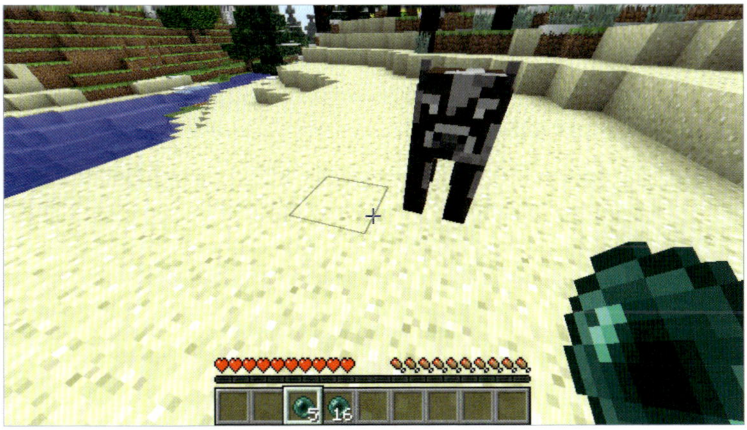

Das hat geklappt. Nun ein paar Testsprünge:

```
/testjump
/testjump
/testjump
```

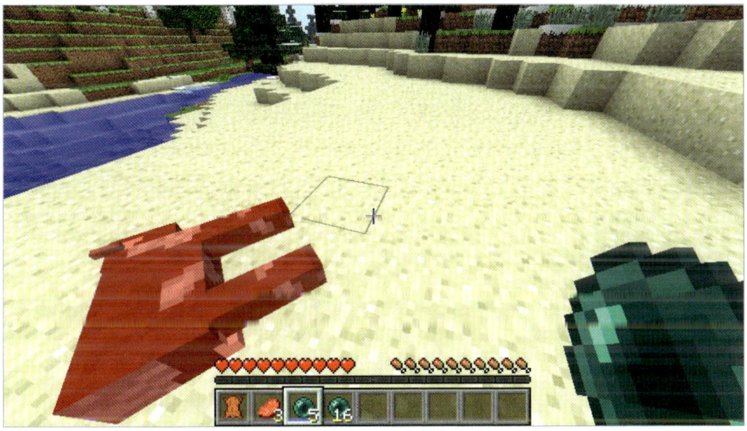

Ja, natürlich – die Kuh ist gestorben! Das gleiche Problem hatten wir schon beim Plugin `CowShooter`. Wir müssen die Gesundheit der Kuh wie folgt auf den Maximalwert setzen:

```
cow.setHealth(cow.getMaxHealth());
```

Wo aber sollten wir das tun? Und was ist noch alles erforderlich, um das Plugin fertigzustellen?

Die jetzige Version funktioniert im Grunde genommen, auch wenn es ein Problem gibt. Gib den Befehl `git commit`, um den jetzigen Zustand des Codes zu speichern, bevor du irgendwelche umfangreichen Änderungen daran vornimmst.

Die einzelnen Teile zusammenfügen

Wir müssen jetzt noch einige Dinge hinzufügen, die auf unserer Materialliste stehen, und ein paar Probleme angehen.

Als Erstes lösen wir das Problem der sterbenden Kühe. Dazu fügen wir einen Ereignishandler hinzu, der auf `DamageHook` lauscht und das Ereignis abbricht, wenn es durch `DamageType.FALL` verursacht wird. Da wir das Schadensereignis unterbinden, brauchen wir nicht einmal den Gesundheitswert der Kuh hochzusetzen.

Beim Testen der Spawn- und der Springfunktion haben wir uns selbst als Ziel verwendet. Zur Verfeinerung müssen wir noch eine Funktion namens `getClosestPlayer()` hinzufügen, um für jede Kuh den nächstgelegenen Spieler zu finden.

Wie wir bereits festgestellt haben, müssen wir noch ein Ereignis auswählen, durch das die Erzeugung unserer Creeper-Kühe ausgelöst wird. Dazu gibt es eine Reihe von Möglichkeiten. Da es nicht so günstig wäre, Kühe in der ganzen Spielwelt zu spawnen, brauchen wir ein Ereignis, das gesendet wird, wenn ein neuer Teilbereich der Welt in den Server geladen wird.

Wenn wir in der Canary-Dokumentation unter `net.canarymod.hook.world` unter den Ereignissen nachsehen, finden wir genau das, was wir haben wollen, nämlich die Ereignisse `ChunkLoadedHook` und `ChunkUnloadHook`. Diese Ereignisse werden ausgelöst, wenn ein »Chunk« geladen bzw. gelöscht wird. Jedes Mal, wenn ein solcher Teilbereich der Größe 16 × 16 geladen wird, erhalten wir also ein Ereignis. Dabei gibt es nur ein kleines Problem: Die Angabe, mit welchem Chunk wir es zu tun haben, wird in einem Chunkraster gegeben. Um die Weltkoordinaten zu erhalten, musst du die Chunkkoordinaten mit 16 multiplizieren.

Unsere Aufgabenliste enthält nun also die folgenden Arbeiten:

- den Ereignishandler `DamageHook` hinzufügen, damit die Kuh nicht stirbt
- die Funktion `getClosestPlayer` hinzufügen, damit jede Kuh das nächstgelegene Ziel finden kann
- das Ereignis `ChunkLoadedHook` hinzufügen, um Kühe in einem Teilbereich von 16 × 16 Blöcken Größe zu spawnen
- das Ereignis `ChunkUnloadHook` hinzufügen, um Kühe aus diesem Teilbereich zu entfernen
- einen Aufgabentimer so einrichten, dass jede Kuh ein Ziel finden, dorthin springen und bei Bedarf explodieren kann
- die Liste `allCows` in all diesen Funktionen pflegen (Einträge ergänzen beim Spawnen, Einträge löschen beim Tod oder wenn die Kuh beim Entladen entfernt wird)

Puh, das ist eine Menge Arbeit. Aber für all diese Tätigkeiten brauchst du nur Funktionen und Fertigkeiten, die du bereits erlernt hast, weshalb ich dich hier nicht mit einer ausführlichen Anleitung langweilen werde.

Hier folgt nun der komplette Code. Schaue ihn dir an. Bei Bedarf kannst du gern davon abkupfern.

```
package creepercow;

import java.util.HashMap;
import java.util.ArrayList;
import java.util.Iterator;
import java.util.List;
import java.util.Collection;
import net.canarymod.plugin.Plugin;
import net.canarymod.logger.Logman;
import net.canarymod.Canary;
import net.canarymod.commandsys.*;
import net.canarymod.chat.MessageReceiver;
import net.canarymod.api.entity.Entity;
import net.canarymod.api.entity.living.humanoid.Player;
import net.canarymod.api.world.World;
import net.canarymod.api.world.position.Location;
import net.canarymod.api.world.position.Vector3D;
import net.canarymod.hook.HookHandler;
import net.canarymod.api.inventory.ItemType;
import net.canarymod.api.world.blocks.Block;
import net.canarymod.api.world.blocks.BlockType;
import net.canarymod.api.entity.EntityType;
import net.canarymod.api.entity.living.animal.Cow;
import net.canarymod.api.entity.EntityType;
import net.canarymod.plugin.PluginListener;
import net.canarymod.hook.world.ChunkLoadedHook;
import net.canarymod.hook.world.ChunkCreatedHook;
import net.canarymod.hook.world.ChunkUnloadHook;
import net.canarymod.hook.entity.DamageHook;
import net.canarymod.api.DamageType;
import net.canarymod.api.world.Chunk;
import com.pragprog.ahmine.ez.EZPlugin;

public class CreeperCow extends EZPlugin implements PluginListener {

   private static HashMap<Cow, CreeperCowTimer> allCows =
      new HashMap<Cow, CreeperCowTimer>();

   private static boolean enabled = false;

   private final static int CHUNK_SIZE = 16;
```

```
@Override
public boolean enable() {
   Canary.hooks().registerListener(this, this);
   return super.enable(); // Ruft auch die Version der Elternklasse auf
}

public void spawnCows(Location target, int size, int count) {
   World world = target.getWorld();
   double x = target.getX();
   double z = target.getZ();
   for (int i=0; i< count; i++) {
      Location loc = new Location(world,
         x + (Math.random() * size),
         0,
         z + (Math.random() * size),
         0,0
      );
      loc.setY(world.getHighestBlockAt((int)loc.getX(),
                                       (int)loc.getZ()) + 2);
      logger.info("[CreeperCow] spawned cow at " + printLoc(loc));
      Cow cow = (Cow)spawnEntityLiving(loc, EntityType.COW);
      CreeperCowTimer task = new CreeperCowTimer(this, cow);
      Canary.getServer().addSynchronousTask(task);
      allCows.put(cow, task);
   }
}

public void cowDied(Cow cow) {
   logger.info("[CreeperCow] cow died.");
   allCows.remove(cow);
}

@Command(aliases = { "creepercows" },
      description = "Turn Creeper Cows on and off",
      permissions = { "" },
      min = 2, // Anzahl der Argumente
      toolTip = "/creepercows on|off")
public void enabledCommand(MessageReceiver caller, String[] args) {
   if (caller instanceof Player) {
      Player me = (Player)caller;
      if (args[1].equalsIgnoreCase("on") ||
         args[1].equalsIgnoreCase("yes") ||
         args[1].equalsIgnoreCase("true")) {
         enabled = true;
         me.chat("Creeper Cows are enabled");
         // Wir beginnen hier gleich mit ein paar Kühen ;)
         spawnCows(me.getLocation(), 25, 5);
      } else {
         enabled = false;
```

```
            me.chat("Creeper Cows are disabled");
        }
    }
}

@Command(aliases = { "testspawncows" },
        description = "Test cow spawning",
        permissions = { "" },
        min = 3, // Anzahl der Argumente
        toolTip = "/testspawncows <size of square> <number to spawn>")
public void testSpawnCommand(MessageReceiver caller, String[] args) {
    if (caller instanceof Player) {
        Player me = (Player)caller;
        Location loc = me.getLocation();
        spawnCows(loc,
            Integer.parseInt(args[1]),
            Integer.parseInt(args[2]));
    }
}

@Command(aliases = { "testjump" },
        description = "Test cow jumping",
        permissions = { "" },
        min = 1, // Anzahl der Argumente
        toolTip = "/testjump")
public void testJumpCommand(MessageReceiver caller, String[] args) {
    if (caller instanceof Player) {
        Player me = (Player)caller;
        for (Cow c : allCows.keySet()) {
            CreeperCowTimer superCow = allCows.get(c);
            superCow.jump(me.getLocation());
        }
    }
}

@Command(aliases = { "testexplode" },
        description = "Test cow explode",
        permissions = { "" },
        min = 1, // Anzahl der Argumente
        toolTip = "/testexplode")
public void testExplodeCommand(MessageReceiver caller, String[] args) {
    if (caller instanceof Player) {
        Player me = (Player)caller;
        List<CreeperCowTimer> list = new ArrayList<CreeperCowTimer>();
        for (Cow c : allCows.keySet()) {
            CreeperCowTimer superCow = allCows.get(c);
            list.add(superCow);
        }
        for (CreeperCowTimer superCow : list) {
```

```
            superCow.explode();
         }
      }
   }

   @HookHandler
   public void onChunkLoad(ChunkLoadedHook event) {
      if (enabled) {
         World world = event.getWorld();
         Chunk chunk = event.getChunk();

         if (Math.random() > 0.10) { // Erzeugt nur 1 von 10 Kühen
            return;
         }
         logger.info("[CreeperCow] Spawning");
         // Die X- und Z-Werte des Chunks sind Indizes;
         // wir müssen sie mit 16 multiplizieren,
         // um die Blockposition zu ermitteln.
         Location start = new Location(
            chunk.getX() * CHUNK_SIZE,
            0,
            chunk.getZ() * CHUNK_SIZE);
         spawnCows(start, 16, 1);
      }
   }

   @HookHandler
   public void onChunkUnload(ChunkUnloadHook event) {
      Chunk chunk = event.getChunk();
      List<Entity>[] all = chunk.getEntityLists();
      for(int i = 0; i < all.length; i++) {
         for (Entity ent : all[i]) { // Liste der 16-Block-Teilchunks
            if (ent instanceof Cow) {
               Cow cow = (Cow) ent;
               if (allCows.containsKey(cow)) {
                  allCows.get(cow).removeMe();
                  allCows.remove(cow);
               }
            }
         }
      }
   }

   @HookHandler
   public void onEntityDamage(DamageHook event) {
      Entity ent = event.getDefender();
      if (ent instanceof Cow) {
         Cow cow = (Cow) ent;
         if (event.getDamageSource().getDamagetype() == DamageType.FALL) {
```

```
            if (allCows.containsKey(cow)) {
               event.setCanceled();
            }
         }
      }
   }
}
```

Listing 13.1: CreeperCow/src/creepercow/CreeperCow.java

```
package creepercow;

import java.util.List;
import java.util.ArrayList;
import net.canarymod.Canary;
import net.canarymod.api.entity.EntityType;
import net.canarymod.api.world.position.Location;
import net.canarymod.api.entity.living.humanoid.Player;
import net.canarymod.api.entity.living.animal.Cow;
import net.canarymod.api.world.position.Vector3D;
import net.canarymod.api.world.blocks.Block;
import net.canarymod.api.world.blocks.BlockType;
import net.canarymod.tasks.ServerTask;
import com.pragprog.ahmine.ez.EZPlugin;

public class CreeperCowTimer extends ServerTask {
   private Cow cow;
   private CreeperCow plugin;

   CreeperCowTimer(CreeperCow parentPlugin, Cow aCow) {
      super(Canary.getServer(), 0, true); // Verzögerung, isContinuous
      cow = aCow;
      plugin = parentPlugin;
   }

   public Player getClosestPlayer(Location loc) { // Bei Fehlschlag -1
      List<Player> list = Canary.getServer().getPlayerList();
      Player closestPlayer = null;
      double minDistance = -1;
      for(int i = 0; i < list.size(); i++) {
         Player p = list.get(i);
         Location ploc = p.getLocation();
         if (Math.abs(ploc.getY() - loc.getY()) < 15) {
            double dist = distance(loc, ploc);
            if (dist < minDistance || minDistance == -1) {
               minDistance = dist;
                  closestPlayer = p;
            }
         }
      }
```

```
    return closestPlayer;
}
//
// Ermitteln der Entfernung am Boden zwischen zwei Positionen
// (ohne Beachtung der Höhe)
//
public double distance(Location loc1, Location loc2) {
    return Math.sqrt(
        Math.pow(loc1.getX() - loc2.getX(), 2) +
        Math.pow(loc1.getZ() - loc2.getZ(), 2)
    );
}

// Sprengt die Kuh
public void explode() {
    plugin.cowDied(cow); // Benachrichtigt die Elternklasse
    Location cowLoc = cow.getLocation();
    cow.getWorld().makeExplosion(cow,
          cowLoc.getX(), cowLoc.getY(), cowLoc.getZ(),
          3.0f, true);
    removeMe();
}

// Die Kuh wird durch Entladen des Chunks oder durch eine Explosion
// entfernt
public void removeMe() {
    cow.kill();
    Canary.getServer().removeSynchronousTask(this);
}

// Lässt die Kuh zum Ziel springen
public void jump(Location target) {
    Location cowLoc = cow.getLocation();
    double multFactor = 0.075;
    Vector3D v = new Vector3D(
        (target.getX() - cowLoc.getX()) * multFactor,
        0.8,
        (target.getZ() - cowLoc.getZ()) * multFactor
    );
    cow.moveEntity(v.getX() + (Math.random() * -0.1),
    v.getY(),
    v.getZ() + (Math.random() * -0.1));
}

// Callback, um den Aufgabenrumpf auszuführen
public void run() {
    if (cow.isOnGround()) { // Anderenfalls ist die Kuh noch im Sprung
        Location cowLoc = cow.getLocation();
        Player p = cow.getWorld().getClosestPlayer(cow, 10000);
```

```
            if (p == null) {
               return;
            }
            Location pLoc = p.getLocation();
            double dist = distance(cowLoc, pLoc);

            if (dist <= 4) {
               explode();
            } else if (dist <= 200) {
               jump(pLoc);
            }
         }
      }
   }
```

Listing 13.2: CreeperCow/src/creepercow/CreeperCowTimer.java

Vielleicht ist dir aufgefallen, dass ich hier nicht alles implementiert habe, was in meinen Listen stand. Beispielsweise gibt es keine Maßnahme, um zu verhindern, dass zu viele Kühe gespawnt werden, und ich sorge auch nicht dafür, dass der Spieler direkt getötet wird. Möglicherweise ergänze ich dies noch, aber ich kann auch darauf verzichten. Nur weil ich gedacht habe, dass ich diese Elemente brauche, muss ich sie noch lange nicht schreiben. Ich kann sie auch immer noch später hinzufügen.

Umgekehrt kann ich auch auf Probleme stoßen, die mir zuvor nicht eingefallen sind. Was geschieht beispielsweise mit den Kühen, wenn der Server heruntergefahren wird? Die Kühe befinden sich dann nach wie vor in der Welt, aber es handelt sich nicht mehr um Creeper-Kühe, da das Plugin keine Informationen mehr über sie hat. Vielleicht sollte ich die Kühe beim Herunterfahren entspawnen. Vielleicht aber stellt es auch gar kein Problem dar, einige zusätzliche Kühe zu haben. Ja, ja ... die wunderbare Welt der Software!

Probiere es selbst aus!

So viel zu unserem Plugin `CreeperCow`. Der Weg, den du zurücklegen musst, um dein eigenes Plugin zu schreiben, wird wahrscheinlich ein wenig anderes ausfallen. Versuche aber, den allgemeinen Schritten zu folgen: Finde heraus, welche Teile du brauchst – etwa mithilfe von Karteikarten – und schreibe in einfachen Worten auf, was geschehen soll. Baue auf dieser Grundlage deine Funktionen auf, übergib die erforderlichen Daten, speichere alles, was das Plugin sich merken muss, und füge stets Testbefehle hinzu, um die einzelnen Bestandteile Stück für Stück zu überprüfen.

Denk aber daran, diese Testbefehle zu entfernen, bevor du das Plugin anderen zur Verfügung stellst. Du kannst sie aber auch so einrichten, dass zum Ausführen der Tests eine besondere Entwicklerberechtigung erforderlich ist, die du dir selbst einräumst.

Das war es auch schon! Dein Werkzeugkasten ist jetzt voll:

Der Inhalt deines Werkzeugkastens

Dein Werkzeugkasten ist jetzt zu 100 % gefüllt. Du kannst nun Folgendes tun:

- die Kommandozeilenshell nutzen
- Programme mit Java und `javac` erstellen
- einen Minecraft-Server ausführen
- ein Plugin bereitstellen
- Verbindung zu einem lokalen Server aufnehmen
- Java-Variablen für Zahlen und Strings verwenden
- Java-Funktionen verwenden
- `if`-, `for`- und `while`-Anweisungen verwenden
- Java-Objekte verwenden
- Java-Pakete importieren
- Objekte mit `new` erstellen
- Plugins Befehle hinzufügen
- mit `Location`-Objekten arbeiten
- Blöcke und Entitäten finden
- lokale Variablen verwenden
- globale Variablen auf Klassenebene verwenden
- Arraylisten verwenden
- Hashmaps verwenden

→

- die Schlüsselwörter `private` und `public` verwenden, um die Sichtbarkeit zu steuern
- Minecraft-Blöcke bearbeiten
- Entitäten ändern und spawnen
- auf Spielereignisse lauschen und reagieren
- Plugin-Berechtigungen verwalten
- neue, getrennte Klassen erstellen
- Aufgaben zur späteren Ausführung einplanen
- Aufgaben zur kontinuierlichen Ausführung einplanen
- Konfigurationsdaten speichern und laden
- komplizierten Code aus einfachen Funktionen aufbauen
- Plugin-Spieldaten speichern und laden
- die Datenbank mit `DataAccess` nutzen
- Java-Ausnahmen auslösen und abfangen
- Änderungen im Code mit Git verfolgen
- zu früheren Versionen des Codes zurückkehren (»Undo«)
- mehrere Versionen des Codes gleichzeitig pflegen
- Code in der Cloud sichern
- Klassen und Zuständigkeiten mithilfe von CRC-Karten planen
- Zuständigkeiten in Funktionen zerlegen
- während der Entwicklung fortgesetzt testen

Dies war erst der Anfang

Bis jetzt haben wir nur an der Oberfläche gekratzt. In Java gibt es noch viel zu lernen, und auch Canary enthält noch viele Elemente, die ich hier nicht behandeln konnte. Außerdem wirst du beim Programmieren noch viel über Programmierung im Allgemeinen lernen.

Ich hoffe, dass dir diese Einführung Spaß gemacht hat. Lass es aber nicht dabei bewenden! Besorge dir einige weitere Bücher über Java oder eine andere Sprache, über Programmierung, über Webdesign – was auch immer. Hör niemals auf, zu lesen und zu lernen.

Und wenn du etwas wirklich Tolles programmierst, schreib mir eine E-Mail und lass es mich wissen.

Vielen Dank, dass du dieses Buch gekauft hast, und alles Gute!

andy@pragprog.com

Anhang 1

Fehlermeldungen lesen

Die Fehlermeldungen, die der Java-Compiler, das Laufzeitsystem und der Minecraft-Server ausgeben, sollten eigentlich selbsterklärend sein, aber dieses hehre Ziel wird leider nicht immer erreicht. Insbesondere der Compiler `javac` kann manchmal so stark verwirrt sein, dass er nicht sehr hilfreiche Meldungen ausspuckt.

Auch wenn du zurzeit nicht mit einer bestimmten Fehlermeldung zu kämpfen hast, solltest du diesen Anhang komplett lesen, da dir dies auch dabei helfen kann, Fehlermeldungen zu entziffern, die hier nicht erwähnt werden.

Ich beschreibe hier einige der häufigsten Fehlermeldungen, mit denen du konfrontiert werden könntest, und gebe dir dazu einige Hinweise und Kommentare. Wenn du auf einen Fehler stößt, aus dem du nicht schlau wirst und der hier nicht aufgeführt ist, solltest du im Web nach der Fehlermeldung suchen. Es ist sehr wahrscheinlich, dass schon andere Personen das gleiche Problem hatten und du von ihren Erfahrungen profitieren kannst.

Fehlermeldungen des Java-Compilers

Die Fehlermeldungen des Java-Compilers haben gewöhnlich die folgende Form:

```
src/helloworld/HelloWorld.java:21: cannot find symbol
symbol : class MessageReceiver
location: class helloworld.HelloWorld
      public void helloCommand(MessageReceiver caller, String[] parameters)
```

Java versucht dir genau mitzuteilen, wo der Fehler aufgetreten ist und welche Ursache er wahrscheinlich hat.

Am Anfang der Ausgabe steht der Name der Datei, in der das Problem nach Meinung des Compilers steckt. In diesem Fall ist es die Datei `src/helloworld/HelloWorld.java`. Darauf folgt eine von Doppelpunkten flankierte Zahl, die die Zeilennummer in der Datei angibt (hier 21). Dahinter siehst du die eigentliche Fehlermeldung. Hier lautet sie »cannot find symbol«, also »Ich kann das Symbol nicht finden«. Welche Angaben darauf folgen, hängt von der Art der Fehlermeldung ab. In diesem Beispiel werden das unbekannte Symbol und dessen Platzierung genannt.

Die gesamte Meldung bedeutet also, dass der Compiler in Zeile 21 von `HelloWorld.java` etwas mit dem Namen `MessageReceiver` gefunden hat und nicht weiß, was er damit anfangen soll. Sehen wir uns nun die möglichen Ursachen für einen solchen Fehler an.

javac: cannot find symbol

»Cannot find symbol« bedeutet, dass der Compiler auf einen Text gestoßen ist, den er nicht versteht.

Für einen solchen Fehler können verschiedene Ursachen verantwortlich sein. Erstens ist es möglich, dass du eine Zuweisungsanweisung wie `i = 10` gegeben, aber nirgendwo deklariert hast, worum es sich bei `i` handeln soll.

```
src/helloworld/HelloWorld.java:23: cannot find symbol
symbol  : variable i
location: class helloworld.HelloWorld
        i = 10;
        ^
```

Der Compiler hat keine Ahnung, was `i` sein soll, weshalb er sich beschwert.

Um dieses Problem zu lösen, kannst du einfach eine Deklaration wie `int i;` oberhalb dieses Codes oder in derselben Zeile wie `i = 10;` hinzufügen. Dann weiß der Compiler, dass `i` eine lokale Variable sein soll.

Was aber, wenn du die Variable deklariert hast und trotzdem eine Fehlermeldung bekommst? Beispielsweise habe ich im Aufruf von `helloCommand` den Parameter `MessageReceiver caller` deklariert. Damit ist klar, dass es sich bei `caller` um eine Variable vom Typ `MessageReceiver` handelt, und trotzdem bekomme ich eine Fehlermeldung:

```
src/helloworld/HelloWorld.java:21: cannot find symbol
symbol : class MessageReceiver
location: class helloworld.HelloWorld
      public void helloCommand(MessageReceiver caller, String[] parameters)
```

Das kann auf eine fehlende oder falsch geschriebene Importanweisung hindeuten. Der Compiler weiß zwar, dass `caller` eine Variable vom Typ `MessageReceiver` ist, hat aber keine Ahnung, worum es sich bei `MessageReceiver` handelt.

Um diesen Fehler zu beheben, musst du am Anfang der Datei folgende Anweisung hinzufügen:

```
import net.canarymod.chat.MessageReceiver;
```

Eine Liste der Dinge, die wir in diesem Buch häufig importieren, findest du in Anhang 7, »Gebräuchliche Importe«. Du kannst auch in der Java- und der Canary-Dokumentation nachschlagen.

javac: Fehlendes Semikolon

```
src/helloworld/HelloWorld.java:6: ';' expected
import net.canarymod.chat.MessageReceiver
```

Wir haben das Semikolon am Ende der Importzeile vergessen. Sie sollte wie folgt aussehen:

```
import net.canarymod.chat.MessageReceiver;
```

Diese Fehlermeldung kann aber auch irreführend sein. Nehmen wir beispielsweise an, ich vergesse die öffnende geschweifte Klammer eines Codeblocks:

```
public void disable()
   log.info("Stopping.");
}
```

Das führt zu einer Flut von Fehlermeldungen, an deren Spitze die Beschwerde über das fehlende Semikolon steht, die aber auch mehrere Codezeilen weit über den eigentlichen Fehler hinaus reichen:

```
src/helloworld/HelloWorld.java:18: ';' expected
  public void disable()
                         ^
src/helloworld/HelloWorld.java:21: class, interface, or enum expected
  public void helloCommand(MessageReceiver caller, String[] parameters)
          ^
...
```

Der Compiler ist verwirrt: Er glaubt, dass hinter `disable()` ein Semikolon fehlt, obwohl in Wirklichkeit eine öffnende geschweifte Klammer erforderlich ist. Dadurch hat er nun keine Vorstellung mehr davon, was wirklich gemeint ist, und beschwert sich darüber, dass *der ganze Rest der Datei* nicht seinen Erwartungen entspricht.

Aus diesem Grund musst du in den meisten Fällen nur die ersten ein oder zwei Fehlermeldungen lesen und kannst den Rest vorläufig ignorieren. Viele der nachfolgend aufgeführten Fehler verschwinden, sobald du den ersten korrigiert hast.

javac: illegal start of expression

Diese allgemeine Fehlermeldung erscheint, wenn wir einen Ausdruck nicht ordnungsgemäß beenden und der Compiler daher noch nicht bereit ist, mit dem nächsten Ausdruck zu beginnen. Das kann beispielsweise vorkommen, wenn wir die schließende geschweifte Klammer am Ende einer Funktion vergessen:

```
public void disable() {
  log.info("Stopping.");
```

Auch dies führt wieder zu einem Haufen von Fehlermeldungen, die bei der fehlenden geschweiften Klammer beginnen und sich über den Rest der Datei fortsetzen:

```
src/helloworld/HelloWorld.java:21: illegal start of expression
  public void helloCommand(MessageReceiver caller, String[] parameters)
  ^
src/helloworld/HelloWorld.java:21: ';' expected
  public void helloCommand(MessageReceiver caller, String[] parameters)
                         ^
src/helloworld/HelloWorld.java:21: ';' expected
  public void helloCommand(MessageReceiver caller, String[] parameters)
                                                           ^
src/helloworld/HelloWorld.java:21: not a statement
```

Merke dir einfach, dass »illegal start« in Wirklichkeit »nicht richtig abgeschlossen« bedeutet.

javac: class ... is public, should be declared in a file named ...

Nehmen wir an, dass ich in meinem Plugin `HelloWorld.java` kreativ werde und am Ende der Datei eine weitere Klassendeklaration hinzufüge:

```
public class TooMany {
   // ...
}
```

Das führt zu einer sehr anschaulichen Fehlermeldung:

```
src/helloworld/HelloWorld.java:32: class TooMany is public,
should be declared in a file named TooMany.java
public class TooMany {
```

Denke daran, dass du jede öffentliche Klasse (*public class*) in einer eigenen Datei unterbringen musst. Diese Datei muss den gleichen Namen haben wie die Klasse und sich in einem Verzeichnis mit dem Namen des Pakets befinden.

Es ist jedoch möglich, eine private Klasse innerhalb einer öffentlichen Klasse in derselben Datei zu deklarieren. Bei kleineren Hilfsklassen ist diese Vorgehensweise manchmal sehr praktisch.

javac: incompatible types

In der Version des Plugins `BackCmd`, in der ich Spielerpositionen auf der Festplatte gesichert habe, soll `playerTeleports` einen Stack von `Location`-Objekten zurückgeben. Stell dir nun vor, dass ich durch einen Schreibfehler versehentlich versuche, stattdessen einen Stack von `Player`-Objekten zuzuweisen:

```
Stack<Player> locs = playerTeleports.get(player.getName());
```

Das führt zu einer ziemlich direkten Fehlermeldung über »inkompatible Typen«:

```
src/backcmdsave/BackCmdSave.java:98: incompatible types
found   : java.util.Stack<net.canarymod.api.world.position.Location>
required: java.util.Stack<net.canarymod.api.entity.living.humanoid.Player>
        Stack<Player> locs = playerTeleports.get(player.getName());
```

Der Compiler teilt mir mit, dass ein `Location`-Objekt an einer Stelle aufgetreten ist, an der er ein `Player`-Objekt erwartet hat. In Wirklichkeit verhält es sich natürlich genau andersherum.

In solchen Fällen hilft es, wie der Computer (bzw. der Compiler) zu denken.

Stell dir vor, du wärest der Java-Compiler. Du hast gerade eine Codezeile bis zum Semikolon gelesen und wendest dich nun der nächsten Zeile zu. Als Erstes siehst du dort Folgendes:

```
Stack<Player> locs =
```

Aha, denkst du dir, der Programmierer deklariert hier eine Variable namens `locs`, bei der es sich um einen generischen Stapel von `Player`-Objekten handelt. Als Nächstes wird dieser Variable ein Anfangswert zugewiesen.

Dann sieht der Compiler den zweiten Teil der Anweisung:

```
playerTeleports.get(player.getName());
```

Wenn du (also der Compiler!) `playerTeleports.get()` nachschlägst, stellst du fest, dass es sich dabei um einen Stack von `Location`-Objekten handelt. Das passt natürlich nicht. Erst spricht der Programmierer von einem Stack von `Player`-Objekten, und nun versucht er einen Stack von `Location`-Objekten zuzuweisen. Du als Compiler erwartest hier `Player`-Objekte und erhältst stattdessen `Location`-Objekte.

Natürlich hat der Compiler hier die falsche Sichtweise.

Das liegt daran, dass ein Compiler nur Schlussfolgerungen aus dem ziehen kann, was du bereits getan hast. Aber er weiß nicht, was du zu tun beabsichtigst.

Wenn du versuchst, Compilermeldungen zu entziffern, musst du immer daran denken, dass sie aus der Sicht des Compilers geschrieben sind und der Compiler keine Gedanken lesen kann. Nun, zumindest jetzt noch nicht. Wir arbeiten daran.

Wie dem auch sei, um das Problem zu lösen, musst du hier den Typ des Stacks ändern:

```
Stack<Location> locs = playerTeleports.get(player.getName());
```

Fehlermeldungen des Canary-Servers

Der Canary-Server kann Fehlermeldungen im Serverprotokoll anzeigen (`~/Desktop/server/logs/latest.log`), aber auch direkt in der Minecraft-Konsole während des Spiels. Bei einem neuen Plugin treten am häufigsten die zwei Meldungen auf, die ich in den folgenden Abschnitten beschreibe.

Serverprotokoll: Plugin kann nicht geladen werden

Die Fehlermeldungen in der Protokolldatei und der Serverkonsole (in deiner `screen`-Sitzung) sind leichter verständlich als diejenigen des Compilers. Besonders kritisch – und häufig – ist der folgende Fehler:

```
[SEVERE] Could not load 'plugins/HelloWorld.jar' in folder 'plugins'
net.canarymod.exceptions.InvalidPluginException:
java.lang.ClassNotFoundException: helloworld.HelloWorld
```

Das bedeutet, dass das neue Plugin, das du geschrieben hast, nicht geladen werden kann.

Meistens liegt das darin, dass der Paket- und der Plugin-Name, die du in der Datei `Canary.inf` angegeben hast, nicht mit dem Paket- und dem Klassennamen im Code übereinstimmen. Überprüfe die Schreibweise. Denke daran, dass Paketnamen vereinbarungsgemäß komplett in Kleinbuchstaben geschrieben werden, Klassennamen dagegen eine Mischung aus Groß- und Kleinbuchstaben aufweisen.

Minecraft-Konsole: Unbekannter Befehl

Wenn das Plugin kompiliert wird, sich Minecraft aber mit »unknown command« über einen unbekannten Fehler beschwert, prüfe die `@Command()`-Annotation. Stelle sicher, dass du den Befehl richtig geschrieben hast. Falls du eine Mindestzahl von Argumenten festgelegt oder mit `permission` eine Berechtigungseinstellung vorgenommen hast, musst du auch diese Angaben überprüfen.

Anhang 2

Die Dokumentation lesen

Wenn du in der Minecraft-Welt irgendetwas mit einem Block, einem Spieler, einem Ozelot, einer Kuh, einem Creeper oder irgendeinem anderen Objekt anstellen willst, bleibt dir oft nichts anderes übrig, als in der Canary-Dokumentation nachzuschlagen, um herauszufinden, welche Klassen du dazu benutzen musst und welche Funktionen sie bieten. All diese Informationen sind in der Canary-Dokumentation aufgeführt. Hier sehen wir uns kurz an, wie du sie finden kannst.

Die Canary-JavaDoc-Dokumentation

Die Canary-JavaDoc-Dokumentation führt die Klassen des Systems geordnet nach Paketen auf. Dabei sind jeweils die folgenden Informationen aufgeführt:

- der Paketname, den du in der Importanweisung angeben musst[1]
- der Klassenname, den du verwendest, wenn du Variablen deklarierst und Objekte mit new erstellst[2]
- die Funktionen (Methoden) in der Klasse, die du mit () und den Parametern ausführen kannst[3]
- Elternklassen oder Schnittstellen, die die Klasse verwendet. Sie enthalten gewöhnlich weitere Funktionen, die du aufrufen kannst.[4]

Öffne in deinem Browser die Canary-Dokumentation[5], und schon liegen dir alle verborgenen Schätze von Canary zu Füßen! Aber was bedeuten all diese Angaben? Und wo findest du das, was du suchst?

---

1 Siehe Kapitel 2, »Einen Editor und Java hinzufügen«, und Anhang 7, »Gebräuchliche Importe«

2 Siehe Kapitel 4, »Variablen, Funktionen und Schlüsselwörter«, und Kapitel 5, »Objekte«

3 Siehe Kapitel 7, »Stapelweise Variablen: Arrays«

4 Siehe Kapitel 5, »Objekte«

5 *https://ci.visualillusionsent.net/job/CanaryLib/javadoc*

Auf der linken Bildschirmseite sind alle Canary-Paketnamen der obersten Ebene aufgelistet, beginnend mit `net.canarymod`.

In der gesamten Dokumentation findest du Links. Bei einem Klick auf einen solchen Link werden alle Kindelemente des zurzeit betrachteten Elements angezeigt. Wenn du beispielsweise oben links auf ein Paket wie `net.canarymod.api.world` klickst, erscheinen im unteren linken Bereich alle Klassen und sonstigen Inhalte dieses Pakets.

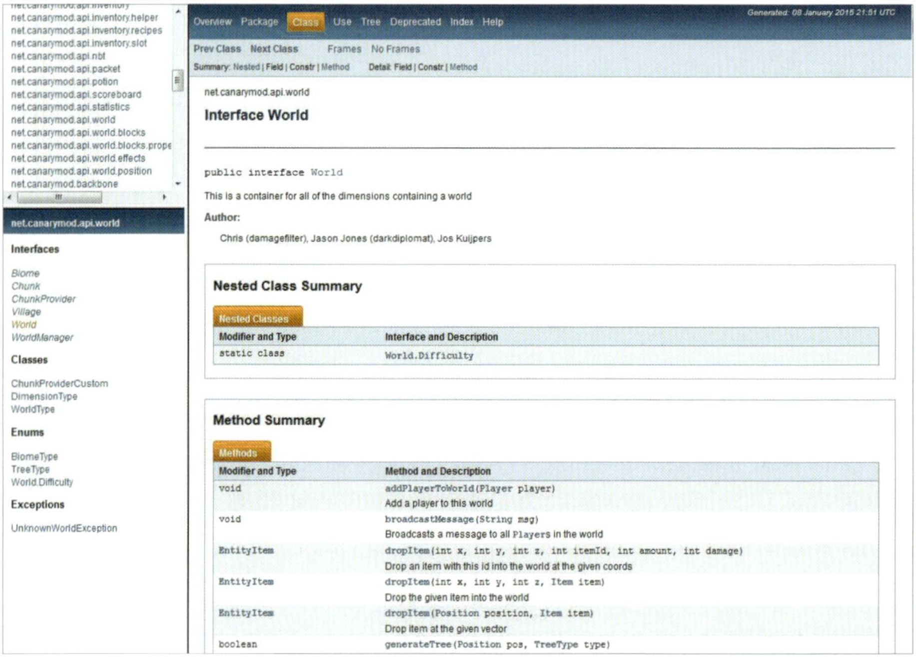

Klickst du nun in diesem unteren linken Bereich auf `World`, so siehst du alle Funktionen (Methoden), die du für eine Welt einsetzen kannst. Um Einzelheiten über eine Methode oder Klasse in Erfahrung zu bringen, klickst du einfach auf deren Namen.

Die JavaDoc-Dokumentation von Oracle

Wenn du nicht an den Canary-spezifischen Klassen interessiert bist, sondern nach einer Dokumentation der allgemeinen Java-Klassen suchst, öffne in deinem Browser die Dokumentation von Oracle.[6]

6 *http://docs.oracle.com/javase/7/docs/api*

Sie sieht der Dokumentation auf der Canary-Website sehr ähnlich (siehe die folgende Abbildung).

Oben links findest du eine scrollbare Liste der Pakete, darunter auch so nützliche wie `java.util` und `java.math`. In einer weiteren Liste sind darunter die Interfaces (Schnittstellen; sie ähneln Klassen, bringen aber keine eigenen Funktionen mit) und die Klassen angegeben, die das jeweils markierte Paket enthält. Der rechte Bereich zeigt die Dokumentation für die markierte Klasse. In der Abbildung habe ich die Dokumentation zur Klasse `ArrayList` im Paket `java.util` aufgerufen.

Die Klassendokumentation ist wirklich eine großartige Hilfe, wenn du eine ungefähre Vorstellung davon hast, was du brauchst, und dich nur über die Einzelheiten informieren willst. Was aber tust du, wenn du nicht einmal weißt, wo du anfangen musst?

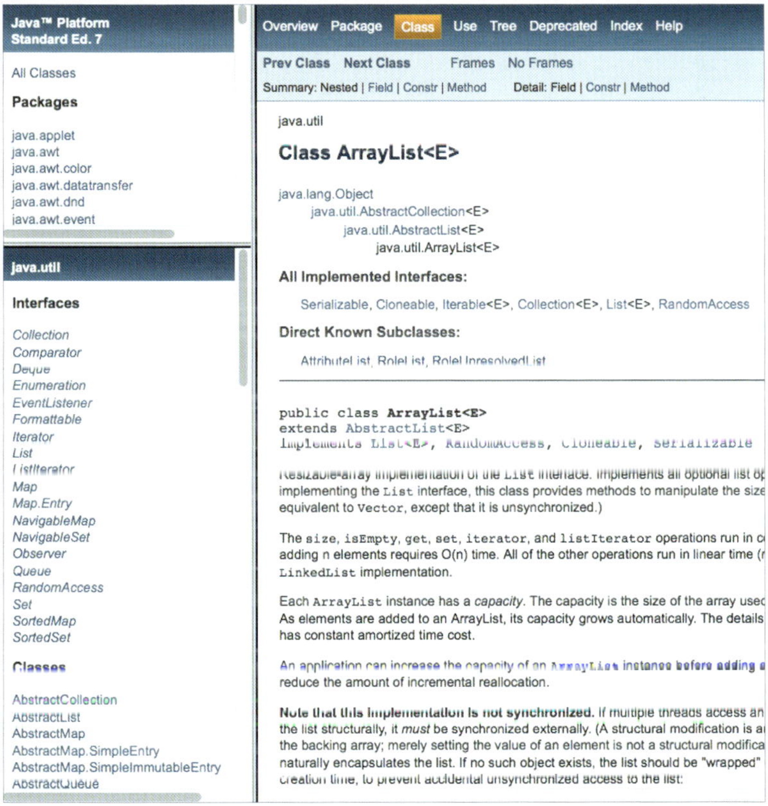

Abbildung A2.1: Die Java-Dokumentation von Oracle

Wiki und Tutorials

Dieses Buch hat dir hoffentlich eine Vorstellung davon vermittelt, wo du nach genauen Angaben suchen musst, wenn du z. B. etwas über Blöcke und ihre verschiedenen Blocktypen oder über verschiedene Arten von `Entity`-Objekten in Erfahrung bringen möchtest. Wie aber gehst du vor, wenn du etwas über Dinge wissen willst, die wir hier nicht behandelt haben?

Neben der Klassendokumentation enthält die Canary-Website unter *http://canarymod.net/books* auch Tutorials und ausführliche Erklärungen zu verschiedenen Themen.

Auf *http://canarymod.net/forum* findest du ein Forum, in dem du Fragen stellen und um Hilfe bitten kannst.

Nutze auch das (englischsprachige) Forum zu diesem Buch auf der Website von Pragmatic Bookshelf.[7] Dort kannst du ebenfalls Fragen stellen und Kommentare zu diesem Buch abgeben. Außerdem hast du die Möglichkeit, deine eigenen Erkenntnisse weiterzugeben.

7 *https://forums.pragprog.com/forums/382*

Anhang 3

Einen Desktop-Server installieren

Der Minecraft-Server auf deinem Computer führt nun also dein großartiges, eigenes Plugin aus. Jetzt möchtest du sicher, dass deine Freunde in der Lage sind, Verbindung mit diesem Server aufzunehmen und dort zu spielen.

Es gibt zwei Möglichkeiten, um das zu erreichen: Du kannst deinen Freunden Zugriff auf deinen eigenen Computer geben oder einen Server in der Cloud einrichten. (Wie Letzteres geht, erfährst du in Anhang 4, »Einen Cloud-Server installieren«.)

Wenn du für diesen Zweck deinen eigenen Computer verwenden willst, musst du ihn eingeschaltet lassen und den Minecraft-Server so lange darauf ausführen, wie du mit deinen Freunden spielen willst. Falls du damit leben kannst, befolge die Anleitungen in diesem Kapitel.

Dabei musst du dich vor allem um die beiden folgenden Dinge kümmern:

- Du musst für deine Freunde einen Mechanismus bereitstellen, mit dem sie die Adresse deines Computers im Internet finden können.
- Du musst sicherstellen, dass der Minecraft-Port 25565 auf deinem Computer geöffnet ist.

Was sind Ports?

In diesem und dem nächsten Anhang werden Netzwerkports und der Minecraft-Standardport 25565 erwähnt. Ein Port ist einfach nur eine vereinbarte Zahl, die für die Kommunikation von Computern über das Internet erforderlich ist. Für Webverbindungen werden beispielsweise Port 80 und Port 443 verwendet.[1]

1 Verwechsele die Ports bitte nicht mit den IP-Adressen. Eine IP-Adresse gibt einem ganzen Rechner eine eindeutige Adresse. Ein Port ist einem Dienst *auf* dem Rechner zugeordnet – es verhält sich etwa so wie mit Hausnummern und Stockwerken in dem Haus.

Es gibt verschiedene Vorgehensweisen. Am einfachsten ist es, eine Software zu verwenden, die alle Arbeiten für dich erledigt. Du kannst dich aber auch manuell um alle Einzelheiten kümmern. Das macht mehr Spaß, bedeutet aber auch mehr Arbeit.

Die einfache Vorgehensweise: LogMeIn Hamachi

Hamachi ist ein Produkt von LogMeIn für Windows- und Mac-Computer. Du kannst es als kostenlose Version (»nicht verwaltet«) für bis zu fünf Benutzer beziehen,[2] aber auch als umfangreichere gebührenpflichtige Version (»verwaltet«).

Diese Software richtet eine IP-Adresse ein, mit der deine Freunde Verbindung aufnehmen können. Dazu musst du nicht selbst an deiner Firewall, deinem Router oder irgendwelchen anderen lokalen Einrichtungen herumbasteln; es läuft einfach so. Um dies einzurichten, lädst du zunächst die »nicht verwaltete« Version herunter und installierst sie.

Wenn du Hamachi zum ersten Mal ausführst, musst du dich zunächst mit einer E-Mail-Adresse registrieren. Nach dem Login wirst du gefragt, ob du einem Netzwerk beitreten oder eines erstellen willst:

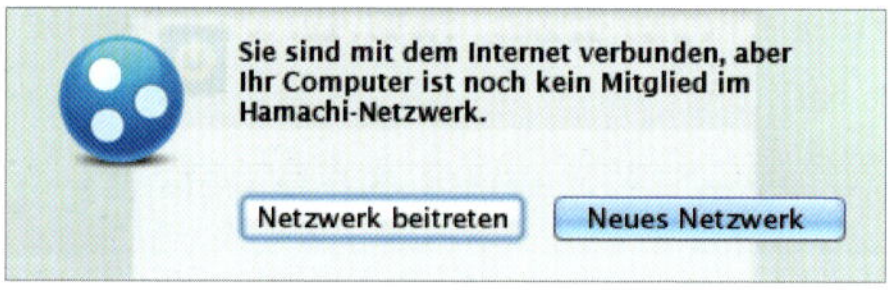

Für unsere Zwecke musst du ein neues Netzwerk erstellen. Meins habe ich `andys_minecraft_server` genannt:

2 *https://secure.logmein.com/products/hamachi/download.aspx*

Und schon läuft es!

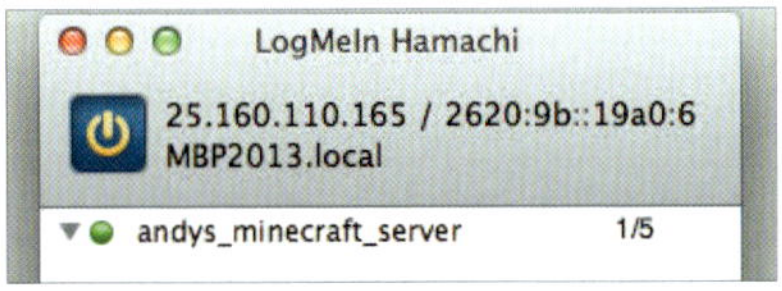

Bitte deine Freunde nun, die gleiche Software herunterzuladen und deinem Netzwerk (in diesem Beispiel also `andys_minecraft_server`) beizutreten.

Wenn deine Freunde in Hamachi auf den Namen deines Netzwerks rechtsklicken, können sie *IPv4-Adresse kopieren* auswählen. Anschließend geben sie diese IP-Adresse in ihrem Minecraft-Client an, um die Verbindung mit deinem Server herzustellen.

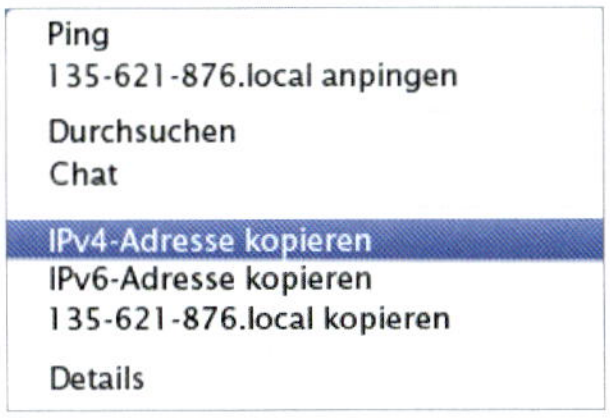

Wenn du die Verbindung mit deinen Freunden unterbinden willst, klickst du einfach auf das Symbol mit dem Aus-Schalter, um das Netzwerk abzuschalten.

Das war es auch schon.

Die schwierige Vorgehensweise: manuell

Du kannst deinen Computer auch ohne die Hilfe von Software wie LogMeIn so einrichten, dass er im Internet zu finden und zugänglich ist. Das ist keine Zauberei, sondern erfordert nur etwas Arbeit. Auch wenn das komplizierter sein mag, so bietet es doch folgende Vorteile:

- Es ist kostenlos.
- Es können mehr als fünf Benutzer Verbindung aufnehmen.
- Dein Server ist für alle verfügbar, nicht nur für deine Freunde.
- Der Vorgang der Einrichtung ist sehr interessant und du lernst dabei viele nützliche Dinge.

Um dies tun zu können, musst du jedoch zunächst ein wenig mehr über Netzwerke und über die Funktionsweise des Internets wissen. Ich stelle dir hier die erforderlichen Schritte in groben Zügen vor, allerdings kann es sein, dass du von dir aus noch etwas mehr darüber lesen musst. Insbesondere kann ich dir keine genauen Schritt-für-Schritt-Anleitungen geben, da alle Router (und Kabelmodems, DSL-Modems usw.) anders sind. Über Google oder informative Websites wie *http://portforward.com* kannst du jedoch die benötigten Informationen online finden.

Sehen wir uns nun die erforderlichen Schritte an.

Als Erstes müssen deine Freunde in der Lage sein, deinen Computer zu finden.

Statisches und dynamisches DNS

Wenn jemand Verbindung mit deinem Server aufnehmen möchte, braucht er dazu dessen IP-Adresse. Gewöhnlich besteht eine solche IP-Adresse aus vier Zahlengruppen, die durch Punkte getrennt sind, z. B. 93.184.216.119 (*example.com*) oder 127.0.0.1 (dein lokaler Computer, *localhost*).

Normalerweise wird deine IP-Adresse von deinem Internetprovider immer wieder geändert. Solange du keine zusätzliche Gebühr für eine *statische IP-Adresse* zahlst, ist nicht garantiert, dass dir jedes Mal dieselbe IP-Adresse zugewiesen wird. Wenn du aber ausdrücklich eine solche statische IP-Adresse beantragt hast, dann weißt du wahrscheinlich auch schon, wie du einen Domainnamen und einen DNS-Server für diese Adresse einrichtest. (Wenn du dies nicht weißt, aber gern eine statische IP-Adresse haben möchtest, lies den Schluss von Anhang 4, »Einen Cloud-Server installieren«.)

Damit deine Freunde deinen Server finden können, brauchst du aber keine statische IP-Adresse. Es gibt auch einen Trick, der es dir erlaubt, deine ständig wechselnde, dynamische IP-Adresse zu verwenden.

Falls du keine Vorstellung davon hast, wie deine IP-Adresse überhaupt aussieht, solltest du dir zuerst *http://www.checkip.org* ansehen.

So wird deine IP-Adresse von außen wahrgenommen.

Diese Adresse ändert sich allerdings alle paar Tage oder sogar Stunden. Wenn du deinen Freunden ständig eine neue IP-Adresse mitteilen müsstest, damit sie mit dir in Verbindung bleiben können, wäre das ziemlich lästig. Zum Glück kannst du aber bei Organisationen wie *http://dyndns.org* oder *http:///www.noip.com* kostenlos oder für eine geringe Gebühr eine *dynamische DNS-Registrierung* einrichten.

Dadurch können deine Freunde deinen Server mithilfe eines Anzeigenamens wie *andyminecraft.dns.org* im Internet finden.

Als Nächstes musst du deinen Freunden Zugang zu deinem Computer gewähren.

Die Firewall öffnen

Auf deinem Windows-, Mac- oder Linux-Computer, auf deinem Kabelmodem oder auf dem Router deines Internetproviders kann Firewall-Software laufen, die genau das zu verhindern versucht, was wir hier erreichen wollen. Da es immer irgendwelche verdrehten, übel gelaunten Bösewichter geben kann, die versuchen, deinen Computer anzugreifen und sich Zugang zu ihm zu verschaffen, werden auf den meisten Rechnern durch irgendeine Art von Firewall alle Ports außer denen gesperrt, die du tatsächlich offen halten musst und über die du Datenverkehr erwartest.

Als Erstes musst du also dafür sorgen, dass Port 25565 auf deinem Computer geöffnet ist.

Windows

- Fang in Windows 8 einfach an, das Wort »Firewall« zu schreiben. Metro bringt dich dann zu der Seite *Eine App oder ein Feature durch die Windows-Firewall zulassen*. Weitere Informationen erhältst du in der Online-Dokumentation zu Windows.[3] In Windows 7 suchst du in der Systemsteuerung nach »Firewall« und klickst dann auf *Programm über die Windows-Firewall kommunizieren lassen*.

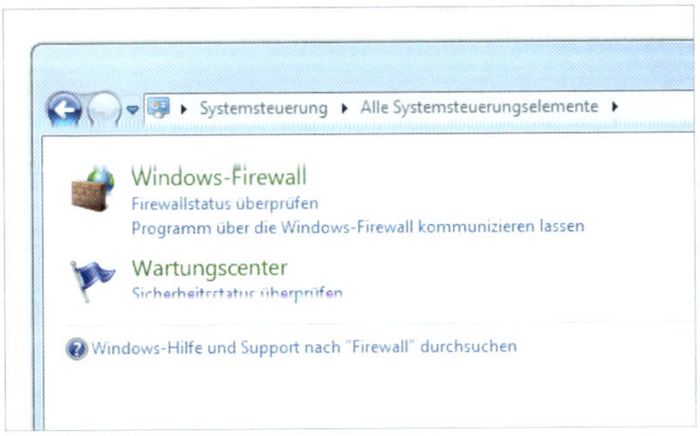

- Aktiviere dann den öffentlichen Zugriff für Java:

3 *http://windows.microsoft.com/de-de/windows-8/windows-firewall-from-start-to-finish*

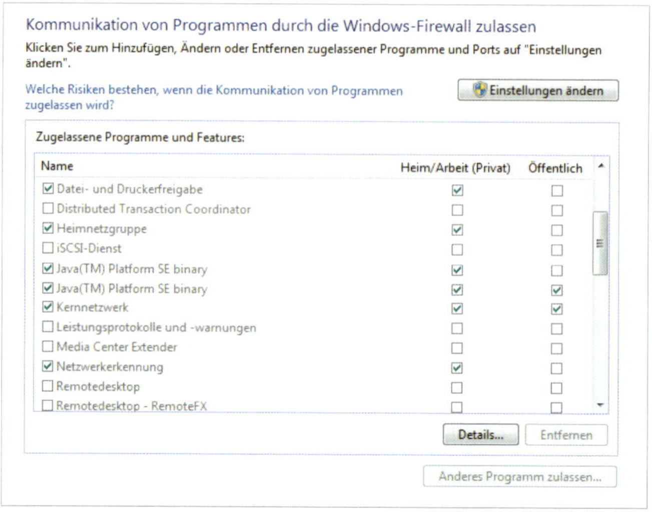

Mac OS X

- Öffne *Systemeinstellungen* und dort *Sicherheit*:

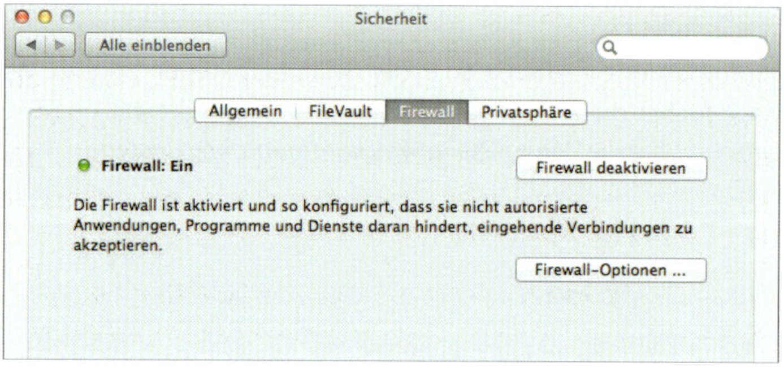

- Wenn die Firewall ausgeschaltet ist, brauchst du nichts weiter zu tun. Anderenfalls musst du sicherstellen, dass eingehende Verbindungen für Java erlaubt sind:

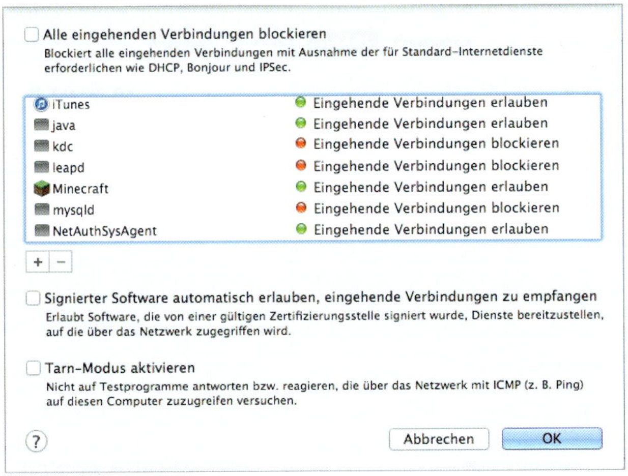

Linux

- Wenn du eine Firewall mit *iptables* eingerichtet hast, musst du sicherstellen, dass Port 25565 geöffnet ist.

Unter Umständen reicht es aber nicht aus, die Firewall auf deinem Computer zu öffnen.

Um zu prüfen, ob vom Internet aus Zugriff auf deinen Port besteht, öffnest du in deinem Browser *http://canyouseeme.org*. Dort wird deine öffentlich sichtbare IP-Adresse angezeigt. Gib als zu prüfenden Port dann 25565 ein und klicke auf *Check Port*. Wenn das funktioniert, ist alles in Ordnung. Anderenfalls musst du noch eine weitere Sache erledigen.

Wenn du über einen Router oder ein Kabelmodem mit dem Internet verbunden bist, kann es sein, dass auch auf diesem Gerät eine Firewall läuft. Und selbst dann, wenn der Port zum Internet geöffnet ist, musst du noch den Datenverkehr an diesem Port vom Router zu deinem lokalen Computer weiterleiten.

Portweiterleitung

Änderungen an den Einstellungen auf deinem Router darfst du nur mit äußerster Vorsicht und Zurückhaltung vornehmen. Wenn du irgendetwas versehentlich änderst, kannst du damit das Gerät völlig aus dem Lot bringen und deinen Internetzugang verlieren. Halte dich also genau an die Anleitung. Allerdings sind alle Router unterschiedlich, sodass ich dir keine genauen Schritt-für-Schritt-Anweisungen geben, sondern nur den allgemeinen Ablauf zeigen kann[4]:

---

4 Für die hierzulande recht weit verbreiteten Fritzboxen kannst du z. B. unter *http://avm.de/nc/service/fritzbox/fritzbox-7390/wissensdatenbank/publication/show/893_Statische-Portfreigaben-einrichten/* eine recht gute Anleitung finden.

1. Melde dich an deinem Router an. Wenn du den Benutzernamen und das Passwort dafür nicht kennen solltest, dann gelten für das Gerät möglicherweise Standardnamen, nach denen du im Web suchen kannst.
2. In irgendeinem Menü wirst du einen Eintrag für *Portweiterleitung* oder *Port Forwarding* finden. Auf meinem Router ist der entsprechende Eintrag unter *Gateway* aufgeführt. Er heißt *Forwarding*.
3. Du musst den Router anweisen, Port 25565 (sowohl TCP als auch UDP, falls du danach gefragt wirst) von außen (also von deiner externen IP-Adresse, die du auf *http://www.checkip.org* ermitteln kannst) zur *internen IP-Adresse* deines Computers weiterzuleiten.

Die interne IP-Adresse deines Computers wird für die Kommunikation zwischen dem Rechner und deinem Router oder Kabelmodem verwendet. Um herauszufinden, wie diese Adresse lautet, führst du auf deinem Computer den folgenden Befehl aus:

Windows

- Führe `ipconfig` aus und suche unter `Ethernetadapter` oder `Drahtlos-LAN-Adapter` nach `IPv4-Adresse`.

Mac/Linux

- Führe `ifconfig` aus. Die gesuchte Adresse ist wahrscheinlich als `inet` unter `en1 oder eth0` aufgeführt.

Genauere Informationen über die Einrichtung deines Routers kannst du durch eine Suche im Web finden. Schau dir dazu auch Websites wie *http://portforward.com* an.

Einen letzten Haken kann es noch geben: Ebenso wie die von deinem Internetprovider zugewiesene IP-Adresse kann sich auch deine interne IP-Adresse ständig ändern. Wenn du diese IP-Adresse von einem DHCP-Server auf deinem Router beziehen willst, kannst du diesen Server anweisen, eine *DHCP-Reservierung* einzurichten, damit du immer dieselbe interne IP-Adresse bekommst.

Du kannst auch einfach die Portweiterleitung anpassen, wenn (falls) du deine interne IP-Adresse änderst.

Wenn nur gelegentlich einige Freunde Verbindung aufnehmen und du den Aufwand nicht scheust, ist die hier vorgestellte Vorgehensweise durchaus geeignet. Brauchst du aber mehr Verbindungen und willst du den Server rund um die Uhr betreiben, dann musst du einen Server in der Cloud einrichten. Wie das geht, erfährst im nächsten Anhang.

Quality of Service

Bei vielen modernen Routern kannst du die gewünschte »Dienstgüte« (Quality of Service, QoS) für die einzelnen Ports und Dienste festlegen. Dadurch kannst du je nach Art des Netzwerkverkehrs unterschiedliche Prioritäten vergeben.

Das kann sehr praktisch sein, wenn du einen lokalen Minecraft-Server betreibst, denn damit kannst du dem Minecraft-Port eine sehr niedrige Priorität einräumen und damit erreichen, dass dein eigener Netzwerkverkehr Vorrang vor deinen Freunden hat, die auf dem Server spielen.

Anhang 4

Einen Cloud-Server installieren

Es ist durchaus möglich, einen Minecraft-Server auf deinem eigenen Computer auszuführen, allerdings hat diese Vorgehensweise einige Nachteile. Der größte besteht darin, dass dein Computer rund um die Uhr eingeschaltet und mit dem Internet verbunden sein muss, was zumindest bei einem Laptop einige Schwierigkeiten mit sich bringen kann. Außerdem kann alles, was du sonst noch auf diesem Computer tust, den Minecraft-Server und die Spieler verlangsamen – und umgekehrt kann auch der Server alle anderen Programme ausbremsen, die du auf dem Rechner ausführen möchtest. Wenn also eine Menge Leute Verbindung mit deinem Server aufnehmen möchten, um dort zu spielen, solltest du lieber einen Remoteserver in der Cloud einrichten.

Dieser Einrichtungsvorgang ähnelt sehr stark dem für einen lokalen Server, wobei es jedoch einen sehr wichtigen Unterschied gibt: Du hast keinen physischen Zugriff auf den Computer, auf dem der Minecraft-Server läuft. Das heißt, du hast keine Tastatur, keinen Bildschirm, keinen Ein-Schalter und keine Reset-Taste.

Aber keine Angst: Alles, was du brauchst, ist die Kommandozeile.

Was das bedeutet und wie es funktioniert, sehen wir uns in diesem Anhang an.

Was ist die Cloud?

Für manche Leute ist die »Cloud« eine riesige Halle voller Computer irgendwo in Amerika. Das ist nicht ganz falsch, denn Amazon und andere Unternehmen unterhalten tatsächlich große Rechenzentren, vor allem in der Nähe von Virginia und in Kalifornien, allerdings auch an anderen Orten der Welt. Die Cloud ist einfach nur ein Haufen von Computern irgendwo im Internet.

Wer von Computern in der Cloud spricht, meint damit einen Rechner, der nur über das Internet zugänglich ist, dessen physischen Standort man wahrscheinlich nicht kennt (und für den man sich auch nicht interessiert) und den irgendjemand anderes besitzt und unterhält. Das ist natürlich eine sehr allgemein gehaltene und dehnbare Definition. Es gibt eine sehr breite Palette von Cloud-Diensten, deren Preisgestaltung, Zuverlässigkeit und Nutzen ebenfalls sehr stark schwanken. Von Interesse für dich sind vor allem die beiden folgenden Kategorien von Diensten:

- Minecraft-spezifische Dienste: Der Dienstanbieter übernimmt die vollständige Wartung und Verwaltung der Server. Er lädt Plugins oder stellt sie bereit, wehrt Störenfriede und Angreifer ab und hält den Server am Laufen. Du selbst musst dich um nichts mehr kümmern. Die Preisgestaltung kann sich dabei statt nach der Größe des Servers nach der Anzahl der Spieler richten, die gleichzeitig online sind.
- Allgemeine Dienste: Der Anbieter stellt ein laufendes System und eine Anmeldung bereit, sonst aber nichts. Du musst also selbst Java und Canary installieren, Plugins laden und bereitstellen, den Server verwalten, ihn neu starten, falls er sich aufgehängt hat, usw. Die Preise werden gewöhnlich nach der Anzahl der CPUs, der Menge an RAM und möglicherweise auch nach dem monatlichen Aufkommen an Netzwerkverkehr berechnet.

Ein Minecraft-spezifischer Anbieter kann einen Blick wert sein, allerdings musst du hier zwischen Einfachheit der Verwendung und Flexibilität abwägen. Du hast kaum Kontrolle über einen solchen Server. Es kann durchaus sein, dass du zum Laden von Plugins um Erlaubnis bitten musst und dass der Anbieter nur Standard-Plugins zulässt und nicht deine Eigenentwicklungen.

Die möglicherweise beste Lösung für dich bieten sogenannte *virtuelle private Server* (VPS oder vServer). Im Internet tummeln sich haufenweise VPS-Anbieter mit unterschiedlicher Preisgestaltung, unterschiedlichem Angebot, unterschiedlichen Funktionen und unterschiedlicher Hardware, die in unterschiedlichen Ländern steht. Suche einfach in Google nach »vserver Anbieter«.

Aus deiner Sicht wirkt ein VPS wie ein eigener, ganzer Computer. Du meldest dich daran an und hast alle Dateien und Prozessoren zu deiner Verfügung. In Wirklichkeit jedoch teilst du dir ein großes Stück Serverhardware mit anderen Personen. Jede Person sieht jedoch etwas, das für sie wie ein eigener, ganzer Computer wirkt. Daher kannst du als Administrator deines Systems jegliche Software installieren. Du kannst Benutzerkonten hinzufügen, den Computer neu starten und einen eigenen Domainnamen einrichten (wie *example.com* oder *andy.pragprog.com*).

Das Schöne daran ist, dass du auf diesem Remoteserver eine Kommandozeilenshell verwenden kannst, wie wir es schon die ganze Zeit getan haben, da auf diesem Server höchstwahrscheinlich Linux läuft.

Remotebetriebssysteme

Praktisch alle VPS-Dienste stellen als Betriebssystem für deinen Server Linux zur Verfügung. Einige bieten Windows an, z. B. Microsoft selbst mit seinem Cloud-Dienst *Windows Azure*[1], und einige wenige verwenden OS X. Das aber sind Ausnahmen, und diese Dienste sind auch relativ teuer. Die große Mehrheit, darunter auch der Cloud-Dienst von Amazon, stellt irgendeine Spielart von Linux bereit, einem Unix-artigen, größtenteils POSIX-kompatiblen[2] Betriebssystem.

Eigenschaften von VPS

Preisgestaltung und Funktionsumfang von VPS-Angeboten können zwar stark schwanken, doch es gibt einige Gemeinsamkeiten und einige Dinge, nach denen du unbedingt Ausschau halten solltest:

- Die meisten VPS-Systeme schließen ein webgestütztes Frontend ein (besonders weit verbreitet ist `cpanel`), mit dem du das System neu starten, Benutzer hinzufügen und ähnliche Dinge tun kannst.
- Es ist zwar immer gut, einen schnellen Computer zu haben, aber bei Minecraft kommt es vor allem auf die verfügbare Menge an RAM an. Du solltest nach einem Paket mit einem möglichst großen RAM-Kontingent Ausschau halten – mindestens 2 GB, besser noch 4 GB.
- Während ich diese Zeilen schreibe, gibt es einige gute Anbieter, die ihre Systeme für 10 bis 50 Euro pro Monat zur Verfügung stellen. Das ist eine Menge Geld für ein Hobby, aber möglicherweise kannst du dir das leisten, wenn du deine Spieler um kleine Spenden bittest. Schon ein paar Euro pro Spieler können ausreichen, um den Server zu finanzieren. Allerdings kann es sein, dass du dich mit dem Gewerbe- und Steuerrecht deines Landes auseinandersetzen musst, sobald du Geld annimmst. Informiere dich daher über die Rechtslage in deinem Land, bevor du anfängst.

Manche Provider bieten unbegrenzten Netzwerkverkehr (Bandbreite) an, während andere einen Grenzwert festlegen. Wie bei vielen Mobilfunkverträgen musst du mehr bezahlen, wenn du dieses Limit überschreitest.[3]

Das Gleiche kann bei einigen Anbietern auch beim RAM oder dem Speicherplatz auf der Festplatte geschehen: Dir wird ein bestimmtes Kontingent eingeräumt, und wenn du es überschreitest, wird dir dies in Rechnung gestellt.

---

1 *http://www.windowsazure.com*

2 POSIX steht für »Portable Operating System Interface«, einen Standard für die Kompatibilität von Betriebssystemen.

3 Achtung! Bitte erkundige dich bei deinem Anbieter was beim Überschreiten des Limits passiert. Während manche Anbieter einfach abschalten, berechnen andere einfach den verursachten Traffic. Das kann sehr teuer werden!

Beim Preisvergleich musst du alle Zusatzkosten bedenken, die dir auf diese Weise entstehen können. Lies auf jeden Fall das »Kleingedruckte« in den Verträgen und sprich ggf. mit jemandem, der sich auskennt.

Linux ist jedoch nicht ein einzelnes, monolithisches Programm, sondern ein Bündel aus dem Kernbetriebssystem und vielen Extras, wie dem Fenstersystem, Dienstprogrammen, Programmiersprachen usw. Die verschiedenen Bündel heißen *Distributionen* und unterscheiden sich jeweils darin, was sie enthalten und was nicht, wie die Software installiert wird und wie und wann Aktualisierungen erfolgen.

Die am weitesten verbreiteten Distributionen sind, ungefähr in der Reihenfolge ihrer Beliebtheit:

- CentOS
- Ubuntu
- Fedora
- Debian
- Linux Mint

Es gibt jedoch keinen Grund, wegen der vielen verschiedenen Bündel in Panik zu geraten, denn es gibt einen sehr wichtigen und sehr tröstlichen Aspekt: Die Kommandozeilenshell `bash` ist in sämtlichen dieser Distributionen identisch. Alle Befehle, die wir in diesem Buch verwendet haben, z. B. `ls`, `cp` und `cd`, funktionieren immer auf dieselbe Weise, egal welche Linux-Spielart du verwendest.

Zurzeit scheinen Ubuntu und CentOS die gebräuchlichsten Serverdistributionen zu sein. Bei den meisten VPS-Diensten kannst du auswählen, welche Distribution du aus einem kleinen Angebot von Möglichkeiten verwenden möchtest.

Der größte merkbare Unterschied zwischen diesen Distributionen betrifft die Paketverwaltung, nämlich welches Dienstprogramm zur Installation von Softwarepaketen verwendet wird und welche Pakete standardmäßig enthalten sind.

Remotezugriff

Um dich an der Kommandozeile deines Remoteservers anzumelden, brauchst du einen Satz von Programmen, die als SSH (Secure Shell) bezeichnet werden. Dabei ist `ssh` der Befehl, den du ausführst, um Verbindung mit dem Server zu erhalten; dies ist der Client. Der Server dagegen führt `sshd` aus (SSH-Daemon), und das ist das Programm, mit dem du Verbindung aufnimmst. Es kann sein, dass auf dem Server bereits `sshd` läuft. Dazu kommen wir in Kürze.

Mit ssh nimmst du also Verbindung zum Server auf, und mit dem Begleitprogramm scp kopierst du Dateien auf den Server. (scp funktioniert ähnlich wie das klassische cp.)

ssh muss den Benutzernamen sowie den Namen oder die IP-Adresse des Servers kennen, mit dem du Verbindung aufnehmen möchtest. Diese Informationen kannst du in der gleichen Form angeben wie eine E-Mail-Adresse, also mit dem Zeichen @:

```
$ ssh andy@example.com
Password:
```

Falls du noch keinen Servernamen eingerichtet hast, kannst du zur Verbindungsaufnahme auch die IP-Adresse verwenden:

```
$ ssh andy@93.184.216.119
Password:
```

In manchen Fällen hast du einen Kontonamen erhalten, den du hierfür verwenden musst. Es kann aber auch sein, dass du in der Webschnittstelle deines VPS-Anbieters einen solchen Namen einrichten musst.

Um eine Dabei mit scp zu kopieren, verwendest du eine ähnliche Schreibweise. Das folgende Beispiel zeigt, wie du die lokale Textdatei myfile.txt mit dem Login-Namen andy auf den Server example.com hochlädst und ins Benutzerverzeichnis (~/) kopierst:

```
$ scp myfile.txt andy@example.com:~/myfile.txt
Password:
```

(Auch hier kannst du wieder die IP-Adresse verwenden, wie z. B. andy@93.184.216.119.)

Wenn du ssh oder scp auf diese Weise verwendest, wirst du nach deinem Passwort auf dem Remotecomputer gefragt – und zwar jedes Mal. Das kann ziemlich schnell ziemlich lästig werden, aber zum Glück gibt es eine bessere Möglichkeit, um deine Remoteanmeldung einzurichten.

SSH auf Windows

Windows-Benutzer haben unter Umständen keinen Zugriff auf die Kommandozeilenprogramme ssh und ssh-keygen. Stattdessen können sie aber die Windows-Anwendung PuTTY[4] verwenden, um Schlüssel und Anmeldungen für Remotesysteme zu erstellen.

4 *http://www.chiark.greenend.org.uk/~sgtatham/putty/download.html*

SSH-Schlüssel einrichten

Dieser Vorgang umfasst eine Reihe von Schritten, die aber alle ziemlich einfach sind. Wir werden uns gleich die Vorgehensweise im Einzelnen ansehen. Zunächst aber gebe ich dir einen Überblick über die Schritte im Allgemeinen:

1. Erstelle einen besonderen Satz von geheimen Schlüsseln. Darunter ist auch der sogenannte »öffentliche Schlüssel«.
2. Kopiere den öffentlichen Schlüssel auf den Remotecomputer.
3. Schütze den öffentlichen Schlüssel auf dem Remotecomputer.

Nachdem das erledigt ist, kannst du `ssh` und `scp` einsetzen, ohne ein Passwort angeben zu müssen. Das bedeutet auch, dass du diese Befehle in Shell-Skripts verwenden kannst, was sehr praktisch ist, wenn du auf dem Remotecomputer eine Menge Aufgaben erledigen willst.

Im Einzelnen musst du wie folgt vorgehen:

Als Erstes wechselst du zu deinem Benutzerverzeichnis und erstellst mit `ssh-keygen` einen Satz von RSA-Schlüsseln[5]:

```
$ cd
$ ssh-keygen -t rsa
```

Wenn du nach einer Passphrase gefragt wirst, drückst du einfach **Enter**. Gib an dieser Stelle noch keinen Text ein. Der Befehl erstellt in deinem Benutzerordner das Unterverzeichnis `.ssh`. Aufgrund des voranstehenden Punktes wird dieses Verzeichnis von `ls` nicht aufgeführt; um es in der Liste zu sehen, musst du `ls -a` eingeben:

```
$ ls -a
. .. .profile .ssh (und eine Menge anderer Sachen)
$ cd .ssh
~/.ssh$ ls
id_rsa          id_rsa.pub          known_hosts
```

Dein öffentlicher Schlüssel ist `id_rsa.pub`. Du musst ihn nun zu der Datei `~/.ssh/authorized_keys` auf dem Server hinzufügen.

Dazu legst du als Erstes das Verzeichnis `.ssh` auf dem Server an. Die Eingabeaufforderung des Servers stelle ich im Folgenden als `Server$` dar, damit du erkennen kannst, auf welchem Computer du die einzelnen Befehle jeweils eingeben musst.

```
$ ssh yourname@example.com
Password:
Welcome to My Awesome Minecraft Server
Last login: Mon Feb 16 12:16:57 from xyzzy-plugh
Server$ mkdir .ssh
```

5 RSA ist ein Verschlüsselungssystem mit öffentlichen Schlüsseln, das nach seinen Erfindern benannt ist.

Zurück auf deinem Computer kopierst du nun die Datei `id_rsa.pub` (oder wie auch immer deine `.pub`-Datei heißt) mit `scp` auf den Server. Lege sie dort im Verzeichnis `.ssh` ab und benenne sie in `authorized_keys` um:

```
$ scp id_rsa.pub yourname@example.com:~/.ssh/authorized_keys
```

Dieser Befehl kopiert die Datei in das Verzeichnis `.ssh` unter deinem Benutzerverzeichnis (~) und ändert ihren Namen in `authorized_keys`. Bei Bedarf kannst du später Schlüssel von anderen Computern zu dieser Datei hinzufügen. (Darum enthält der Dateiname die Bezeichnung *keys* im Plural.) Vorläufig aber belässt du es bei diesem einen Eintrag.

Als Letztes musst du wieder zum Server zurückkehren und dort die Dateiberechtigungen einrichten. Nur du allein darfst das Recht haben, das Verzeichnis `.ssh` zu lesen und seinen Inhalt aufzulisten, und die enthaltenen Dateien dürfen auch nur von dir lesbar sein. In den meisten Fällen funktioniert `ssh` *überhaupt nicht*, wenn die Dateiberechtigungen nicht eingeschränkt sind. Das ist zu deinem Besten.

Die Dateiberechtigungen legst du mit dem Befehl `chmod` fest:

```
$ ssh yourname@example.com
Password:
Welcome to My Awesome Minecraft Server
Last login: Mon Feb 16 12:26:13 from xyzzy-plugh
Server$ cd .ssh
Server ~/.ssh$ chmod 700 .
Server ~/.ssh$ chmod 600 authorized_keys
```

Jetzt solltest du in der Lage sein, von deinem Computer aus `ssh` und `scp` zu benutzen, ohne ein Passwort eingeben zu müssen:

```
$ ssh yourname@example.com
Welcome to My Awesome Minecraft Server
Last login: Mon Feb 16 12:32:07 from xyzzy-plugh
Server$
```

Und wir sind drin!

Wahrscheinlich lautet deine nächste Frage jetzt: »Schön und gut, aber wie komme ich jetzt wieder *heraus*?«

Die Eingabeaufforderung ändern

Die Umgebungsvariable PS1 legt den String für die Eingabeaufforderung der Bash-Shell fest. In diesen String kannst du `\w` einfügen, um die Angabe des aktuellen Verzeichnisses anzuzeigen. Ändere diese Variable wie folgt:

```
$ PS1='Server \w\$ '
```

Dadurch wird folgende Eingabeaufforderung angezeigt:

```
Server ~$
```

Damit diese Änderung erhalten bleibt, musst du sie in die Bash-Startdatei aufnehmen (siehe Kapitel 2, »Einen Editor und Java hinzufügen«).

Um sich abzumelden, drückst du **Strg** + **D** oder gibst `exit` ein. Schon bist du wieder zurück in deiner lokalen Shell.

Administratoren mit Root-Berechtigungen

Auf modernen Systemen haben normale Benutzer gewöhnlich nicht die vollständigen Berechtigungen, um alle möglichen Vorgänge auszuführen. Meistens müssen sie erst ein Passwort eingeben, um sich die Berechtigungen eines Administrators zu verschaffen. Auf Windows-Computern heißt das entsprechende Konto *Administrator*, auf Linux- und OS X-Systemen *root*.

Es ist zwar möglich, sich mit dem entsprechenden Passwort direkt als *root* anzumelden, aber davon wird gewöhnlich abgeraten. Allzu leicht kann man einen Tippfehler machen, und dann kann es passieren, dass man sein halbes System lahmgelegt hat. Mit *root* hast du extrem viel Einfluss auf das System, und das bringt viel Verantwortung mit sich.

Was du also brauchst, ist eine Möglichkeit, um einzelne Befehle als *root* auszuführen, ohne dich als *root* anzumelden. Das kannst du mit dem Befehl `sudo` erreichen, mit dem du etwas als Superuser (*su*) *root* tun (*do*) kannst. Stelle dem Befehl, den du ausführen willst, `sudo` voran. Daraufhin wirst du nach dem Passwort deines normalen Benutzerkontos gefragt. Wenn du das richtig eingibst, wird der Rest des Befehls als *root* ausgeführt. Im folgenden Beispiel verwende ich `sudo`, um mit dem Befehl `adduser` den Benutzer `fred` hinzuzufügen:

```
Remote $ sudo adduser fred
Password:
User 'fred' added.
```

Dadurch stehen dir die Möglichkeiten von *root* beschränkt auf konkrete, kontrollierte und gut verstandene Situationen zur Verfügung, sodass du dich nicht allgemein als *root* anmelden musst.

Sollte SSH bei dir so eingerichtet sein, dass eine direkte Anmeldung als *root* zulässig ist, solltest du diese Möglichkeit tunlichst deaktivieren, damit du dich mit deinem Benutzerkonto und dem SSH-Schlüssel anmelden und dann dein Passwort mithilfe von `sudo` angeben kannst. Das ist die sicherste Möglichkeit, um dir selbst Root-Zugriff zu gewähren, ohne ihn auch Millionen von angriffswilligen Schurken einzuräumen, die dein System vielleicht gerade in diesem Augenblick beobachten.

Den Root-Zugriff absichern

Möglicherweise ist dein Computer bereits für die Verwendung von `sudo` eingerichtet. Melde dich an deinem Server an und versuche, einige einfache Befehle (z. B. `id`, der einfach nur deine Identität ausgibt) mit `sudo` auszuführen:

```
Remote $ sudo id
[sudo] password for andy:
uid=0(root) gid=0(root)
groups=0(root),1(bin),2(daemon),3(sys),
4(adm),6(disk),10(wheel)
```

Es funktioniert! Der Computer ist bereits so eingerichtet, dass ich `sudo` verwenden kann. Auf einem anderen Rechner jedoch kann es passieren, dass du die folgende erschreckende Warnung erhältst:

```
andy is not in the sudoers file. This incident will be reported.
```

Ach, du Schreck – »dieser Vorfall wird gemeldet«! Das klingt ja so, als würde gleich die Polizei bei dir klingeln. Aber keine Angst: Der Computer hält deinen Versuch, `sudo` zu benutzen, nur in einer Protokolldatei fest. Im Grunde genommen heißt diese Meldung nur, dass du deinen Namen zur Berechtigungsdatei für `sudo` hinzufügen musst.

Um das zu tun, musst du dich als *root* anmelden und die folgende Zeile am Ende der Datei `/etc/sudoers` hinzufügen. (Zur Verwendung über eine SSH-Verbindung ist der Editor `nano` besonders geeignet. Wie du ihn und weitere Dinge installierst, erfährst du im nächsten Abschnitt.)

```
andy     ALL=(ALL)     ALL
```

Natürlich musst du hier deinen eigenen Benutzernamen eingeben und nicht `andy` (es sei denn, dein Benutzername lautet ebenfalls `andy`).

Speichere die Datei und versuche erneut, `sudo` zu verwenden.

Wenn du dich erfolgreich ohne Passwort bei SSH anmelden und `sudo` verwenden kannst, um Befehle als *root* auszuführen, kannst du die Verwendung von SSH-Passwörtern komplett abschalten und die direkte SSH-Anmeldung von *root* verbieten.

Das klingt natürlich ein bisschen gefährlich, denn dabei kann es geschehen, dass du dich versehentlich selbst aussperrst. Um das zu verhindern, öffnest du zunächst ein Fenster und meldest dich darin als *root* am Server an. Lass dieses Fenster geöffnet, ohne weiter darin zu arbeiten, und nimm die Änderungen an den Einstellungen dann in einem zweiten Fenster vor. Falls du irgendetwas beschädigst oder dich aus irgendeinem Grund nicht mehr anmelden oder `sudo` benutzen kannst, hast du immer noch das erste Fenster zur Verfügung, in dem du als großer und mächtiger Root-Benutzer angemeldet bist.

Melde dich zur Änderung der Einstellungen in dem zweiten Fenster als *root* an und bearbeite die Datei *etc/ssh/sshd_config*. Setze bei den beiden folgenden Zeilen einfach das Kommentarsymbol („#“) oder setze ihre Einstellung explizit auf `no`:

```
PasswordAuthentication no
PermitRootLogin no
```

Starte dann den SSH-Daemon neu. Auf vielen Systemen kannst du das wie folgt tun:

```
Server $ sudo service sshd restart
```

Du solltest auch den Standardport von 22 in eine andere Zahl ändern. Da jeder weiß, dass 22 der Port für SSH ist, ist dieser Port auf deinem Server das bevorzugte Ziel von Angreifern. Wenn du die Root-Anmeldung und die Passwort-Authentifizierung ausschaltest, sodass ein öffentlicher Schlüssel zur Anmeldung erforderlich ist, solltest du schon ziemlich sicher sein, aber um jegliche Angriffe von vornherein zu unterbinden, kannst du den Port verschieben.

Ergänze oder ändere dazu in derselben Konfigurationsdatei (also `/etc/ssh/sshd_config`) die folgende Zeile:

```
Port 2345
```

Wähle dazu aber eine andere Zahl als 2345 aus! Sie sollte auf jeden Fall größer als 1024 sein und auch keine der Zahlen sein, die schon in der Datei `/etc/services` aufgeführt werden, denn dies sind die Portnummern, die möglicherweise schon von anderen Diensten genutzt werden (z. B. 80 für Webverbindungen).

Wenn du dich dann nach dem Neustarten des sshd mit `ssh` am Server anmeldest, musst du die neue Portnummer angeben. Dazu verwendest du die Option `-p`:

```
$ ssh -p 2345 andy@myexample.com
```

Pakete installieren

Möglicherweise ist in deiner Linux-Distribution alles enthalten, was du brauchst, vielleicht aber fehlen auch einige Teile. Zur besseren Handhabung sind die einzelnen Dienstprogramme und Programme von Linux in mehrere *Softwarepakete* aufgeteilt. Wenn du beispielsweise keine Texte erstellst und publizierst, brauchst du TeX oder Ghostscript nicht, und wenn du nicht in C oder C++ programmierst, ist auch GCC für dich nicht notwendig. Läuft dein Linux nicht auf einem Desktop-Computer, dann brauchst du wahrscheinlich keinen Fenstermanager wie Gnome oder KDE.

All diese Softwarepakete kannst du mithilfe eines Paketmanagers installieren, entfernen, aktualisieren und auflisten. Jede große Linux-Distribution verwendet jedoch einen anderen Paketmanager. Man könnte fast sagen, der Paketmanager ist das, worin sich die Distributionen voneinander unterscheiden, allerdings ist doch eine gewisse Konsolidierung zu beobachten.

Am häufigsten werden die folgenden Paketmanager verwendet:

- `yum`
- `rpm`
- `apt-get`
- `deb`

Diese Befehle unterscheiden sich in Einzelheiten, machen aber im Grunde genommen alle dasselbe: Sie laden Softwarepakete herunter und installieren sie.

Wenn du SSH noch nicht installiert hast, brauchst du vor allem das Paket `open-ssh`, damit du dich auf sichere Weise an deinem Server anmelden kannst. Auf Ubuntu führst du dazu folgenden Befehl aus:

```
$ sudo apt-get install openssh-server
```

Mit `sudo` führst du den Befehl mit Root-Berechtigungen aus. `apt-get` ist der Paketmanager-Befehl unter Ubuntu. Die dahinter angegebene Option dient dazu, das Paket `openssh-server` zu installieren.

Auf CentOS verwendest du einen sehr ähnlichen Befehl, allerdings mit `yum` statt `apt-get`:

```
$ sudo yum install openssh-server
```

Wahrscheinlich brauchst du auf dem Server auch einen Texteditor. Einen voll ausgestatteten grafischen Editor kannst du nicht über das Internet auf dem Remoteserver ausführen,[6] weshalb du einen einfachen Editor wie `nano` benötigst:

```
$ sudo apt-get install nano
```

6 Mithilfe des *X Window System* (X) wäre es zwar möglich, aber das lässt sich nur mit großer Mühe einrichten und macht auch keinen zufriedenstellenden Eindruck.

Java installieren

Unabhängig von allen anderen optionalen Paketen, die du brauchst, musst du auf dem Server auf jeden Fall Java ausführen. Die Installation kannst du so vornehmen, wie wir es weiter vorn in diesem Buch schon getan haben. Dabei musst du allerdings ein wichtiges Detail beachten: Du musst die offizielle Java-Version von Oracle (früher Sun) verwenden. Die OpenJDK-Version, die auf deinem System möglicherweise verfügbar oder sogar schon vorinstalliert sein mag, verursacht in Minecraft Probleme.

Daher kann es sein, dass du OpenJDK zunächst mithilfe des Paketmanagers deinstallieren musst. Um beispielsweise die Version 1.6 von einem System zu entfernen, das den *Red Hat Package Manager* (RPM) verwendet, gehst du wie folgt vor:

```
$ rpm -e java-1.6.0-openjdk
```

Anschließend beschaffst du dir das »richtige« Java. Lade das Installationsprogramm auf deinen lokalen Computer herunter und kopiere es dann mit `scp` auf deinen Server.

Öffne in dem Browser auf deinem lokalen Computer *http://www.java.com/en/download/manual.jsp* und scrolle nach unten zum Abschnitt *Linux*. Lade die reguläre oder die 64-Bit-Version herunter (je nachdem, was für einen Server du hast) und folge den Anweisungen für deine Spielart von Linux.

Anschließend musst du das Skript `start_minecraft` und die `jar`-Archive auf dem Server genauso einrichten, wie du es in Kapitel 2, »Einen Editor und Java hinzufügen«, auf dem lokalen Computer getan hast.

Ausführung über das Netzwerk

Wenn du ein Skript wie `start_minecraft` ausführst, während du über `ssh` angemeldet bist, gibt es ein kleines Problem: Sobald du dich abmeldest, wird das Skript abgebrochen, was in einer Serverumgebung nicht gerade wünschenswert ist.

Zum Glück kannst du Java mit dem Befehl `screen` auch dann weiterlaufen lassen, wenn du abgemeldet bist.[7] Dieser Befehl nimmt als Argument den String `-d -m -S`, gefolgt vom Namen der Serversitzung, an. Ich verwende hier `mcserver` als Sitzungsname, sodass das neue Startskript für den Server wie folgt aussieht:

```
#!/bin/bash
cd "$( dirname "$0" )"
screen -d -m -S mcserver java -Xms1024M -Xmx1024M -jar CanaryMod.jar --noControl
```

7 Mit dem Befehl `nohup` (»no hangup«) geht das sogar noch ein bisschen leichter, allerdings hast du dann keine einfache Möglichkeit mehr, um Befehle auf dem Server zu geben.

(Denke daran, dass start_minecraft ausführbar sein muss. Wenn du also eine Fehlermeldung über mangelnde Berechtigungen erhältst, musst du chmod +x start_minecraft eingeben.)

Dadurch wird der Server in seiner eigenen kleinen Welt gestartet, auf die deine Abmeldung keinen Einfluss hat. Wenn du dich in den Server »einklinken« willst, um z. B. Befehle auszuführen, musst du screen mit der Option -r und dem Sitzungsnamen verwenden:

```
$ screen -r mcserver
```

Die Verbindung mit dem Server erfolgt dann mit den üblichen Ausgaben und einer Eingabeaufforderung:

```
16:47:49 [INFO] Done (1.163s)! For help, type "help" or "?"
>
```

Um sich wieder vom Server zu trennen, drückst du **Strg** + **A** und dann **D**. Damit kehrst du zu deiner ursprünglichen Shell zurück, während der Server im Hintergrund weiterläuft.

Um dir anzusehen, welche Prozesse laufen, verwendest du den Befehl ps:

```
Server ~$ ps
  PID  TTY       TIME     CMD
  337  ttys000   0:00.09  -bash
  842  ttys020   0:13.78  /usr/bin/java -jar CanaryMod.jar
```

Wenn du sämtliche Prozesse auf dem Computer sehen willst, verwendest du ps ax. Mit ps -? kannst du dir die Optionen ansehen. Es gibt eine ganze Menge davon.

Kurz gesagt, wenn du sämtliche Java-Prozesse abbrechen willst, verwendest du folgenden Befehl:

```
Server ~$ killall java
```

Dadurch wird Java höflich zur Beendigung aufgefordert. Es versucht, noch ein wenig aufzuräumen, um sich dann auf sichere und zuverlässige Weise zu beenden. Wenn es allerdings starrsinnig ist und nicht gehorcht, kannst du die folgende brutale Variante verwenden:

```
Server ~$ killall -9 java
```

Dadurch werden alle Java-Prozesse sofort abgewürgt.

Domainnamen

Wenn du deinen VPS einrichtest, teilt dir der VPS-Provider die IP-Adresse dieses Servers mit. Mithilfe dieser Nummer ist es möglich, von überall auf der Welt aus Verbindung mit deinem Server aufzunehmen. Eine IP-Adresse besteht für gewöhnlich aus vier Zahlenblöcken, die durch Punkte getrennt sind, also z. B. 93.184.216.119 (*example.com*) oder 127.0.0.1 (*localhost*, dein lokaler Computer).

Du kannst aber auch einen sogenannten Domainnamen einrichten, damit andere deinen Server über einen Namen wie *pragprog.com* oder *example.com* finden können statt über eine Nummer wie 93.184.216.119. Möglicherweise bietet dir das sogar dein VPS-Provider als zusätzliche Dienstleistung an. Anderenfalls kannst du auf viele andere Anbieter im Internet zurückgreifen.

Gewöhnlich liegen die Kosten bei ca. 5 bis 20 Euro pro Jahr für die *Domainregistrierung*[8] *(beachte, dass die Preise oft pro Monat angegeben werden)*. Dadurch erhältst du das Recht, den Namen zu benutzen. Jemand muss aber auch einen *DNS-Hostingserver* unterhalten, der diesen Namen mit deiner IP-Adresse verknüpft. Fast alle Registrare bieten diese Leistung zusammen mit der Namensregistrierung an. Du kannst dazu aber auch auf andere Anbieter zurückgreifen. Ich würde vorschlagen, dass du prüfst, ob dein VPS-Anbieter nicht einen DNS-Service kostenlos bereitstellt.

Um herauszufinden, ob der von dir gewünschte Domainname verfügbar ist, kannst du das Kommandozeilenprogramm `whois` verwenden. Sei aber vorsichtig, wenn du zum Nachforschen nach freien Domänennamen andere Werkzeuge verwendest: Manche unangenehme Zeitgenossen fangen Domainnamensuchen im Web ab, um sich einen Namen zu schnappen, bevor du das tun kannst, und versuchen dann, ihn dir für viel Geld zu verkaufen.

Wie bei allen anderen Dienstleistungen im Internet solltest du auch hier nach Kundenrezensionen und Kommentaren suchen. Manche bekannten DNS-Anbieter, die sehr intensiv werben, haben einen äußerst schlechten Ruf.

Wie geht es weiter?

Auf diesen wenigen Seiten konnte ich nur an der Oberfläche der hier behandelten Themen kratzen. In Wirklichkeit sind sie weit vielschichtiger.

Als Linux-Systemadministrator kannst du noch eine Menge Dinge tun, die wir hier nicht behandelt haben, z. B. Aufgaben zu bestimmten Zeitpunkten ausführen lassen, Daten sichern, Sicherheitsmaßnahmen durchführen, Patches anwenden, Bösewichter abwehren, die Leistung verbessern, deinen eigenen E-Mail-Server aufsetzen usw.

Über diese Themen sind ganze Bücher geschrieben worden, aber dieses gehört nicht dazu. Ich hoffe aber, dir genug Informationen gegeben zu haben, damit du die ersten Schritte unternehmen kannst.

---

8 Auch ein Blick in den Vertrag mit deinem Internetprovider könnte hilfreich sein. Bei manchen Verträgen erhältst du kostenlose Domains.

Anhang 5

Spickzettel

Stell dir vor, die Lektüre eines Kapitels hat dich so gepackt, dass du dich sofort hinsetzt, um Code zu schreiben – und prompt kommst du nicht mehr weiter, weil du dich fragst: Wie ging das noch gleich in Java? So etwas passiert uns allen, wenn wir eine neue Sprache lernen. Für die Arbeit in einer solchen neuen Sprache solltest du dir daher als Erstes einen »Spickzettel« anlegen, in dem du Einzelheiten nachschlagen kannst.

Java

Dieser »Spickzettel« ist keine vollständige Referenz der Sprache Java, sondern gibt nur die wichtigen Einzelheiten an, die du häufig benötigst. Die meisten Hinweise sind in Form von Beispielen angegeben.

Literaldatentypen

Ganze Zahlen

```
int i = 7; i = -5;
```

Bruchzahlen

```
double num = 3.14; num = 0.01; num = -3e15 (d. h. -3 mal 10 hoch 15)
```

True oder false

```
boolean shouldGetUp=true; shouldGetUp=false (oder irgendein boolescher
Ausdruck, der zu true oder false ausgewertet wird)
```

Zeichenstring

```
String s="Hello";
```

Array

```
String[] grades = {"A", "B", "C", "D", "F", "Inc"};
```

Mathematische Operatoren

Addition

`a + b`

Subtraktion

`a - b`

Multiplikation

`a * b`

Division

`a / b`

Rest (Modulo)

`a % b` *(nur für ganze Zahlen, also Integer)*

Auswertungsreihenfolge der Terme

`((a + b) * z)` *(Erst wird die Summe* `a + b` *gebildet, dann wird diese Summe mit* `z` *multipliziert)*

Vergleichsoperatoren

Mit den folgenden Operatoren vergleichst du zwei Werte:

Gleich

`a == b`

Ungleich

`a != b`

Kleiner als

`a < b`

Größer als

`a > b`

Kleiner oder gleich

`a <= b`

Größer oder gleich

`a >= b`

And (Und)

`a && b` *(muss etwas sein, das true oder false ist)*

Or (Oder)

`a || b` *(muss etwas sein, das true oder false ist)*

Not (Nicht)

`!a` *(muss etwas sein, das true oder false ist)*

Elemente von Java

Paketdeklarationen

`package` *name.name.name*; – Gewöhnlich wird hier der Domainname in umgekehrter Reihenfolge verwendet. Das Paket für ein Projekt namens `Wonderful` von *pragprog.com* heißt demnach `com.pragprog.wonderful`.

Klassen importieren

`import net.canarymod.api.entity.living.humanoid.Player` teilt dem Java-Compiler mit, dass du diese Klasse verwenden willst. Du kannst auch das Jokerzeichen * verwenden, z. B. `import net.canarymod.api.entity.living.humanoid.*`, aber dabei besteht die Gefahr, dass du zu viele Klassen bekommst, die du gar nicht brauchst.

Klassen deklarieren

`public class` *name* `{}`

Funktionen deklarieren

`public` *rückgabetyp.name* (*argumenttypen und -namen*), z. B. `public int myFunction()`.

Codeblöcke deklarieren

Dazu verwendest du geschweifte Klammern `{ }`.

Variablen deklarieren

typ name, z. B. `int i` oder `Stack<Location> myLocations`. Bei generischen Typen (*generics*) muss der spezifische Typ in spitzen Klammern < > angegeben werden.

Variablen Werte zuweisen

```
a = 10; s = "Bob"; x=3.1415;
```

Entscheidungen fällen

Mit `if` führst du eine Entscheidung herbei, welcher Code ausgeführt werden soll (der `else`-Teil ist optional).

```
if (true or false comparison) { // wenn true
   doThis();
} else { // wenn false
   doOtherThing();
}
```

Schleifen

Es gibt drei Arten, um einen Codeblock in einer Schleife zu durchlaufen:

- `for-each`-Konstruktion: `for(`*typ variable : sammlung*`)` Beispiel: `for(Player player : playerListe) {` *block* `}`
- `for`-Schleife: `for(int i=0; i <` *grenzwert*`; i++) {` *block* `}`
- `while`-Schleife: `while(`*irgendetwasIstTrue*`) {` *block* `}`

Neue Objekte erstellen

`Foo thing = new Foo()`, wobei `foo` der Name der Klasse und `thing` die Variable ist, die dem neuen Objekt zugewiesen werden soll.

Funktionen aufrufen

Verwende die Klammern, z. B. wie in `getServer()`, was ein `Server`-Objekt für ein Plugin zurückgibt.

Sichtbarkeitsmodifizierer in Java

final

Wenn dieser Wert festgelegt ist, darf er von niemandem mehr geändert werden.

static

Diese Daten oder diese Funktion werden auch außerhalb eines gegebenen Objekts aufrechterhalten.

Bei Bedarf kannst du `final` und `static` auch kombinieren.

public

Jeder kann diese Funktion oder diese Daten einsehen und benutzen.

protected

Diese Klasse und andere Klassen in demselben Paket können diese Funktion oder diese Daten sehen und benutzen.

private

Nur diese Klasse kann diese Funktion oder diese Daten sehen und benutzen. Unterklassen und andere Klassen in demselben Paket können das nicht.

In einer Deklaration benutzt du `public`, `private` oder `protected`. Der folgende Code legt eine öffentlich sichtbare, unveränderliche Konstante an, die außerhalb jeglicher Objekte zugänglich ist:

```
public static final int pi = 3.1415;
```

Datentypkonvertierungen

int in double

Hierzu nimmst du eine Zuweisung vor: `int now = 72; double temperature = now;`

double in int

Hierzu führst du eine Typumwandlung durch. Der Bruchteil wird dabei verworfen: `double when = 15.375; int day = (int)when;`

String in int

Verwende: `parseInt`: `int foo = Integer.parseInt("365");`

String in double

Verwende `parseDouble`: `double foo = Double.parseDouble("3.1415");`

double in String

Verwende: `valueOf`: `String.valueOf(3.1415);`

int to String

Verwende: `valueOf`: `String.valueOf(72);`

Double in String (die Klasse `Double`, nicht der Primitivtyp `double`)

Verwende: `Double.toString(3.1415);`

Integer in String (die Klasse `Integer`, nicht der Primitivtyp `int`)

Verwende: `Integer.toString(3.1415);`

Bei Verkettungen von Strings erfolgt automatisch eine Typumwandlung. Betrachte den folgenden Code:

```
String s = "Temperature is " + 72 + " degrees."
```

Dies führt zu folgendem Ergebnisstring:

```
"Temperature is 72 degrees."
```

Anhang 6

Glossar

Aktuelles Verzeichnis Das aktuelle Verzeichnis in einer Shell (zugegeben, eine tautologische Definition).

Annotation Ein zum Java-Quellcode hinzugefügter Befehl, der Informationen ändert oder hinzufügt (indem er z. B. eine Funktion als Ereignishandler kennzeichnet).

Argument Ein Wert, den du einer Funktion übergibst, damit du ihn verwenden kannst.

Array (1) Eine Liste von Werten, die über einen ganzzahligen Versatzwert (Offset) indiziert sind. (2) Eine Java-Klasse zur Implementierung von Arrays.

Ausführbare Datei Eine Datei, die der Computer ausführen kann, gewöhnlich eine Binärdatei mit maschinennahen Anweisungen. Es kann sich dabei jedoch auch um ein Textskript handeln, das von einer Shell ausgeführt wird.

Ausnahme (Exception) Ein Fehler, der die laufende Funktion unterbricht und entweder dazu führt, dass der oberste einschließende `catch`-Block ausgeführt wird, oder das Programm abbricht, wenn es keinen solchen `catch`-Block gibt.

Bereitstellen Eine Ressource in einer Serverumgebung installieren.

Binärdatei Eine Datei, die keine Textdatei ist, sondern aus beliebigen Bitmustern besteht und von Menschen nicht gelesen werden kann.

Block Eine Liste von Codeanweisungen zwischen geschweiften Klammern.

Boolescher Wert Ein logischer Wert, der nur entweder `true` oder `false` sein kann.

Client Eine Software, die du ausführst, um Verbindung zu einem Server aufzunehmen. Meistens weist sie eine grafische Oberfläche auf.

Dateisystem Die Gliederung der Dateien und Ordner (Verzeichnisse) auf dem Computer.

DNS (Domain Name Service) Das globale System, das einen Domänennamen wie *example.com* in eine IP-Adresse wie 93.184.216.119 übersetzt.

double Ein Typ für eine große Fließkommazahl.

Erben Ein Merkmal einer Elternklasse verwenden.

Ereignis (Event) Ein Objekt, das für einen Vorgang in der realen Welt steht, z. B. für einen Mausklick.

final Ein Java-Schlüsselwort, das angibt, dass die betreffende Variable nicht geändert werden kann.

Fließkommazahlen Zahlen mit Dezimalpunkt und Bruchteil, z. B. `1.25`.

float Ein Typ für nicht so große Fließkommazahlen.

Funktion Eine Folge von Java-Anweisungen. Zu ihrer Deklaration werden der Rückgabetyp, der Name, die zu übergebenden Parameter und ein Codeblock zwischen geschweiften Klammern angegeben.

Globale Variable Eine Variable, die von mehreren Funktionen und/oder Klassen verwendet werden kann.

HashMap Eine Java-Klasse, die Hashmaps implementiert.

Hashmap Eine Liste von Objekten, die über ein Objekt beliebiger Art indiziert werden können (gewöhnlich einen String).

I/O (E/A) Input/Output (Ein-/Ausgabe): Senden und Empfangen von Daten, z. B. zu und von einer Datei oder über ein Netzwerk.

import Ein Java-Schlüsselwort, das es ermöglicht, eine Klasse aus einem anderen Paket zu verwenden, z. B. `java.util.HashMap` (also die Klasse `HashMap` aus dem Paket `java.util`).

Integer (Ganzzahl) Eine ganze Zahl ohne Dezimalpunkt und ohne Bruchteil, z. B. 7.

Iterator Ein Objekt, mit dem du aus einer Sammlung (wie einer Arrayliste oder einer Hashmap) einen Wert nach dem anderen abrufen kannst.

jar Eine Java-Archivdatei, die `.class`- und Konfigurationsdateien enthält.

Klasse Ein Rezept, das dem Compiler mitteilt, wie er ein Objekt erstellen soll, also welche Daten und Funktionen es enthalten soll.

Kommandozeile Das Terminal-Fenster, in dem du Befehle eingeben kannst.

Kompilieren Der Vorgang, eine Textdatei mit Anweisungen in einer für Menschen verständlichen Sprache in etwas umzuwandeln, das der Computer ausführen kann (und gewöhnlich in einem binären Format vorliegt). Der Java-Compiler heißt `javac`.

Konstruktor Eine Funktion in einer Klassendefinition, die aufgerufen wird, wenn du ein neues Objekt erstellst. Damit kannst du die Variablen des Objekts festlegen usw.

Listener Eine Funktion, die aufgerufen wird, wenn etwas Interessantes geschieht.

Literal Ein Wert, den du direkt eingibst, z. B. `123`, `true` oder `"Notch"`.

localhost Der Netzwerkname eines Computers für sich selbst.

Lokale Variable Eine Variable, die in einem Codeblock in geschweiften Klammern definiert ist. Sie kann nur innerhalb dieses Blocks verwendet werden.

long Ein Datentyp für eine richtig große Zahl ohne Dezimalpunkt.

NULL Eine Variable, die eigentlich auf ein Objekt zeigen soll, tatsächlich aber nirgendwohin zeigt, wird auf den besonderen Wert `null` gesetzt.

Objekt Eine Zusammenstellung von aktiven Variablen und Funktionen, die aufgrund eines Klassenrezepts erstellt wurde.

Objektorientiert Software auf der Grundlage der Theorie von Objekten, in denen Variablen und Funktionen kombiniert sind.

Paket Eine Gruppe von zusammengehörigen Java-Klassen.

Parameter Ein Wert, der einer Funktion übergeben wird, damit sie ihn verwenden kann.

Pfad Eine Liste der Verzeichnisse, durch die sich der Computer bewegt, um einen Befehl oder eine andere Ressource zu finden.

Plugin Kompilierter Code, der zu anderem bereits kompilierten Code hinzufügt wird.

Port Eine vereinbarte Nummer für die Kommunikation von Computern über ein Netzwerk. Beispielsweise wird für Webverbindungen Port 80 verwendet und für Minecraft Port 25565.

private Ein Java-Schlüsselwort, das die Sichtbarkeit auf die vorliegende Klasse beschränkt.

public Ein Java-Schlüsselwort, das die Sichtbarkeit auf alle Klassen ausdehnt.

Quellcode Die Java-Anweisungen, die du in eine Datei eingegeben hast.

Schlüsselwort Ein Wort, das als Teil der Sprache Java definiert ist. Es ist nicht möglich, Schlüsselwörter zu ändern oder als Variablennamen zu verwenden.

Server Eine Software, die im Hintergrund läuft, gewöhnlich auf einem anderen Computer, und mehrere Clientverbindungen bedienen kann. Dieser Begriff kann sich auch auf den Computer beziehen, auf dem die Serversoftware läuft.

Shadowing Eine Variable, die denselben Namen hat wie eine andere Variable in ihrem Gültigkeitsbereich, schattet diese ab. Das kann zu einem heillosen Durcheinander führen.

Shell. Siehe Kommandozeile.

Skript Eine Textdatei mit Shellbefehlen (oder Befehlen in einer anderen Textsprache, z. B. Ruby oder Python).

static Eine Variable oder Funktion, die nicht auf ein bestimmtes Objekt beschränkt ist.

String Eine Variable, die eine Folge von Zeichen enthält, die von Menschen gelesen werden können.

Symbol Eine Folge von Zeichen, die von Menschen gelesen werden kann und für den Java-Compiler eine besondere Bedeutung hat, da sie ein Bestandteil der Sprache ist.

Task (Aufgabe) Code mit einem genau definierten Zweck, der in einem Thread ausgeführt wird.

Textdatei Eine Datei, die von Menschen lesbare Textzeichen enthält.

Thread Eine Folge von Funktionen, die nacheinander vom Computer ausgeführt werden. Threads können von anderen Threads unterbrochen werden.

Tick Eine willkürliche Zeiteinheit. Ein Minecraft-Server-Tick beträgt ungefähr 1/20 s.

Typumwandlung Die Änderung der Bedeutung eines Wertes, gewöhnlich von einem Objekt zu einem bestimmten Elterntyp.

Umgebungsvariablen Einstellungen, die von der Shell und Anwendungsprogrammen verwendet werden.

Variable Ein benannter Platzhalter für Daten. Er kann unmittelbar einen Wert enthalten, z. B. `15`, aber auch auf ein Objekt zeigen, z. B. auf ein `Player`- oder ein `Cow`-Objekt.

void Nichts. Eine Funktion, die mit dem Rückgabetyp `void` deklariert ist, gibt keine Werte zurück und braucht keine `return`-Anweisung.

VPS Virtueller privater Server, ein Computer im Netzwerk, den du mieten kannst. Die Abrechnung erfolgt gewöhnlich entweder nach Zeit oder nach CPU-Nutzung oder Netzwerkverkehr.

Anhang 7

Gebräuchliche Importe

Die folgende Liste nennt alle Pakete und Klassen, die wir in unseren Plugins importiert haben. Wenn du die Fehlermeldung erhältst, dass ein Symbol nicht gefunden werden konnte, musst du die entsprechende Klasse importieren (unter Angabe des vollständigen Klassennamens). Um beispielsweise eine Hashmap verwenden zu können, musst du `java.uitl.HashMap` importieren, und zur Verwendung von Minecraft-Blöcken `net.canarymod.api.world.blocks.Block`.

In der Dokumentation zu Java und zu Canary kannst du sämtliche Klassennamen nachschlagen. Zur Vereinfachung findest du hier die Klassennamen, die am häufigsten gebraucht werden:

```
import com.pragprog.ahmine.ez.EZPlugin;
import java.util.ArrayList;
import java.util.Collection;
import java.util.HashMap;
import java.util.Iterator;
import java.util.List;
import java.util.Map;
import java.util.Stack;
import net.canarymod.BlockIterator;
import net.canarymod.Canary;
import net.canarymod.LineTracer;
import net.canarymod.api.DamageType;
import net.canarymod.api.entity.Entity;
import net.canarymod.api.entity.EntityType;
import net.canarymod.api.entity.living.EntityLiving;
import net.canarymod.api.entity.living.animal.Bat;
import net.canarymod.api.entity.living.animal.Cow;
import net.canarymod.api.entity.living.animal.Squid;
import net.canarymod.api.entity.living.humanoid.Player;
import net.canarymod.api.entity.living.monster.Creeper;
import net.canarymod.api.factory.EntityFactory;
import net.canarymod.api.factory.PotionFactory;
import net.canarymod.api.inventory.ItemType;
import net.canarymod.api.potion.PotionEffect;
```

```
import net.canarymod.api.potion.PotionEffectType;
import net.canarymod.api.world.Chunk;
import net.canarymod.api.world.World;
import net.canarymod.api.world.blocks.Block;
import net.canarymod.api.world.blocks.BlockType;
import net.canarymod.api.world.blocks.Sign;
import net.canarymod.api.world.effects.Particle.Type;
import net.canarymod.api.world.effects.Particle;
import net.canarymod.api.world.effects.SoundEffect;
import net.canarymod.api.world.position.Location;
import net.canarymod.api.world.position.Vector3D;
import net.canarymod.chat.MessageReceiver;
import net.canarymod.commandsys.*;
import net.canarymod.database.Column.DataType;
import net.canarymod.database.Column;
import net.canarymod.database.DataAccess;
import net.canarymod.database.Database;
import net.canarymod.database.exceptions.*;
import net.canarymod.hook.HookHandler;
import net.canarymod.hook.entity.DamageHook;
import net.canarymod.hook.entity.ProjectileHitHook;
import net.canarymod.hook.player.ItemUseHook;
import net.canarymod.hook.player.TeleportHook;
import net.canarymod.hook.world.ChunkCreatedHook;
import net.canarymod.hook.world.ChunkLoadedHook;
import net.canarymod.hook.world.ChunkUnloadHook;
import net.canarymod.logger.Logman;
import net.canarymod.plugin.Plugin;
import net.canarymod.plugin.PluginListener;
import net.canarymod.tasks.ServerTask;
import net.visualillusionsent.utils.PropertiesFile;
```

Literatur

Stephen O'Brien. *Das große Minecraft-Buch*. dpunkt.verlag, Heidelberg, 2014

René Preißel und Björn Stachmann. *Git*. dpunkt.verlag, Heidelberg, 2013

Travis Swicegood. *Pragmatic Version Control Using Git*. The Pragmatic Bookshelf, Raleigh/Dallas, 2008.

Travis Swicegood. *Pragmatic Guide to Git*. The Pragmatic Bookshelf, Raleigh/Dallas, 2010.

Index

Symbole

A

F

G

H

I

J

K

L

M

N

O

P